いりぐちアルテス：007

《ニーベルングの指環》教養講座

読む・聴く・観る！ リング・ワールドへの扉

山崎太郎
Taro Yamazaki

アルテスパブリッシング
ARTES

前口上

皆さま、ようこそ。本書は概説書ないしは解説書でもなければ、ましてや専門の研究書でもなく、あくまでも一冊の入門書でありたいと願い、そのことを徹底的に意識して書き下ろしました。最初から最後まで、平易な話し言葉で皆さんに語りかけるスタイルをとっていますので、むしろ入門講座といったほうがふさわしいかもしれません。いわば読者の皆さんはワーグナーの《ニーベルングの指環》の魅力を知りたいと願って、ひとつの場に集った聴衆というわけです。

とはいえ、話が進むにつれ、皆さんがイメージとして抱いていた、いわゆる「入門書」とはこいつはちょっと毛色が違う、はたしてこれを「入門講座」と呼んでよいものかという疑問を多くの方が抱くようになると思います。以上はあえて意図的にそうしたものです。本講座のめざす方向をご理解いただくために、まずは私の考えを解きほぐして説明しましょう。

＊

入門とは、ある対象が織りなすひとつの世界に人々を導き入れることであり、その人々はまずは門を通って、その世界に入ってゆくことになります。その入口のところに、この世界に入ってゆくための前提となる知識や約束事の説明などが書いてある。これが一般的な入門書・入門講座のイメージだと思います。

世にあまたあるオペラ入門書の多くも、このような考えにしたがって、オペラとは何かという説明に始まり、ジャンルの歴史を概観しつつ、代表的な作品を網羅しながら、作者と作品成立にかんする情報、あらすじ、見どころ・聴きどころといったオペラを鑑賞するさいに不可欠の諸項目をわかりやすく整理して並べています。言い換えるならば、対象を理解しやすくするため、難しそうなこと、混乱しそうなこと、とっつきにくい要素などはあえて切り捨てて、「オペラなんて難しく考える必要はない、こんなに簡単なんだよ」と紹介するわけです。

でも、じつはこの点がちょっと問題でして、こうした導き方は入門者の視野から対象がもつ奥行をあらかじめ閉ざしてしまうことにもなるのではないでしょうか。広々とした入口の向こうには深い森のようなものがあって、どうもそこには謎に満ちているけど、とてもおもしろく、わくわくするような何かが潜んでいる。入門書が書かれるほどの対象ならば、いずれもそのような魅力をもっていると考えてよいでしょうし、入門書の究極の目的も、こうした奥の世界に入門者を引き込んでゆくことにこそあると思うのですが、あまりに入口がすっきりと整備されており、しかも奥行がまったくみえないと、多くの入門者は「ああ、こんなものなのか、もうわかった」と感じて、ただそこで得た情報をみやげに、門をふたたび出ていってしまうことにもなりかねません。

とくに今はインターネットなどのメディアを通して、あらゆる情報が手軽に入手できる時代です。たとえばオペラの作品であれば、まずWikipediaで必要な情報を手に入れ、YouTubeで検索した映像を十～二十分程度流す。それでわかったような気になっておしまい、ということもありうるわけで、そうなると、その人のオペラとのかかわりは、公演を訪れるどころか、ＣＤやＤＶＤを購入して全曲を視聴するところまでも行き着くことなく終わってしまいます。

そのような状況にあって、情報が整理されすぎた入門書・入門講座の形態はかえって仇《あだ》となるかもしれません。そもそも、人は初めから完全に理解できてしまうものにはあまり惹かれないものです。だからといって、もちろん、まったくわからない、ただ難解に思えるだけのものに惹かれるはずもない。わかりそうでわからないもの、あるいはこの部分はわかって、とっかかりはあるけど、まだ完全に理解できているという確信にはいたらないような対象にこそ、人の心は魅力を感じるのではないでしょうか。

＊

というわけで、本講座では対象の難しさや奥行をあえて隠さず、目の前に垣間見せることで、皆さんをいきなり長い道に誘い、引き込んでゆくことをめざします。入門書にはふつう書かれることのないような内容、いやそれどころか専門の研究のなかでも、最先端というと少々おこがましいですが、これまであまり論じられたことのない私独自の解釈といったものまで、あえて隠さず、述べることにしましょう。

というのも、数十年もこの対象にかかわってきた私自身がなぜいまだにワーグナーに惹かれるのか、現在の私が作品のどのような点に興味を感じているのか、という今の自分の立ち位置を明らかにすることなしには、ワーグナーの魅力を皆さんにお伝えしきれないと感じるからです。もちろんワーグナーの作品鑑賞と研究という面では私は専門家としてキャリアを重ねてはおりますが、それでも私の関心と興味は、この場にいる多くの皆さん、ことにワーグナーにかんするなんらの知識も先入観ももたない方々とも共有しうるものではないでしょうか。

それは何よりも、《ニーベルングの指環》が自然界を含む広い世界の事象を視野にとらえながら、人と人との関係、個人と社会の関係、人間たちの生態、そこに渦巻くありとあらゆる感情をさまざまな角度から描き出した、普遍的・宇宙的という両方の意味で真にユニヴァーサルな作品だからです。そうした理解のためにも、ここでは文学テクストとしての作品の値打ちを強調しておきたいと思います。《指環》の台本はけっして、美しい音楽をそこに乗せるための便宜的媒体にとどまるものではありません。そのテクストは古今東西の文学作品とも連想の糸によってつながり、哲学、心理学、歴史学、社会学、文化人類学など人間の営みを探求し、考察するさまざまな学問分野とも結びつきながら、私たち自身の思考をうながし、感性を刺激する潜在的エネルギーを宿しているのです。

そもそもワーグナー自身が、音楽家という枠のなかにはけっして括ることのできない人物でした。演出も自分で手がけ、はては自作専用の劇場を造って、今日世にあまたある芸術フェスティヴァルの先駆けとなる音楽祭を開催するという事業家の一面ももっていました。また執筆活動はオペラの台本のみならず、芸術論から社会的・政治的な問題に対する発言、さらには女性論にまで広がっているのです。これもすべて、ワーグナー自身が世のあらゆる事象について関心をもっていたことの表れでしょう。そうしたことのすべてが、彼のライフワークと呼んでもよい《ニーベルングの指環》という巨大な作品に注ぎ込まれているのだとすれば、その魅力を紹介する私の話も、入門書が前提とする枠を大きく飛び出して外へと広がり内へと深まる、規格外れのものとなるのも許されるのではないでしょうか。

＊

とはいえ、やはり入口はやさしくわかりやすく皆さまをお招きするものでなければなりません。本書の構成上も、最初に扱う第一作《ラインの黄金》の話はなるべくシンプルに、そして第二作《ヴァルキューレ》から先へ進むほど、話の量も増え、第三作《ジークフリート》、第四作《神々の黄昏》にいたって、そうとう突っ込んで複雑な内容をともなったものになってゆくというかたちをとります。いってみれば、読み進むにつれて、皆さま自身の理解がどんどん深まり、関心も広がってゆくことを前提にするわけですが、じつはこれはワーグナー自身が《指環》四部作の創作においておこなっていることにほかなりません。軽やかな喜劇性をともなった《ラインの黄金》からひとつの世界の滅びを描く《神々の黄昏》まで、作品の規模もどんどん膨らんでゆきますし、作曲技法の上でも、聴き手の耳の記憶の蓄積を前提としながら、音のからみや構成がどんどん複雑になってゆくのです。

お待たせしました。それではいよいよ、いちばんはじめの入口に皆さまをご案内しましょう。

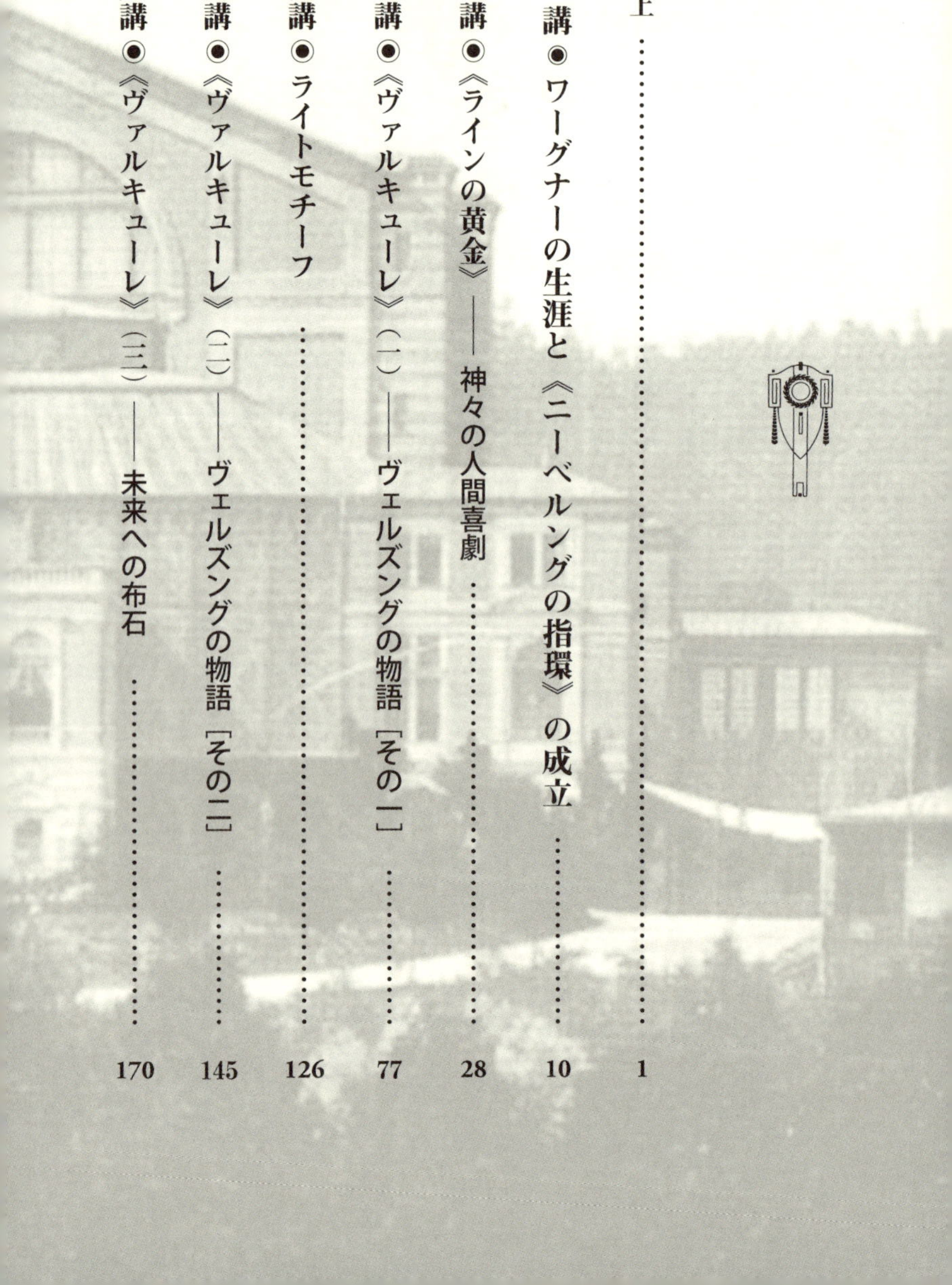

《ニーベルングの指環》教養講座

読む・聴く・観る！　リング・ワールドへの扉

第一講　ワーグナーの生涯と《ニーベルングの指環》の成立

ワーグナーの生涯をおおまかに区切ると……

まずはワーグナーがどういう人で、どういう時代に生きたか、その一生をおおまかに把握しておくことにしましょう。

一八一三年にドイツのライプツィヒで生まれ、一八八三年にイタリアのヴェネツィアで幕を閉じた彼の約七十年にわたる生涯は、十九世紀という時代枠のなかにすっぽりおさまります。ところでヨーロッパにおける十九世紀といえば、ちょうど中間に、時代を二つに分断する大きな出来事が起きていますね。何かといえば、一八四八年にパリで勃発《ぼっぱつ》した二月革命。その余波がドイツを含むヨーロッパ各地に波及してゆきます。そしてワーグナーの人生も、ここで真っ二つに区切られるのです。

一八四九年五月、彼が宮廷歌劇場の指揮者をつとめていたドレスデンの町で、革命がおきました。彼はその前年から集会で演説をしたり、アジビラを書いたりと、積極的な政治活動をおこない、おりからこの町に潜入していたロシアの無政府主義者バクーニンをはじめとする革命の首謀者たちと交わるなど、当局からは危険思想をもつ不穏分子のひとりとみなされていました。けっきょくこの革命は

ワーグナー関連年表

1813	ライプツィヒに生まれる
1839–42	パリに滞在
1849	ドレスデン革命への参加と挫折・スイスへ亡命
1864	ルートヴィヒ二世の招聘を受け、ミュンヘンへ
1865	エドワード・ウインパー、マッターホルンに初登頂
1870	ハインリヒ・シュリーマン、トロイア遺跡の発掘に着手
1876	《ニーベルングの指環》、バイロイト祝祭劇場にて初演
1883	ヴェネツィアで没

数日のうちに鎮圧され、ワーグナーは指名手配を受けて、スイスに亡命します。そこから彼の後半生が始まるということです。

創作という点でも、亡命以降のワーグナーは、いよいよ従来の因習的なオペラの形式を打ち破り、それまでには存在しなかった独自の作風による音楽劇を生みだしてゆくことになります。そこで便宜的に、ドレスデン時代までの彼の作品を前期、亡命以降のものを後期と呼ぶ分け方も一般化しています。今回、取り扱う《ニーベルングの指環》はまさに、その後期を代表する作品です。

ワーグナーの生涯を大きく摑《つか》むためには、まずは生年と没年に加え、彼の人生の大きな転機となったこの一八四九年という年号を頭に入れておいていただければと思いますが、あと二つ三つ、区切りとなる年号を加えておきましょう。

ひとつは一八三九年で、この年にワーグナーは作曲家としての成功を夢見て、それまでの辺境の劇場の指揮者の職を擲《なげう》ち、パリに移り住み、以降一八四二年までの約三年間をこの地に暮らします。

二つ目は一八六四年、バイエルン王ルートヴィヒ二世の招聘《しょうへい》を受けてミュンヘンに赴いたときで、これをもって彼のドイツ亡命以来の流浪と借金の生活にいちおうのピリオドが打たれたということになります。

さらに《ニーベルングの指環》という作品にからめていえば、全曲がバイロイトで初演された一八七六年という年号も重要になるでしょう。この作品が構想されたのは、一八四八年から四九年にかけての革命の時期ですが、完成は初演の二年前の一八七四年、全部で二十六年の歳月がかかっています。以上が年表にみられるワーグナーの生涯です。

ウィンパー、シュリーマン、ワーグナー

さて、ここでいっけんワーグナーとは関係のない出来事を二つほど年表のなかに放り込んでみたいと思います。ひとつは一八六五年、エドワード・ウィンパーというイギリス人がそれまで難攻不落といわれていたスイス・アルプスの名峰マッターホルンに登頂しています。朝日に輝くヴァルハル城さながらの、この山がマッターホルンです。◉五年越しの飽くなきチャレンジのすえ、ウィンパーはこの年、六人の仲間とともに北東の尾根づたいにこの山を登り、ついに念願の初登頂を果たすのですが、下山の途中で思わぬ事故が起きます。◉仲間のひとりが足をすべらせ、ロープが切れて、ウィンパーの目の前で七人のうち

【one point trivia】

◉バイロイト音楽祭の100周年にフランス人パトリス・シェローが演出した《指環》(35頁参照)では、神々の世界が舞台となる場面でまさにマッターホルンとおぼしき張りぼての山が使われました。ただし2年目以降、この装置は別のものに換えられたので、最終年に収録されたDVDの映像では見ることができません。

の四人が谷底へ転落していったのです。彼は、自分の夢がかなった幸福の絶頂から一転、悲劇のどん底へと突き落とされたわけです。

二つ目はハインリヒ・シュリーマンによるトロイア遺跡の発掘です。有名な「木馬の計」によってギリシャ連合軍に攻め落とされたこの町の存在は、ホメロスの『イーリアス』をはじめとする叙事詩に歌われた数々のエピソードともども、あくまでも伝説上のものと長いあいだ一般には思われていました。シュリーマンはトロイア戦争が史実にもとづくと確信し、一八七〇年に私財を投じて発掘作業に着手、やがて都市文明の実在を証拠づける遺跡を次々と掘り起こして、世間を驚かせたわけです。

これらの出来事はワーグナーと直接の関係がないため、彼の伝記にも研究書にもまったく触れられていないのですけれど、あえてここに挙げた理由をこれから申し上げます。

ウィンパーとワーグナーをつなぐ線はまったくみつかりません。おそらく会ったことはないでしょう。いっぽう、ワーグナーはシュリーマンには一度だけ会っています。《指環》初演の翌年にあたる一八七七年の五月、ワーグナーが奥さんのコジマを伴ってロンドンに出かけたおりのことです。そのときのことをコジマは次のように書き残しています。「晩

【one point trivia】

◉ウィンパーの本職は画家だったので、著書『アルプス登攀記』には自らがそのときの様子を描いた挿絵が収録されています。

はフォン・エルンスト氏の邸宅でドイツ人の会食。トロイアの発掘者シュリーマン博士が客として同席」。

ホメロスの叙事詩やトロイアの遺跡について、ワーグナーとシュリーマンのあいだでさぞや話が弾んだことだろうと想像したくもなりますが、コジマは何を書きとめたかというと「たいした人物ではない」、この一言で斬って捨てているんですね。ですから実証的な研究としては、ワーグナーはシュリーマンに一回だけ会ったことがあるが、特筆すべき印象も受けぬまま別れたと書けば、それで打ち止めになるところでしょう。

にもかかわらず、ここにウィンパーとシュリーマンの事績をもち出したのは、ワーグナーおよび《ニーベルングの指環》という作品を考えるうえで、象徴的な結びつきがこの二つの出来事に見出せるからです。◉

現実逃避？　ワーグナーにとってのスイスとギリシャ

《ニーベルングの指環》という長大な作品の完成と初演も含め、これら三つの出来事は三人のヨーロッパ人がおのがじし誇大妄想狂的な夢を胸に育み、常ならぬ情熱とエネルギーを注いで、世に不可能と思われていたことをついに成し遂げてしまったという意味で、きわめて十九世紀

【one point trivia】

◉シュリーマンはトルコ領内のヒサルクの丘が伝説のトロイアの場所だと推定して1870年に発掘を開始、1873年に「プリアモスの財宝」を発掘してトロイアの実在を証明し、翌74年に発掘報告書を出版しました。ワーグナーが《ニーベルングの指環》の第4作目の《神々の黄昏》を作曲したのが1869年から74年にかけてですから、シュリーマンの発掘時期とほぼ重なっています。

的な出来事です。

でも、それだけではありません。ワーグナーとスイス、あるいはワーグナーとギリシャのあいだには、それぞれ本質的な接点があるのです。

革命後のワーグナーが亡命先に選んだのはスイスです。彼がこの地に滞在した一八五〇年代から六〇年代にかけては、ヨーロッパで今のアウトドア・スポーツの先駆けともいえるアルピニズムが盛んになった時期でもありました。そしてワーグナー自身、アルプスの雄大な光景に惹かれ、山歩きを盛んにおこなって、マッターホルンほど高く険《けわ》しい山ではありませんが、雪をかぶった三〇〇〇メートル級の山なみを踏破しているのです。こうした経験が《ニーベルングの指環》の舞台設定や、作品のここかしこに鳴り響く雄大な自然を表す音楽に投影されていると考えられます。

いっぽう、ギリシャについていえば、ワーグナーは少年時代からシュリーマンと同様、ホメロスの叙事詩などを読んで、古代ギリシャの世界に惹かれていました。しかも革命前のドレスデンで宮廷指揮者をしていた時期には、古代ギリシャ悲劇、とりわけアイスキュロスの作品に親しんでいます。ワーグナーはたいへんな読書家でもありました。内外の古典を読み漁《あさ》り、そのなかから人間の普遍的な行動様式や同時代にも通じる社会のさまざまな問題を汲《く》みとって、それを象徴的なかたちで自作に反映させたのです。自分たちを取り巻く社会の問題のルーツがどこにあるかを探りながら、その地層を神話のレヴェルまで掘り起こしていったと言い換えることもできるでしょう。シュリーマンは物理的に地層を掘り進んだわけですが、ワーグナーは比喩的な意味で同じような行為をやっている、そんなふうにも考えられます。

ここで、なぜワーグナーは革命に参加したのかを考えてみましょう。十九世紀は産業革命と資本主義の時代といってもよいでしょう。科学が発達し、金銭の力が大きくなってゆくことで、それまでの人間同士の絆が薄まり、自然環境に密着した人間らしい生き方がなかなか実現できなくなってゆくような状況、それがワーグナーをとりまく近代という時代でした。この点にワーグナーは不満と疑問を抱いていたのです。そして、そうした時代状況からの脱出を、最終的には革命に参加するというかたちで実現しようとしたのだとも考えられます。

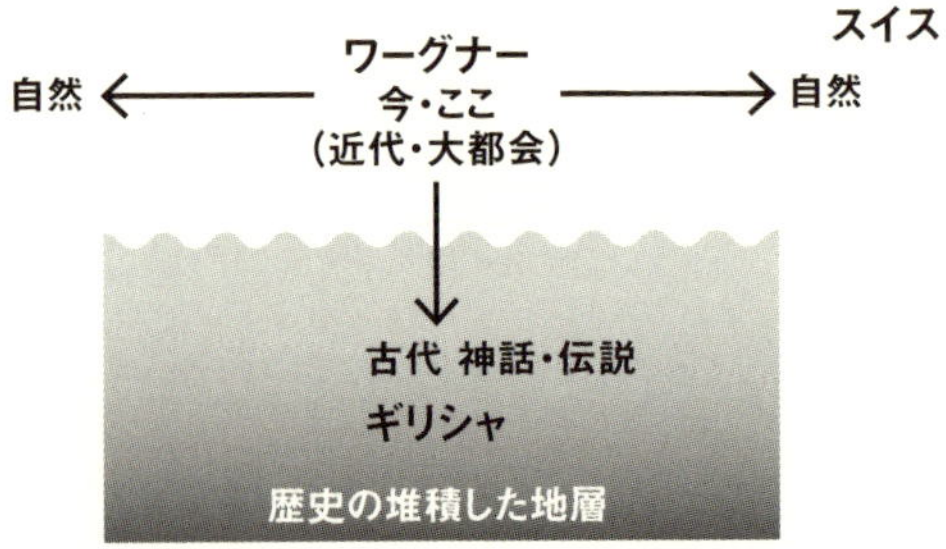

ワーグナーにとってのスイスとギリシャも、同じ文脈のなかでとらえることができます。つまり、人は自らを取り巻く近代社会から、どうやって抜け出すのかと考えたとき、まず空間的には人がうごめく都会から大自然の懐へという動きを想定することができるでしょう。こちらがスイス。いっぽう、時間的には現代から過去へ人類の歴史を遡《さかのぼ》って、そのいちばん下の層にある古代や神話の世界に親しんでゆくということが考えられます。こちらがギリシャ。

どちらも一種の現実逃避といえなくはないのですが、しかしワーグナーにとって、それは逃避どころか、現実と向き合うために避けることのできない積極的な意味をもち、しかも大きな創造の稔《みの》りをもたらすような生産的な行為でした。彼は自分の拠って立つ「今ここ」をより広大で深い次元からとらえ直そうとしたのです。

ワーグナーが北欧やゲルマンの神話をモデルにしながら、《指環》という作品を創ったのも同じ理由によります。しかも、北方神話を下敷きにしたこの作品のなかには、彼が親しんだギリシャの神話や叙事詩の影響も有形無形にところどころ盛り込まれているのです。

神話と近代——没落の相

ワーグナー自身、神話は自分が生きる時代と関係がないどころか、むしろきわめて大きな結びつきがあるのだという意識を強烈に抱いていました。《指環》に取り組んでいた時期に、友人の作曲家フランツ・リストに宛てた手紙のなかに次のような一文があります。

「私の新しい作品——そこには世界の始原と没落が包摂《ほうせつ》されているのです！」（一八五三年二月十一日）

「世界の始原と没落」という言葉は《指環》全体の筋を表していると、まずは考えられます。第一部《ラインの黄金》冒頭のオーケストラによる序奏は、「宇宙の揺り籠の歌」と作者自身が名づけていますけれども、音で描く世界の創造、いわば音楽による「創世記」といった趣があります。最初はコントラバスによって、たったひとつの低い音が聞こえるか聞こえないかのレベルで長く延ばされ、やがて次々と楽器が加わって旋律が生まれ、音符も細かくなって、複雑な動きになり、音量も増大してゆくというように、無音状態からしだいに音楽が形をなして聞こえてくる過程が、混沌から秩序立った世界が誕生するプロセスに重ねられるわけです。これが「世界の始原」。このあと、神々の世界が出現して、さらに第二部《ヴァルキューレ》になると、人間たちの社会が出てきます。そして第四部《神々の黄昏》の幕切れでは、それまで描かれたひとつの世界が滅びてゆくわけです。こちらが「没落」といちおうはとれるでしょう。

でも、「始原」と「没落」が指すものは作品内の時間軸における始まりと終わりだけではないと思います。もうひとつ、ワーグナーがギリシャの「オイディプス神話◉」について述べた文章をここに並べてみましょう。

今日でも私たちは、オイディプス神話をその最も深い本質に忠実にしたがって解釈しさえすれば、それに即して社会の始まりから国家の必然的な没落にいたる人類の全歴史を明瞭に思い描くことができる。この没落の必然性は神話のなかで予感されており、これを実行するのは現実の歴史の任務なのである。

（『オペラとドラマ』より、杉谷恭一訳）

ワーグナーはオペラの台本を自分で書いただけでなく、このような芸術論ですとか社会論といった著作をたくさん残しています。『オペラとドラマ』はそのなかでも彼の主著といえるいちばん大きなもので、《指環》の創作に本格的に取

【one point trivia】

◉ **オイディプス神話**

父を殺し、母と結婚したテーバイの王オイディプス（エディプス）とその一族をめぐる神話で、これを題材にしたソフォクレスの悲劇『オイディプス王』『アンティゴネー』などによって広く知られています。

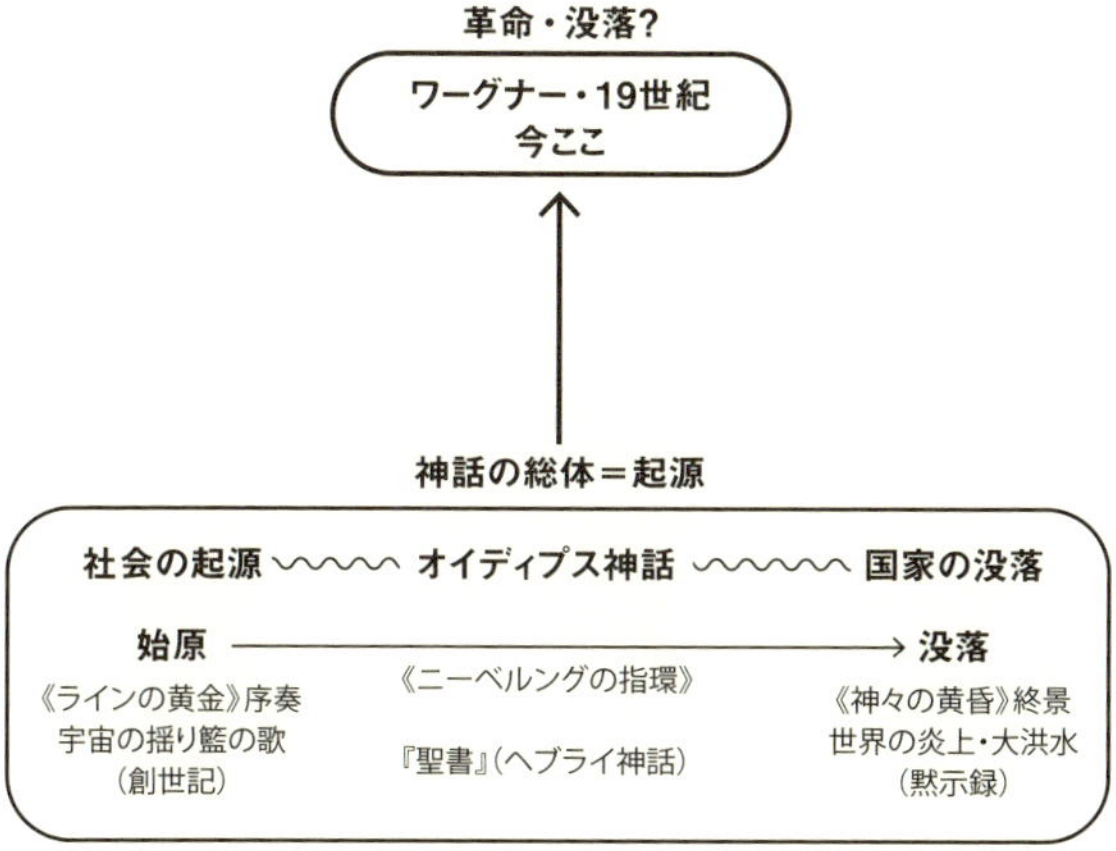

り組む準備段階で執筆されました。そのため、この『オペラとドラマ』には《指環》を読み解くためのヒントが、たくさん詰まっているとも考えられます。

さて、右の引用箇所ですが、オイディプス神話においても《指環》の筋と同様、ひとつの社会が始まりから没落に向かって突き進んでゆく流れが描かれているとまずは解釈できます。しかし、それだけではありません。ワーグナーはこの「没落の必然性」ということを、神話のなかだけではなくて、自分が生きる現実の歴史にもういちど投影して考え直すわけですね。すなわちオイディプス神話は神話体系の内部で国家の没落という物語の終わりを描いているだけでなく、そこに描かれる没落の様相はそのまま「現実の歴史」における、没落を目前に控えた「今現在」にも通じている。いわば、彼自身が立っている「今ここ」の地点から神話をとらえ直すわけです。

そうすると逆に、オイディプス神話の総体を含む神話そのものは、ワーグナーの同時代にいたるすべての物事の始まりを描いた「始原」だと考えることもできます。それに対して彼が拠《よ》って立つ「今ここ」とは革命によって滅ぼされるべき近代社会、すなわち「没落」の層にほかならない。いわば、ストーリーの流れという横の線に、太古から現代にいたる現実の歴史を表す縦の線が重なってくるわけです。

これと同じ読み方は、先の引用にあった《ニーベルングの指環》についての「世界の始原と没落が包摂されている」という表現にも当てはめることができます。つまり、すべての「始原」としての神話をモデルにした自作《ニーベルングの指環》のうちに、自分たちの社会すなわち没落の層を読みとる視点をワーグナーは有していたということです。

ヴォータン——近代知の限界

その何よりの証拠が次に挙げる彼自身の言葉です。ワーグナーの友人にアウグスト・レッケル（一八一四—七六）という人がいました。レッケルはワーグナーのドレスデン時代の同僚で、ともに革命に参加しながら、逮捕されて、死刑の宣告まで受けることになるのですが（一八六二年に赦免《しゃめん》）、ワーグナーは牢屋にいるレッケルに宛てた手紙のなかで、自分が今取り組みつつある《指環》のストーリーを逐一《ちくいち》説明しながら、こう書くのです。

「彼をよく見たまえ、僕らと瓜《うり》二つではないか！」「ヴォータンは現代の知性を集約した存在だ」（A・レッケル宛、一八五四年一月二十五／二十六日）

これはどういう意味でしょうか。「知性を集約した存在」というとよい意味にとれるかもしれませんが、逆に現代人の知性の行き詰まりというか限界が、ヴォータンの行動や思想、そして彼がたどる運命に表されているとも解釈できるでしょう。

なぜワーグナーは現代の問題を考えるために、神話世界を探索したのか。『オペラとドラマ』と前後して書かれた『友人たちへの伝言』から引用するならば、「人は堆積した過去の記憶をもとに、願わしい未来の姿を思い描く」からです。つまり《指環》は決して彼自身が生きた十九世紀や我々の生きる現代の世界と関係のないお伽噺《とぎばなし》ではない、ということですね。

ワーグナーの孫で演出家として活躍したヴィーラント・ワーグナー（一九一七〜一九六六）という人が、おじいさんの作品について次のように書き残しています。

《指環》はリヒャルト・ワーグナーが人類に向かって差し出した鏡である。「これが君たちの姿だ」と彼は言う。人類が急進的に変わらないかぎり似たようなことが現代の社会でも起こるだろう、というわけだ。

（ジャン・ミスラー宛、一九六五年五月十日）

ところで、地層を現代から神話に向かって掘り進んでゆく運動、すなわち現在から過去の深みへ降りてゆくのと同じ思考の流れが、じつは《指環》の創作過程にもみてとれます。ワーグナーは台本をいちばん終わりから初めのほうに向けて書き進めていったのです。

最初にまず《指環》の第四部にあたる《神々の黄昏》が単独のドラマとして構想されました。しか

《指環》創作年表

1848	10月	（あるドラマのための）散文草稿『ニーベルンゲン神話』完成。
	11月	『ジークフリートの死』（のちの《神々の黄昏》）韻文台本執筆。
1850	8月	『ジークフリートの死』オーケストラ・スケッチを開始、序幕のブリュンヒルデ－ジークフリートの別れの場面まで書き進めて、中断。
1851	5月	『若きジークフリート』（のちの《ジークフリート》）を着想、散文草稿を経て、翌月韻文台本を完成。
	10月	《指環》を４部作の祝祭劇として完成することを決意。
1852	７月	《ヴァルキューレ》韻文台本初稿完成。
	11月	《ラインの黄金》韻文台本初稿完成。
1853	11月	《ラインの黄金》作曲に着手。
1874		《神々の黄昏》の作曲終了、《ニーベルングの指環》４部作が完結。
1876		第１回バイロイト音楽祭にて、《ニーベルングの指環》初演。

し、これを書きおろした時点で、ワーグナーは満足しませんでした。当初は『ジークフリートの死』という題名を付されたこのドラマは、英雄ジークフリートの殺害をクライマックスに置いています。この主人公の前半生を描くべきだという友人の勧めもあって、ワーグナーはストーリーを遡るかたちで『若きジークフリート』の台本に着手するのですが、何よりも彼自身にさらなる執筆をうながしたのは、「なぜジークフリートは殺されなければならなかったのか？」という自らが抱く疑問でした。

《神々の黄昏》終結部では彼の妻であるブリュンヒルデが作者の疑問を代弁するかのように、天上の神々に向けて、次の問いを発します。《ニーベルングの指環》全編を読み進めてゆくうえでも重要なキーワードになりますので、先立って引用しておきましょう。

あの人ほどに純真に／誓いを立てた人はなく、／
あの人ほどまめやかに／契《ちぎ》りを守った人はいない。

／あの人のように一本気に／愛した人もいなかった。／だが、すべての誓い、／すべての契り、／至純の愛の誠まで／あの人ほど平然と裏切った人もいない。／なぜこんなことになったのか、おわかりですか？

この英雄は神々が犯した過去の罪を背負って死んでゆくのですが、「なぜこんなことになったのか」——その罪の内実をつきとめるため、ワーグナーはジークフリートの少年時代に遡り、さらにはその両親の愛と死を描きつつ、因果の糸をどこまでもたぐり寄せた結果、最後に神々の世界を舞台にした第一部の《ラインの黄金》にたどり着いたというわけです。そして、その後、作曲はふつうの順序で前から後ろへと進められてゆきました。

ワーグナーとパリ——「さまざまな事象の真の相貌」

ワーグナーが自らの生きる近代社会への問題意識を育むようになったいちばんのきっかけは、パリに滞在したことにあります。

一八三九年から四二年まで、ワーグナーは奥さんのミンナとパリで暮らします。なぜパリに行ったかというと、彼には野望があるわけですね。それまではドイツの田舎の劇場で指揮者の下積みをしながら、オペラの作曲も進めていましたが、なかなか芽が出ない。自分が創作しつつある作品をやはり文化と音楽の中心地であるパリで上演し、芸術家として名を挙げたい、そんな願いを抱いて乗り込んできた。

ところがパリの社会というのは、無名の若い芸術家を親切に受け入れるようなところではありません。とくにオペラ座は十九世紀ヨーロッパの音楽界の頂点に位置し、大家の作品のみが上演のチャンスを与えられる世界の歌の殿堂です。それに、こうした芸術業界の中枢に入ってゆくためにはそもそも、人脈や金脈が必要でしょう。だけどワーグナーは無名で金もない。当時随一の人気を誇るオペラ作曲家ジャコモ・マイヤーベーアに自作を見せ、斡旋《あっせん》の約束をとりつけるものの、それさえも万能の通行手形にはなりませんでした。そうなると、田舎出の素朴な青年であった彼にはその先の身の処し方がまったくわからない。その結果、とうぜんながら貧困生活を余儀なくされるのです。

隣家の庭に落ちた胡桃《くるみ》を拾って飢えをしのいだ時期さえあったようですが、さいわい彼には苦労をともにする奥さんや、夢を語りあい暮らしを助けあう同郷の仲間たちがいました。プッチーニの《ラ・ボエーム》はちょうど一八三〇年代のパリを描いたオペラですが、そこに描かれるのと同じような雰囲気で生活していたと考えられます。友人のひとり、画家のエルンスト・キーツがワーグナー夫妻を描いた、じつにユーモラスな絵が残っています（右図参照）。

この時期にそうした友人の紹介で無政府主義者プルードンの著作などを読んで、近代社会の矛盾に目を開かれ、社会主義思想に目覚めてゆくわけです。

のちに三十年も経ってから、ワーグナーは庇護《ひご》者であるルートヴィヒ二世に宛てて、こう書いています。

パリこそは近代文明の心臓です。……わたしはさまざまな事象の真の相貌（フィジオグノミー）を的確に見きわめるようになりましたが、このことをわたしはパリに負うているのです。

（一八六七年七月一八日、三光長治訳）

「さまざまな事象の真の相貌」を一言で言い換えれば、人間が生きている社会のメカニズムということになるでしょうか。大都会では人々の欲望が渦巻いて、そのなかで人脈とか金脈などのさまざまな要因がからまり合って動いてゆく。こうした世の中のしくみをワーグナーはこの言葉で表したと考えられます。

バルザックとワーグナー

ところで、ワーグナーと同時代に、このようなパリの社会をそのままみごとに写しとった小説家がいます。オノレ・ド・バルザックです。

バルザックとワーグナー――この二人も、実証主義的にいえば、まったく接点はありません。後半生になって、ワーグナーはバルザックの小説を愛読するようになりますが、とくに自分の創作にからめてバルザックに言及したことはいっさいありません。

にもかかわらず見逃せないのは、二人が同じ時代に十九世紀ヨーロッパの首都ともいえるパリで暮らし、同じ社会の空気を吸っており、しかも二人とも、「さまざまな事象の真の相貌」の鋭敏な観察者として、音楽劇と小説というようにジャンルこそ違えど、人間社会のからくりを鋭い表現と細かく的確な描写によって作品のなかに描き出したという事実です。

バルザックの代表作のひとつに『幻滅』という長編があります。主人公のリュシアンは純朴で眉目《びもく》秀麗《しゅうれい》、詩歌の才にも恵まれた文学青年であり、その彼がパリで名を挙げたいと思って、田舎町から乗り込んでくるわけです。美貌という点を除けば、まさに当時のワーグナーのようです。リュシアンも最初はなかなか自分の才能が認められず、世に出るきっかけがつかめないのですが、そのうちにわかってくるのですね。芸術家としての才能なんてパリのジャーナリズムの社会では取るに足らないもので、さほど重要視されない。では何が大事かというと、人脈や金脈といった社会の裏のしくみをうまく利用しながら、ときには新聞や雑誌に匿名《とくめい》で他人を中傷する記事を流すなど汚い手も使いつつ、のし上がってゆくしかないのだと思い知らされた。

こうしてリュシアンはまっしぐらにその道を突き進んでゆくのですが、あるていどのところにまで昇りつめたところで、スキャンダルが発覚して、どん底に突き落とされるのです。汚濁《おだく》にまみれた業界の様子が痛快なまでに描写される、そんな小説です。

その点、ワーグナーはまだ世間を知らない、純真で真面目な青年だったということでしょう。マイヤーベーアに取り入ろうとしても、えげつない手段に訴えることには心理的抵抗も強かったでしょうし、最終的には才能と資質が必ず勝利をおさめるのだと素朴に自分の力を信じ切っていたところがあったと思います。そこで貧困のなか、写譜や編曲の仕事、あるいは音楽新聞にちょっとした雑文を書く、そういう仕事でなんとか食いつないでゆく。しかしオペラの作曲家としては芽が出ずに、失意のうちにパリを去ることになります。

とはいえ、転んでもただでは起きないのがワーグナーのワーグナーたる所以《ゆえん》でしょう。この地で彼が体験し、観察したすべてをのちの創作にまったく別の象徴的なかたちで結実させた、その実りが《ニーベルングの指環》という作品なのです。

第二講　《ラインの黄金》――神々の人間喜劇

サテュロス劇

この講の副題はもちろん、バルザックの小説群を総括したタイトルをもじったものです。「神々の」と付した点が何やら逆説めいて聞こえるかもしれませんが、《指環》全編のなかでも、とりわけ第一部《ラインの黄金》については、全体をバルザック的な視点から、現代社会の写し絵、人間の行動生態学の絵解きとして読み解くことができると考えるからです。

そのことを理解するための前提として、まずは《ニーベルングの指環》四部作全体の構造をみてみましょう。《指環》は《ラインの黄金》《ヴァルキューレ》《ジークフリート》《神々の黄昏》という四つの作品から成り立っている、文字どおり四部作なのですけど、ワーグナー自身はこれを古代ギリシャ悲劇の上演形態にのっとって、序夜付きの三部作と呼んでいます。

古《いにしえ》のアテネでは年に一度、市民が野外劇場に集い、数日の間に劇作家たちの競作を観るという習慣がありました。一日ごとに、ひとりの劇作家の新作が上演されるのですが、その作品は悲劇で、話に連続性をもつ三部作の形式にするという規定になっていました。たとえば、ワーグナーが自らの手本としたアイスキュロスの『オレステイア』は『アガメムノン』『供養する女たち』『慈しみの女神たち』という三部構成で、アトレウス王家における復讐の連鎖が解決にいたるまでを描いた連作です。

悲劇を三つ立て続けに上演するわけですから、とうぜん劇場には重苦しい雰囲気が立ち込めます。この血生臭くさえなった舞台を祓《はら》い清めて、最後は笑って終わりましょうということで、サテュロス劇という一種の喜劇を付け足しに上演したというのが古代ギリシャの上演形態。ワーグナーはこの順番をひっくり返し、《ラインの黄金》を付け足しのプロローグすなわち序夜として、最初にもってきたということです。上演時間からいっても、四時間を超えるあとの三作に較べ、《ラインの黄金》は二時間半という軽めの作品ですし、ところどころにコミカルな場面がある点もサテュロス劇としての性格を裏づけています。

【one point trivia】

◉ サテュロス劇

サテュロスとはギリシャ神話で、酒と酩酊の神ディオニュソスを取り巻いて、欲情と狂乱の宴に明け暮れる好色な半神半獣の森の精霊たちのことです。ディオニュソス信仰と結びついた古代アテネの演劇祭では悲劇三部作が上演されたのち、このサテュロスに扮した役者の一団が登場し、神話を戯画化した滑稽な場面を演じることになっていました。なお、サテュロス劇はアリストパネスらが書いた喜劇とはまったく別の独立したジャンルで、現在完全なかたちで残っている作品は唯一、エウリピデスによる『キュクロプス』のみです。

《指環》のなかの入れ子構造

おもしろいのは《指環》全体をみたときに、このプロローグ付き三部作という構成が入れ子状になっているという点です。たとえば第四部《神々の黄昏》は三幕仕立てですが、その前に序幕が置かれています。以上はしばしば指摘されるところですが、よくよく考えると、《ラインの黄金》にも似

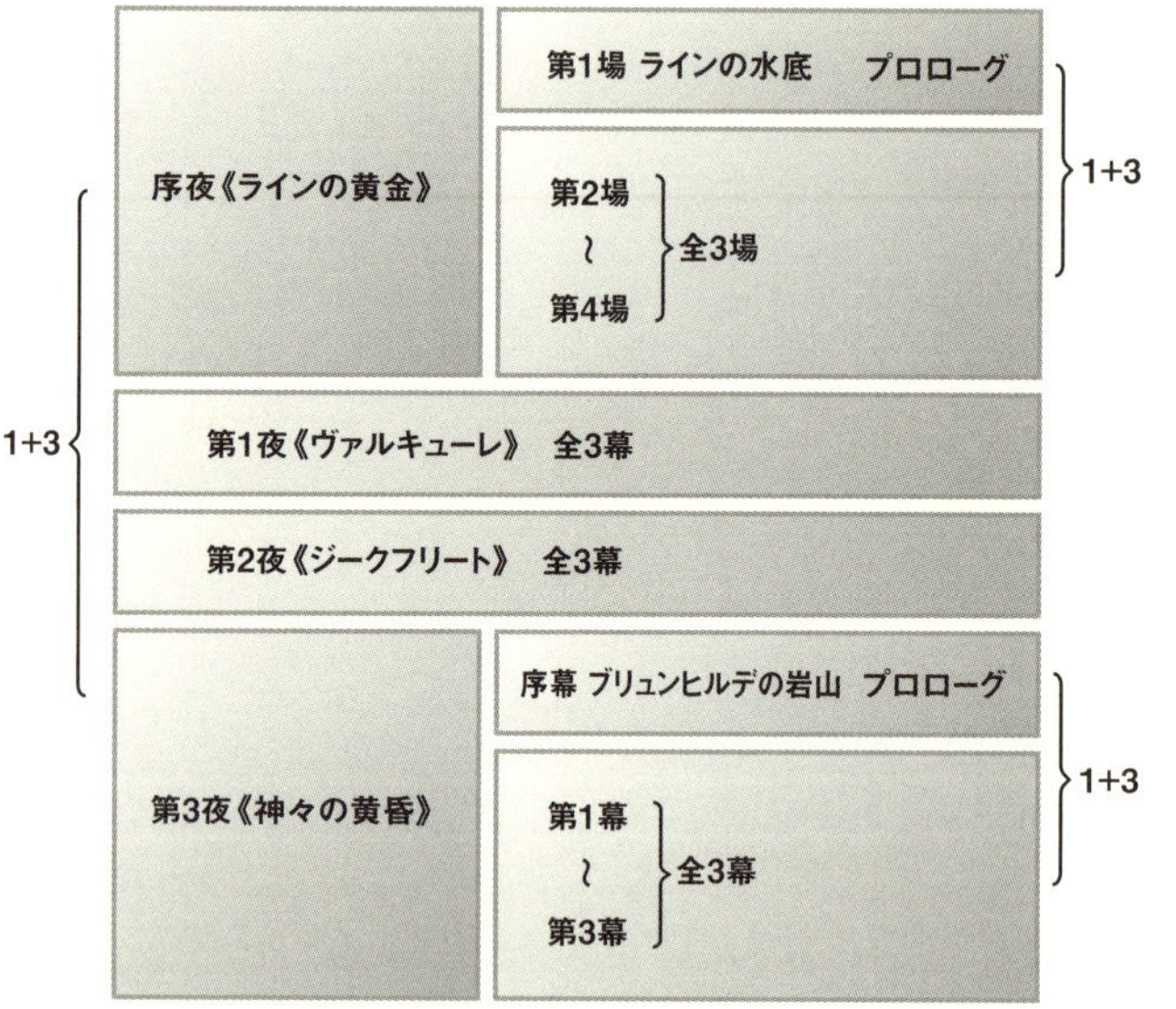

たような構成をみてとることができます。この作品は四つの場面から成り立っていますが、ストーリーの展開からみて、第一場は続く三つの場面から区切られて、独立した情景になっている。時間的にも第二場から第四場までは連続していて、ある日の朝から夕方まで一日の出来事を描いていますが、第一場はそれ以前です。

さらにいえば、この第一場は《ラインの黄金》のみならず、大きくみると《指環》全編のプロローグにもなっている。《ラインの黄金》そのものが全体のプロローグでありながら、そのなかに入れ子状にもうひとつのプロローグが含まれているということですね。

そのことも頭に入れながら、第一場をざっとみてゆきましょう。

〈第一場あらすじ〉

ライン河の水底にやってきた小人アルベリヒが水の精（ラインの娘三人）に求愛するが、拒否されたうえに、さんざんな嘲《あざけ》りを受ける。彼の怒りが頂点に達したときに、ラインの黄金が輝き出す。ラインの娘たちは黄金の秘密を小人にばらしてしまう。黄金から指環をつくれば、その所有者には至上の権力が授かるというのだ。しかし、指環をつくることができるのは愛を断念した者のみ。アルベリヒは愛を呪い、黄金をライン河から持ち去る。

犯罪には動機がある

一八四八年、《ニーベルングの指環》を最初に構想した時期に、ワーグナーはすでにストーリー全体のスケッチのようなものを書きとめているのですが、そこに次の一文がみつかります。「ラインの高貴な、輝かしい黄金をわがものにしたのはアルベリヒである。彼はそれを水底から持ち去り、知恵と技術を傾けてひとつの指環に造りあげた」（『ニーベルンゲン神話』、高辻知義訳）

さらに単独のドラマとして最初に書きあげた『ジークフリートの死』のなかにも、登場人物のひとりとしてアルベリヒが出てきて、こう語ります。「水底から俺は黄金を奪い、それから指環を造った。指環には支配の魔力が込められているが、そいつで俺は働き者たちを支配下に置き、仕事を命じたのだ」

このようにみると、最初期の段階ですでに場面の大枠はできあがっていたようにも思えますが、さて、いざ《ラインの黄金》の台本執筆に取りかかろうとしたときに、ひとつの大きな問題が生じます。なぜアルベリヒはラインの水底から黄金を奪ったのか？　たんに口頭や文章で説明するのではなく、ある場面を観客の目の前で演じる場合、登場人物の行為が信憑《しんぴょう》性と説得力をもつためには、なぜそのような行動をとったのかという動機付けが必要になりますが、その動機が草稿の段階ではまだ欠けていたということです。台本執筆にあたって、この点をワーグナーは考え抜かねばならなかったのです。

創作神話のゼロの地点／愛を呪うという主題

先ほど述べましたように《指環》は北欧・ゲルマンの神話をモデルにしています。ところが、そもそも神話というものは、日本の神話を考えていただいてもわかると思いますが、けっして最初から最後までの一貫したストーリーがあるわけではありません。いろいろなエピソードがばらばらにあって、それを一民族の物語として体系的に束ねたものが、北欧・ゲルマン神話、あるいはギリシャ・ローマ神話と呼ばれたりするわけです。

ワーグナーは北欧・ゲルマンの神話を中心に、ばらばらな挿話からいくつかを取捨選択し、それらを組み換え、さらには肉付けをして、一貫した大河ドラマのようなストーリーを創りあげた、これが《ニーベルングの指環》という作品です。

《指環》のどの場面、どの状況に、どういう神話のエピソードが取り込まれているかということは、これまでの研究でおおよそわかっています。デリック・クックという研究者は、《指環》全体の筋を二十八の出来事に分け、そのうちの十九がどのような神話素材から採られているかを特定しました。残りの九つはワーグナー自身の創作という要素が大きいのですが、とくに《ラインの黄金》第一場にかんしては、いかなる神話にも似たようなエピソードが見つからないのです（Deryck Cooke, *I Saw the World End*, p.79, p.134, London 1979）。ワーグナーはまったく新しいものとして、独自にこの場面を作らねばなりませんでした。そこで彼が考え出したのが、求愛を拒まれたアルベリヒが自ら愛を呪うことによって、指環というものに象徴された絶対的な権力を獲得するという筋立てです。

これも先ほど述べましたように、《ラインの黄金》は《指環》全体の台本執筆の最後の段階で書かれました。この段階にいたってはじめて、愛と権力の二者択一、つまり愛を断念して権力を取るのか、権力を諦めて愛を取るのか――作品全体のもっとも重要なテーマが、はっきりとした形をとって現れたわけです。その意味でも、きわめて重要な場面です。

娼婦の誘惑？

この第一場におけるラインの水底の情景というのはオーケストラによる序奏、すなわち音で描いた「創世記」から直接つながる場面で、いまだ人為や文明に汚されていない太古の自然状態、牧歌的な楽園を描いているという受けとり方も可能です。しかし、そのいっぽうで、ここに登場する水の精、ラインの娘たちの行動には無邪気な清らかさとは別の側面も窺《うかが》えるのです。ここでは彼女らのアルベリヒに対する辛辣《しんらつ》な悪意に注目してみましょう。

美しい水の精にみとれるアルベリヒに、ラインの娘たちはひとりずつ自分から近寄り、声をかけ、気をもたせたすえに、肘鉄《ひじてつ》を喰らわせ、嘲笑を浴びせます。アルベリヒは自分からしつこく言い寄ったわけではなくて、むしろ彼女らに誘惑されたあげくに、捨てられる。しかも、この色仕掛けはしだいにあざとさを増してゆくのです。三人目のフロースヒルデとアルベリヒのやりとりを引用しましょう。

フロースヒルデ：（アルベリヒを抱きしめて）……ぼうぼう髭《ひげ》に／さわっていたい、いつまでも。／とげのように逆立った／強《こわ》いちぢれ毛に、／いつまでもこの身をからめていたいもの。／蛙のようなお姿に／声もなく見とれ／しわがれ声に／じっと聴き惚《ほ》れていたいもの！
ヴォークリンデ／ヴェルグンデ：（近くまで降りてきて、笑い転げる）ハッハッハッ……
アルベリヒ：（愕然として、フロースヒルデの抱擁から身を起こし）ひどい奴らだ、俺を虚仮《こけ》にするのか！
フロースヒルデ：（突然アルベリヒから身をもぎ離し）とどのつまりは、こうなるの！（ほかのふたりとともにすばやく浮かび上がる）
ヴォークリンデ／ヴェルグンデ：ハッハッハッ……
アルベリヒ：（甲高く）ああ、情けない／やるせない。／睦まじかったあの娘まで／俺を裏切るとは。／恥知らずで狡猾《こうかつ》な／すれっからしのあばずれめ！／おまえたち不実な妖精の／心の内は偽りだけか。

胸まで触らせ、アルベリヒに惚れたふりをしながら、その褒め言葉の形容が相手の醜い容姿に対する痛烈な皮肉になっています。そこでアルベリヒはついに怒り心頭に発して、彼女らを追いまわす。そのときに水底に守られた秘宝、ラインの黄金が光って、彼女らがその秘密を打ち明けてしまう。その結果、愛を呪ったアルベリヒが黄金を持ち去るという展開になります。

＊

アルベリヒの側に同情を寄せる観点は昔からありました。ひとつの例として、イギリスの作家バーナード・ショーの『完全なるワーグナー主義者』という著作を紹介しましょう。この本はまさに私が話してきたように、《指環》を革命思想家ワーグナーが構想した資本主義の寓話として読み解くという試みで、ラインの水底はアメリカのゴールドラッシュになぞらえられています。「(若く美しい女性であるあなたのもとに、男が現れて求愛する。相手が無愛想で醜い男なら) あなたは彼をはねつけ、辛辣に恥をかかせて失望させるだろう。そうなったら手に入らない愛を呪って無情に黄金のほうを選ぶ以外に、彼に何ができようか」(高橋宣也訳、新書館、二七〜二八頁、括弧部分は山崎要約)

このような観点をさらにエスカレートさせたのが、パトリス・シェローというフランス人が《指環》初演の百周年にあたる一九七六年にバイロイトでおこなった演出です。そこではこの第一場が自然状態の川底ではなく、すでに人の手が入ったダムになっています。しかもラインの娘たちは、パリの街角あたりに出没する街娼、いわゆるコールガールの格好をしているのです。

こうした解釈については、作品の内部にそれなりの根拠を見出せるでしょう。この第一場には愛の戯れを指す buhlen という動詞が何度も出てくるのですけど、これを名詞にした Buhlerin はまさに娼婦という意味です。

娼婦は世界でもっとも古い職業といわれるほど昔からあるものですが、十九世紀になると、その在り方にいささか変化が生じます。街角に立って男を誘ういわゆる私娼がけっしていなくなるわけではありませんが、いっぽうで、パリをはじめとする大都会では公娼制度が確立され、売春が警察や政府の管理システムの網の目のなかに組み込まれてゆくのです。その結果、性を生業とする女性がどのぐらいいるのか、その数も把握しやすくなります。「古文書館に保存された管理記録によると、一八一六年から四八年に売春婦は、二万二千人を少し超える人数から四万三千人弱と、ほとんど二倍に増えている」そうです（アルフレッド・フィエロ著『パリ歴史事典』〔鹿島茂監訳、白水社、二〇〇〇〕五八四頁、「売春」の項目）。パリ全体の人口は十九世紀半ばでようやく百万人に達したぐらいですから、ちょっといくらなんでもこの数字は多すぎるような気がしますが、ともかくこの時期、娼婦の数が急増したと理解してよいでしょう。

もちろん、この娼婦という職業は、人口の都市流入、労働者層の増加、貧困と失業など、社会全体の矛盾を反映するかたちで存在していると考えられます。事実、ワーグナー自身がそういう視点をもっていました。《指環》を着想したのとほぼ同じ時期、彼は同時代の社会を批判し、革命への参加を呼びかける論説や詩や短文をいくつも書いているのですが、そのなかに次の一文がみつかるのです。

「（幾百万人もの労働者の）娘たちは人々の罵倒を身に受けながら街の通りをうろつきまわって、富める者、権力者たちの低劣な欲望の餌食になるのだ」（『革命』）

＊

私はかねてより、ワーグナーの魅力の根源は多義性であると考えています。神話世界を描きながら、それがそのまま近代社会の暗喩にもなっているというのも多義性のひとつ。ここに紹介した、たったひとつの場面をとってみても、牧歌的で美しい水底の情景という設定の向こうに、現代に通じる要素が垣間見える。またラインの娘たちをはじめとする登場人物たちの行動も、けっして一方的な善悪の物差しでは裁くことのできない、両義性によって特徴づけられているわけで、だからこそ同じ場面を舞台化するにしても、演出家によってまったく違った表し方が可能になるのです。

〈第二場～第四場　あらすじ〉

第二場　神々の城ヴァルハルが完成した朝。神々の長ヴォータンは建築を請け負った巨人の兄弟（ファーゾルトとファーフナー）に報酬として美と青春の女神フライアの身柄を約束したが、不老長寿の林檎《りんご》の管理者である彼女を実際に手渡すつもりはない。この問題にかかわる者たちが次々に集まってくる。唯一、打開策を知るものと皆が期待するローゲが最後に登場。最近アルベリヒが手に入れた指環について話し、皆の関心を惹きつける。巨人たちは報酬に指環を要求。担保としてフライアを夕刻まで預かることにする。ヴォータンとローゲは指環を手に入れるため、地底世界に赴く。

第三場　地底世界ではアルベリヒの権力が確立し、小人たち（ニーベルング族）が重労働にあえいでいる。ヴォータンとローゲは策略でアルベリヒを捕獲することに成功する。

第四場　天上世界に拉致されたアルベリヒは財宝や隠れ頭巾ばかりか指環まで奪い取られてしまう。縄を解かれた彼は指環に死の呪いをかけて退場。巨人たちがフライアを連れて戻り、神々は彼女の保釈金としてニーベルングの財宝を積み上げる。巨人たちが指環も要求すると、ヴォータンはそれを拒むものの、突然出現した叡智の女神エルダが指環を手放すよう警告。ヴォータンも彼女のいうことに従う。巨人たちは手に入れた指環をめぐって争いを始め、ファーフナーがファーゾルトを殺してしまう。アルベリヒが指環にかけた死の呪いが現実のものとなったのだ。不吉な予感を振り払うように、神々は輝かしき城に入ってゆく。

第二場の展開

第二場から第四場までは一日の出来事であり、ひとつの事柄をめぐって展開する連続したストーリーになっています。第二場の幕開きは朝、舞台は天上の神々の世界なのですが、「広々とした山の高み」という指定がト書にあります。どうやら、神々は室内ではなく、山の上の台地のような場所に寝起きしているらしい。では住むところがないのかというと、背景にはやがて、壮麗な城が現れます。

この城を定住の地とすべく、神々は巨人族に建築を依頼し、それが夜のうちに完成したのです。さて、城が建ったからには支払いをしなければなりませんが、巨人たちは女神フライアの身を報酬に要求している。ヴォータンは依頼時に彼らの要求を却下せず、安易に口約束しましたが、ほんとうにフライアを渡す気はないというのが第二場開始時の状況です。

このあと関係者が次々に登場します。こじれた問題を解決する妙案をただひとり知っているキーパーソンとして、ヴォータンが当てにしているのが知恵者のローゲ。しかし、その彼は一同を焦《じ》らすように、最後に登場する、しかも建築の支払いとはまったく関係のないラインの黄金の話をもち出して、人々を煙に巻くのです。すると、この話に皆の関心が惹きつけられて、巨人たちはそれならばフライアを諦める代わりに指環をくれと要求します。もちろん、神々が指環を持っているわけではありません。そこで神々の長ヴォータンとローゲが指環を手に入れるために、アルベリヒのいる地底世界に赴く。いっぽう、巨人たちは指環が手に入るまでの担保として、フライアを連れ去る。ここまでが第二場です。

場面の流れをもういちど大きく構造化しますと、まず最初に今どういうことが問題になっているのかという状況が呈示されます。それから人物の紹介。ひとりひとりが別々に登場し、しかも各自が台詞や行動で描き分けられる。そして新たな提案による打開策が示されるという展開です。

ローゲの登場にいたるまで、多くの人物を時間差をつけて舞台に登場させながら、次から次へと紹介してゆくワーグナーの手際はじつにみごとです。以下、場面を細かく分けて、整理しておきましょう。

1. ヴォータン、フリッカ。目覚め。口論。問題の提示。ヴォータンはローゲの登場を待ちわびている。
2. ヴォータン「フライアとて……人手に渡すつもりはない」、フリッカ「だったら今すぐあの娘を守って」というやりとりのところで、すかさずフライアが駆け込んでくる。
3. フライアが助けを求めて雷神ドンナーと青春の神フローの名を叫ぶうちに、彼らではなく、早くも巨人たちが登場。契約の履行をヴォータンに迫る。「ローゲは何をぐずぐずしている」(ヴォータン)。
4. 巨人たちがフライアに迫ると、フローとドンナーが駆けつける。ドンナーの狼藉《ろうぜき》を止めにかかるヴォータン。すべてが窮したところで……
5. はじめてローゲが参上。

零落の予感（あまりに人間的な…）

ここに描かれるのは神話のイメージを超えて、私たちの身のまわりに起こるような、きわめて日常的な光景であり、登場する神々も巨人族も、私たち自身の写し絵といってよいほどです。ひとつの例として、幕開きの情景に注目しましょう。

フリッカ：(目覚め、城に気づき、愕然として) ヴォータン、あなた、起きて！
ヴォータン：(まだ夢うつつ) 雲にそびゆる殿堂の／ぐるりを囲む城戸やぐら／男子のほまれ／久《く》

遠《おん》のちから／はてることなき御稜威《みいつ》のとりで。
フリッカ：（ヴォータンを揺さぶり）おめでたい夢から／さあ、醒めて！／起きて、とっくり思案して！……／私が脅えているのに／あなたは有頂天なのね。／城ができたとはしゃぐけれど／妹のフライアはどうなるの？……

バルザックの『セザール・ビロトー』という小説に似たような光景が出てきます。外題役の主人公はパリの香水商。堅実な商売で財を築くのですが、お人よしな性格につけ込まれて詐欺に遭い、破産に追い込まれるという物語です。その書き出しが、「一家零落の悪夢にうなされて、真夜中に目を醒ました」ビロトーの妻が夫を起こして、自分の不安を打ち明ける場面で始まっているのです。

ビロトーはそれまで地道に働いてきた苦労が稔り、ようやく経済的な余裕も生まれた。そのとき叙勲の話が出てきて、彼の胸中に上流社会に入りたいという夢が嵩《こう》じます。そうなると、名士・淑女を自宅に呼んで、盛大なパーティーを催す必要もある。そこで莫大な費用をつぎこんで家を改築したり、怪しげな土地投機の儲け話に乗ったりする。奥さんは心配するのだけど、欲望に火が付いた夫はもはや聞く耳をもたなくなっているのです（『バルザック「人間喜劇」セレクション』第二巻、大矢タカヤス訳、藤原書店）。

この小説を視野に置きながら、《ラインの黄金》第二場の夫婦の対話や、その後の展開をみてゆくと、神話を題材にしたこの音楽劇が近代小説同様、あまりに人間的な登場人物たちのきわめて人間くさい生態を描いていることが、改めて実感できるでしょう。

ある政治家の肖像（一）

ここでワーグナーに倣って、全員を順番に紹介してゆきましょう。

まずはヴォータン。彼は神々の長《おさ》として、すでに権力を半ば手中におさめていますが、これをさらに強固なものにしたい。そのために城を建てるわけで、際限なく手を広げてゆく野心的な事業家です。また、ある種の政治家にみられるように、ときに二枚舌を使います。築城を依頼したさいにフライアを報酬に約束したのに、いざ巨人たちが乗りこんでくると、「なんなりと／望みの品をいうがよい」と空とぼけ、フライアの身柄を要求されると、「気は確かか？／別の報酬を考えろ、／フライアは売り物ではない！」と開き直るわけです。とんでもない詭弁《きべん》ですね。そこでこの巨人のひとりファーゾルトがこう言います。「旦那が今日あるのも／ひとえに契約のなせる業。／旦那の権勢にしても／取決めの産物」

社会契約説というのがありますね。ジャン＝ジャック・ルソーですとかトマス・ホッブズあるいはジョン・ロックといった近代の思想家たちが唱えたもので、いろいろなヴァリエーションがありますが、かいつまんでいえば、国家や王権成立の起源と根拠を統治者と人民の間に交わされた契約に求めるわけです。統治者は権力を委ねられる代償として自ら法を守り、臣民の幸福と安全を保護する義務を負うということです。

ファーゾルトの台詞をみると、ヴォータンの拠って立つ権力も、王権神授説のような絶対自明のものではなく、臣民との契約にもとづいた条件付きのものにすぎないことがわかります。だからこそ、彼はその後、絶対的な権力の象徴たる指環を手に入れたいと執着するわけです。

「英雄色を好む」という言葉のとおり、女好きで浮気性なのも、ヴォータンの特徴です。妻のフリッカは言います。「夫の誠が信じきれぬから／くよくよ思い悩むのです。／腰が定まらないあなたを／私のもとにつなぎとめる方便はないか」。それに対してヴォータンはまさに舌先三寸、「有為転変《ういてんぺん》を好むのが生きとし生ける者の習い」とわけのわからないことを言って、彼女を煙に巻くわけです。

華麗なる（?）一族

ほかの面々も、とても人間っぽくて個性豊かです。

フリッカは婚姻の女神ですから、ひじょうに家庭的です。先の発言のあとも、「愚にもつかぬ権力のおもちゃのために／愛や女の値打ちを／笑い嘲り／踏みにじるつもり?」と夫を難詰して、愛情に生きる女性の立場を代弁します。しごくまっとうな言い分ですが、彼女も一方的な正義の味方として描かれているわけではありません。高慢ちきで鼻もちならないところも窺《うかが》えます。

ラインの黄金に話題が及ぶと、「黄金のおもちゃも／きらびやかに細工をすれば／女神にもふさわしい／艶やかな飾りになるかしら?」と興味を示し、媚《こび》を浮かべて夫にねだる姿はまだ罪もなく微笑ましいものですが、「河に棲《す》む小娘どものことは／聞くのもいや!／これまでだって／――困ったことに――／男を水のなかへ蕩《たら》しこんできたんですもの」という発言からは、下層の女たちを蔑む上流夫人のスノビズムが透けてみえるようです。フリッカもラインの娘たちを娼婦とみなしているわけですね。

次にフライアですが、彼女は不老長寿の林檎《りんご》が成る庭園を管理しており、その林檎を食べるからこそ神々は老いることなく永遠の生命を保っていられる。いわば神々の生命を左右するきわめて重要な役割を担っており、だからこそヴォータンも彼女を巨人たちに引き渡すまいとするわけですが、しかし、その役目に値するほどの敬意を周囲から受けているという印象はありません。巨人たちから逃げまどうその姿にはむしろ、美しいだけが取り柄で、知恵も力もない若い女性の悲哀が感じられます。

次に雷神ドンナー。ひじょうに喧嘩っ早くて、乱暴です。フライアを追いまわす巨人たちの前に立ちはだかって、大きな槌《つち》を振りかざし、これで一発お見舞いしてやろうか、というようなことを言う。そこでヴォータンがいやいや乱暴はよせ、と止めに入るわけですが、ある意味でヴォータンにとってはこういう強面の鉄砲玉のような部下は、外交の道具としてもいろいろと利用できる便利な存在なのですね。だから表向きではそんなことはやめろと言いますが、心の底ではもうちょっとやれとけしかけているようなところもある。

いっぽう、青春の神フローは歌うところはさほど多くないのですが、とても優美な旋律が当てられています。ただし、内容がちっともともなわないというか、その綺麗なメロディーが人生の深みにまったく届かない、空虚なものなのです。いわば知恵も力もない優男《やさおとこ》。まあ花鳥風月を愛でるといいますか、日本でいうと顔を白塗りにした平安貴族の趣です。扇子で口元を隠し、ほくそ笑みながら、「麿《まろ》は～」なんていうと似合うかもしれません。

以上をまとめると、この神々の一族というのはプライドが高いくせに中身に乏しい、そしてヴォータンを除けば、自分たちだけでは現実に対処する能力がまったくない、零落に瀕した貴族たちとみなすことができるでしょう。

プロレタリアート

いっぽうの巨人族は下層階級。神々が安穏と休んでいるあいだも働きつづけて城を建てた、力自慢の肉体労働者です。舞台に登場するのはファーゾルトとファーフナー、お互いに兄弟ということになっていますが、ワーグナーはこの二人の性格をはっきりと描き分けています。

ファーゾルトは粗野で乱暴なところもあるけど、根は純朴で、フライアを欲しいというのも、この美しい女性に対する憧れの気持ちから出ています。しかし、そのぶん、知恵はあまりまわらないといいましょうか、頭の出来はさほどよくない。彼の台詞からひとつだけ紹介しましょう

俺たち無骨の者どもは／手にタコつくり汗かいて、／ただひたすらに働くが／これもひとりの女を得るためだ。／俺たちと貧乏所帯をともにする／可愛い女房がほしいのだ。

文明化されていないぶん、素朴で人懐こい、モーツァルト作《魔笛》のパパゲーノにも通じるようなイメージがありますね。

いっぽうのファーフナーはかなり知恵もはたらき、腹黒いところがある。しかも獰猛《どうもう》です。怒らせたら怖い。第四場では、このファーゾルトと指環をめぐって争ったすえ、兄弟で仲間でもある相手を殴り殺してしまいます。

いや、兄弟でありながら、最初からファーゾルトを皮肉な視点から見下しているようなところがあります。「馬鹿正直な兄貴よ、／やっと嘘いつわりに気づいたか？」これは先ほどヴォータンが「フライアは売り物ではない！」と言ったあとに、ファーゾルトが「なんだって、え！／裏切るのか？／契約を反古《ほご》にするのか？」と驚いた、そのあとの台詞です。

ファーフナーのほうは、フライアを要求する理由も兄とは違っており、彼女が不老長寿の林檎《りんご》の管理者であるというところに目をつけています。

いいかげんに、たわ言はよせ。／俺たちに女房は無用。／フライアをそばにおいても役には立たぬ。／ただ肝心なのは／神々からフライアを奪い取ること。

彼女だけが林檎を育む術を知っている。だからフライアを取り上げてしまえば神々はふつうの人間と同じ死すべき存在になって、やがて病み衰えると、そこまで読んでいるわけです。そこで嫌がらせをしようとする。これがファーフナーの性格です。

地底世界へ

もうひとり、紹介すべき人物としてローゲが残っていますが、それは後にまわして、ひとまず第三場に移りましょう。

フライアの代わりに巨人たちに与える報酬として指環を獲得すべく、ローゲとヴォータンが地底に広がるニーベルング族（アルベリヒの属する小人の一族です）の世界に降りてゆきます。そこには重労働にあえぐ小人たちがいます。アルベリヒは、ミーメという弟の小人に「隠れ頭巾《ずきん》」をつくらせる。これで自分の手にした権力を揺るぎないものにするのですね。なぜ隠れ頭巾があると、権力が盤石になるのかはのちほどお話ししましょう。しかし皮肉にも、アルベリヒはその直後、ヴォータンとローゲの策略によって捕獲され、天上に拉致されてゆきます。

いわば、この場面にはアルベリヒによる王権確立の仕上げが描かれています。彼はようやく人生の絶頂に上りつめたその瞬間に捕まって、ころころと坂を転げ落ちてゆくのです。

ここで音楽について、少し触れておきましょう。第二場から第三場への移行のくだりのオーケストラによる間奏です。ちなみに、《ニーベルングの指環》における場面転換のほとんどは──《ラインの黄金》でいえば、第一場から第二場への、そして第三場から第四場への移行もそうなのですが──、幕を開けたままおこなわれます。ト書を抜き出してみましょう。

硫黄《いおう》の蒸気が濃度を増して、まっ黒な雲になり、下から上へと昇ってゆく。するとそれは、がっしりとした暗い岩の坑道に変容し、ずっと上方に移動してゆくので、まるで舞台全体が地中の奥深くへずっと沈んでゆくような印象を与える――遠くのあちこちから赤黒い光がちらつく。

つまり、硫黄の煙ともども舞台の情景が下から上へと動いてゆくように見せると、その舞台を覗《のぞ》きこんでいる観客は逆に自分が上から下に潜っていっているような感覚を抱く。このような錯覚を利用した巧妙な舞台トリックですが、同じ手は第一場から第二場への、そして第三場から第四場への移行にも逆向きの順序で使われます。のみならず、この舞台転換は、神々のいる天上世界と、ラインの水底やニーベルングの国といった下界を垂直軸で結ぶ《ラインの黄金》の世界構造を可視化する装置でもあります（三光長治氏によれば、この垂直軸は同時に階層的ヒエラルキーの目に見える比喩となっています）。

さて、こうして地中に潜ったヴォータンとローゲの目の前に、やがて地底世界が姿を現すところのオーケストラの響きですが、小人たちが槌で鉄床を叩いて鍛冶にいそしむ様子が目に見えるようですね。鍛冶仕事を描写するタンタタ・タタタ・タンタタというリズムが執拗に繰り返されています［譜例1］（これを〈ニーベルング族の動機〉といいます。「動機」という音楽用語

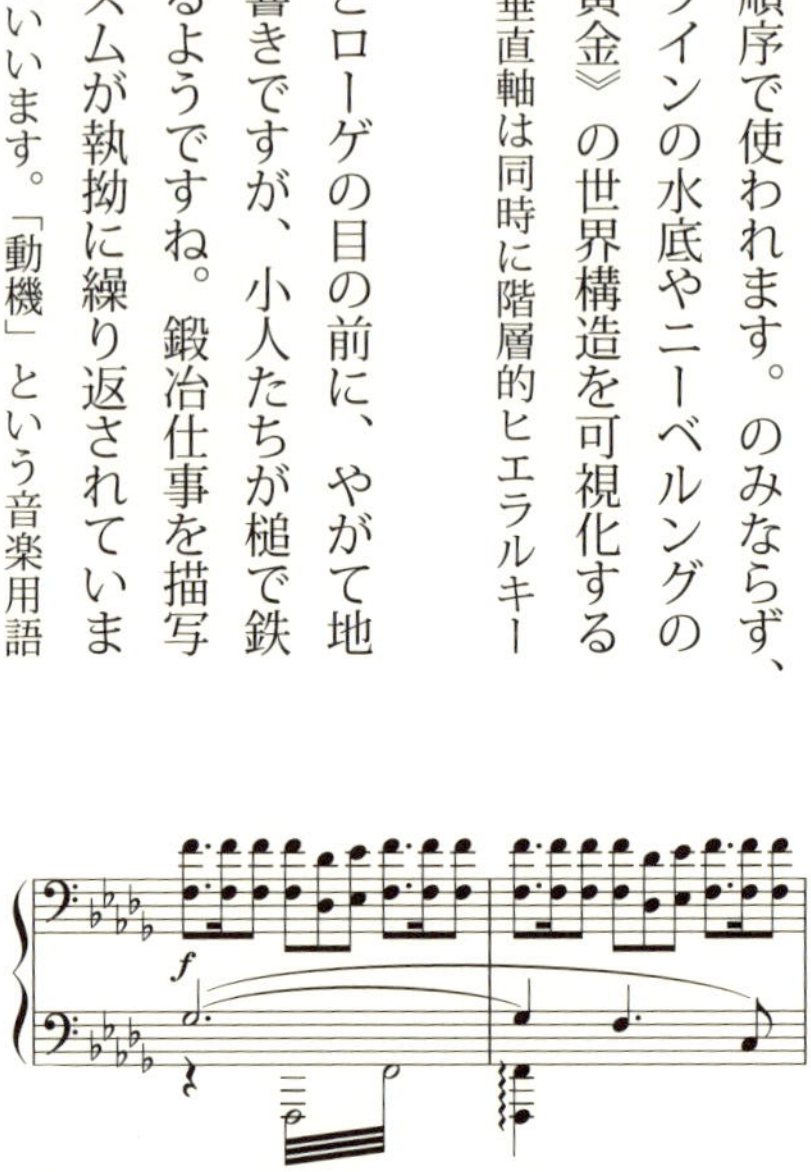

［譜例 1］ ニーベルング族の動機

については、第四講であらためて説明します。とりあえずは特定の物や事〔この場合はニーベルング族〕を表すメロディーとお考えください）。それに加えて、金管楽器とシンバルを重ね合わせた響きが金属的なイメージを増幅させます。

このくだりが作曲されたのは一八五三年から翌年にかけて。ちょうどヴェルディが《トロヴァトーレ》や《椿姫》を作曲したのと同じ頃です。あるいは、ワーグナーと同郷のライバルでもあったロベルト・シューマンが数年前に書いた交響曲第三番《ライン》（一八五〇年完成。《ラインの黄金》が完成した五四年初頭、シューマンが精神の変調をきたし、ライン河に身投げするのも、何か不思議な因縁を感じます）。そうした同時代のロマン主義の音楽と比較すると、きわめて現代的な感じがしますよね（たとえば、同じく鍛冶仕事の音を模写した《トロヴァトーレ》の〈鍛冶の合唱〉と較べてみるとよいでしょう）。少なくとも、けっして美しい音楽とはいえない。耳をつんざくような音量と執拗なリズムの反復はまさに「苦役」を描いているのですが、なぜニーベルング族がこうして酷使される奴隷のような境遇になったのか、その原因は、アルベリヒがラインの黄金から指環をつくり出し、それによって彼らを支配するにいたったことにあります。

ミーメ：もともと俺たちは気楽な鍛冶屋、／女房たちの飾りもの、音に聞こえた品々を／丹精も愉楽の種と／手間ひまかけて細工した。／ところがいまや、あの悪漢の鞭《むち》の下、／鉱山《やま》にもぐって泥だらけ、／ただあいつのためだけに／あくせく働く身の上だ。

もともとニーベルング族は職人さんだったのですね。鍛冶仕事に誇りをもち、歓びとともに自発的に勤《いそ》しんできた。ところが今や、それがアルベリヒの支配下で強制労働と化している。

この台詞もその前の音楽ともども、ワーグナーが生きた時代の様相が映し出されていると思います。産業革命によって、仕事や生産の手段が大きく変わりました。具体的には、手工業から工場における大量生産の形式になった。そういう社会では、個性をもった職人はもはやお呼びじゃなくなるのですね。全員がひとつの規格に則って、まったく同じ製品を作らなければならない。しかも、各自が最初から最後まで全工程に責任をもつのではなく、生産の能率をあげるため、流れ作業の一部として、人格も奪われ、ほとんどひとつの巨大な機械のなかの歯車と化している。

自分で仕事のやり方を工夫し、按配《あんばい》するのではなく、すべては雇用主の意向に左右される。いわゆるプロレタリアートの誕生です。マルクスとエンゲルスによる『共産党宣言』の起草が、ワーグナーが《指環》を構想した一八四八年になされていることを、ここで思い出しておきましょう。

一望監視装置パノプティコン

隠れ頭巾とは、これをかぶれば自由に変身でき、姿を消すこともできれば、遠隔移動も可能な魔法の道具です。さっそくその効能を確かめたアルベリヒが、ニーベルング族一同に言い放ちます。

これからは神出鬼没、／おまえたちの仕事を見張るから／休みも憩いも返上し／俺が命じたとおり／しっかと働くのだ。／俺の姿は見えずとも／鞭は飛ぶから覚悟しろ。

徹底した監視と管理によって、他者を支配する――こうしてアルベリヒは権力の仕上げをするわけです。彼の姿が見えずとも、見張られているかもしれないという感覚だけを抱きつづけなければならないため、労働者は手を抜くことができません。この事情を、ヴィーラント・ワーグナーは次のように言っています。「アルベリヒは匿名性（隠れ頭巾）と不安・恐怖（指環がその象徴）を権力獲得の前提として発明したのち、ニーベルハイムを強制収容所に変える」（Bauer, Oswald Georg(Hrsg.): Wieland Wagner SEIN DENKEN, Bayreuther Festspiele und Bayerische Vereinsbank, 1991, S.23ff. を要約）

ワーグナーの時代に先立って、大衆管理のシステムというものが発明されています。ジェレミー・ベンサムというイギリスの哲学者が一七九一年、つまりフランス革命の直後、刑務所における囚人管理のために考案した一望監視装置で、その名をパノプティコンといいます。犯罪者を恒常的な監視下に置き、それによって彼らに生産的な労働習慣を

【one point trivia】

◉ パノプティコン

ジェレミー・ベンサム（1748-1832）は、「最大多数の最大幸福」という言葉でも有名な功利主義の哲学者です。ベンサムは、「社会の幸福の極大化を図るには、犯罪者や貧困層の幸福の底上げが必要」という考えから、刑務所の運営と収容者の福祉を両立させるシステムとしてパノプティコンを構想しました。図はベンサムによるパノプティコンの設計図。

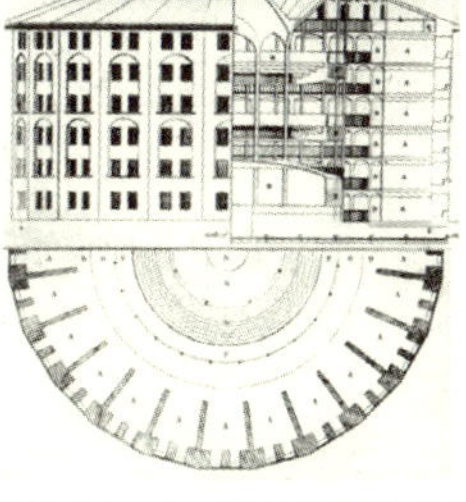

身に着けさせるというのが、その目的です。

中央が監視塔になっていて、それを円状に囲むように囚人の独房が並んでいます。こうすると、看守の目からは独房の様子が三六〇度すべてひと目で見渡せるわけです。いっぽう、独房の中の囚人たちは、お互いの姿が見えない。さらに、監視塔をブラインドや特製の曇りガラスで覆ってしまえば、中の様子も見えず、そこに看守本人が立っているかどうかさえもわからない状態になります。囚人にとっては、看守の姿は見えないけど、でもそこにいて、見張られているのではないかという疑念から逃れられない。そのうち、見えない看守はいよいよ匿名的存在と化して、囚人自身の人格のうちに同化（＝内面化）してしまう、言い換えるならば、囚人にはいやでも自分で自分を律する意識が刷り込まれ、自分自身が自分の行動の看守になるというわけです。

ミシェル・フーコーは著書『監獄の誕生』のなかで、この装置が比喩的な意味で、現代の管理システムに遍《あまね》く通じていることを解き明かしましたが、アルベリヒが隠れ頭巾によって確立した支配権も、まったく同様のからくりによって成り立っているわけですね。

＊なお、隠れ頭巾とパノプティコンの関係についてはすでに、ワーグナー『ラインの黄金』（日本ワーグナー協会監修、三光長治・高辻知義・三宅幸夫・山崎太郎訳、白水社）の三光長治による訳注に指摘があり、高橋順一『響きと思考のあいだ――リヒャルト・ヴァーグナーと十九世紀近代』（青弓社、一九九六）でも詳しく論じられています。

愛と権力は並び立たない

アルベリヒはもともと愛を断念することで、絶対的な権力の象徴たる指環を獲得したわけですが、ここで改めて、なぜ権力を手に入れるために愛を諦めなければならないのかを考えてみましょう。

他人と本当の人間的な交わりを結び、相手に人間的な感情を抱いたら、無条件の権力の行使は不可能になる――これがひとつの理由です。自分が社会的にのし上がり、権力を揮《ふる》うための道具として他人をみなしてゆく態度、これが愛の断念に結びつくわけです。人間がモノのように扱われ、奴隷となって隔離されてゆく状況が第三場には描かれています。

二つ目の理由ですが、こちらは抽象的な意味だけではなくて、私たちの実人生の経験から想像することができるでしょう。それほど恵まれない境遇の人が出世とかあるいは富を築くとか、そういったことをめざす場合、成功するためには何が必要か。皆と一緒に遊んでいてはいけないということです。目の前の快楽は先送りにして、まずは脇目もふらず、刻苦《こっく》勉励《べんれい》してゆかなければならない。つまり、人なみの歓びを犠牲にし、悔しい思いをバネにのし上がってゆくわけで、これも愛の断念が意味するところです。「愛」をより広く「歓び」と言い換えれば、さらにわかりやすいでしょう。

臥薪嘗胆《がしんしょうたん》の歳月

ところで、アルベリヒが黄金を奪った第一場からこの場面まで、いったいどのぐらいの時間が経っているのでしょう。第二場でローゲは最近のニュースを伝えるような口調で、アルベリヒが黄金を奪った事件に言いおよび、黄金を水底に還してほしいというラインの娘たちの訴えをヴォータンに取り次ぎます。だとすれば、第一場から第二場以降への時間の隔たりは数日間から数週間、せいぜい数カ月間だと考えられるでしょう。

しかし、私があえてこの問いにこだわるのは、劇中の出来事を私たちの実人生の経験に引きつけて考えてみたいからです。アルベリヒのような人間が馬鹿にされて悔しい思いを味わってから、そこまでのし上がるためには、実際にどれだけの歳月が必要か。そこにはやはり十年二十年という長いスパンを想定することもできるのではないでしょうか。

私がそう考えるようになったきっかけは、二〇〇三年にバイロイトで観たユルゲン・フリムの演出にあります。第一場ではアルベリヒは、ホームレスのようなひじょうにみすぼらしい格好で登場します。姿勢も挙動も、どこか自信なさげで、若い娘にからかわれるのも仕方がないと思わせるところがある。それが第三場になると、見違えるようになっているのですね。あの人物がここまで変わるには通常、どれほどの歳月が必要だったかと感じたときに、ドラマのなかの設定とは違う時間の流れがみえてきました。このことにからめて、以前に書いたものがあるので、紹介しましょう。

ところで、金にも女性にも縁がないこの木偶《でく》の坊が大いなる変貌をとげるというのが、その後の《ラインの黄金》のストーリーの展開である。フリム演出のアルベリヒは第三場になると、糊《のり》のきいたスーツを着こなし、革張りの立派な肘かけ椅子にすわって、精密機械工場の技師たちにテキパキと指示を送っている。その精悍《せいかん》な表情は以前の不器用で自信のなさそうな物腰とはもはや別人の観がある。こうした変わりように、かえってここにいたるまでの短いとはけっしていえぬ歳月を垣間見る思いがした。心ない女たちの仕打ちによっておのれの惨めさを思い知らされた男が一念発起し、すべての歓びに背を向けながら、貪欲にチャンスをつかみとって財を成すまでには、いかに多くの大切な事どもを切り捨て、いかに長い忍従の日々をすごさなければならなかったか……。世への恨みが嵩じたはてに、人間らしい感情を押し殺して、身の栄達と巨大な富を執拗に追い求める男の物語――いわば、テクストのなかに凝縮された数日という時間の単位はあくまでも象徴であって、私たちはその背後に暗示される半生の労苦をこそ想像してしかるべきなのである。そして、そのように考えてこそ、指環獲得の条件として歌われる「愛の断念」という主題も、よりいっそうの身近な現実味をともなって聴き手の胸に迫ることになるのではないか。

（日本ワーグナー協会ＨＰ掲載『舞台の上の一期一会：たたき上げ一代記』より）

復讐としての凌辱《りょうじょく》

アルベリヒは愛を断念はしましたが、肉欲的な快楽の享受を放棄したわけではありません。しばしば「奸智《かんち》をもってすれば、情欲もなんとか抑えられるだろう」と間違って訳される部分ですが、正しくは次のようになります。

こいつを手に入れれば／俺は世界の覇者だって？／そうなりゃ、まことの愛とは無縁でも／快楽をものにする手はあるわけだ。

快楽はあくまでも先送りにされるだけで、けっして断念されてはいないのです。その証拠に、アルベリヒは第三場でヴォータンをこう挑発します。

心地よい高みに住んで／安逸にひたる／おまえたちよ、／享楽に明け暮れる神々は／この黒い小人を嘲っているが／心せよ！／心せよ！／（あけすけに）男どもが／俺の力に屈すれば、／俺の求愛をはねつけてきた／艶やかな女たちを手ごめにできる。／まことの愛はどうにもならぬが／肉の悦びは思いのままよ！

神々に向かって言うのですから、将来凌辱《りょうじょく》の対象となる「艶やかな女たち」のなかにはとうぜん、フリッカやフライアなど、身内の女神たちも含まれるでしょう。

こうみると、アルベリヒの一代記はやはりバルザックの小説を彷彿《ほうふつ》とさせるところがあります。『従姉妹ベット』のなかに、成り上がり商人のクルヴェルという人物が出てきます。彼が宿命のライバルとして敵視するのはユロ男爵という高等貴族です。ユロ男爵はすでに六十歳に近い老人ですが、快楽を追い求めたあげく、騙《だま》されて、一家を没落に導くというのが、この小説の主筋にあたります。

さて、ユロ男爵が経済的に行き詰まって借金を抱えていたとき、このクルヴェルという男が乗り出してきます。ユロ男爵への積年の恨みを晴らそうとして、以前から横恋慕していた男爵の奥さんに不倫を迫るのですね。資金を援助する代りに、あなたは私の女になってもらいますよと。男爵夫人はきわめて貞操観念の高い女性で、悩んだあげく、けっきょくはクルヴェルの申し出をはねつけるのですけれども、このユロとクルヴェルのライバル関係はまさにヴォータンとアルベリヒの関係にも置き換えることができるでしょう。ご参考までに、男爵夫人に迫るクルヴェルの言葉を一部引用しておきます。

「男爵からあんな卑劣な目にあわされてしまった。……わたしは自分に誓ったんです。あいつの女房を寝とってやるぞ、と。それが正義というものですよ。男爵はわたしに何も言える筋合いじゃないし、うらみっこなしのはずです。ところがわたしが想いを打ち明けたとたん、奥さんはまるで疥癬《かいせん》病みの犬をあつかうみたいに門前払いなすった。おかげでわたしの恋はなおさらつのってしまいましたよ。……そうとも、あなたはわたしのものになるんだ、そのうちにね……あなたがそうさせたんですよ、わたしを軽蔑しきって、バカにしてかかったんだ」

（バルザック『従姉妹ベット』、『バルザック「人間喜劇」セレクション』第十一巻、藤原書店、二六～二七頁、山田登世子訳）

死の呪い

けっきょく、アルベリヒはローゲの策略に引っかかって、捕らえられ、天上世界に連れ去られてゆき、舞台が第二場と同じ「広々とした山の高み」に戻ったところで、第四場となります。

わが身を解放するための身代金として、アルベリヒは財宝や隠れ頭巾のみならず指環まで奪われてしまいますが、そこで指環に呪いをかけます。愛を断念した瞬間も、彼は「こうして愛を呪ってやる」と宣言しましたので、今度のは第二の呪いということもできるでしょう。こんご指環を所有する者はだれでも人の妬《ねた》みを買って殺される運命に陥るという死の呪いですね。ここが《ラインの黄金》全曲のひとつのクライマックスとなります。

もうひとつのクライマックスは同じ第四場の幕切れ近くで、さっそく、呪いの効力が発揮され、最初の犠牲者が出たあとです。この死体が転がる風景のなか、神々はこの朝新たに完成したばかりの城に入ってゆきます。音楽の輝かしさとも相まって、このうえなく祝祭的で壮麗な情景ではありますけれども、手放しにめでたいのではなく、不吉な予感も払拭できない。いわば、ワーグナー特有の多義性が、この幕切れにもみてとれるわけです。

身の毛もよだつ罪

話を第四場のはじめに戻しましょう。縄で縛られたアルベリヒは部下のニーベルング族に自分が蓄財してきた財宝を運ばせ、それをヴォータンに保釈金として渡す。しかし、ヴォータンはその手にはめた指環もよこせと、アルベリヒに迫ります。もちろんアルベリヒは抵抗します、「この金色の指環は／五体よりも大切な／俺の命そのもの」だと。指環は絶対的な権力をもたらすばかりでなく、アルベリヒにとっては愛を断念することをはじめとして、これまで味わってきたすべての苦労が集約された、いわば自分の人生の象徴として、手放せないわけですね。そのあとの二人のやりとりを少しみてみましょう。

ヴォータン：この悪党め！／水底からかっさらったものを／自分のものだとぬかすのか？……
アルベリヒ：破廉恥きわまる詭弁、／嘘いつわりにもほどがある！／……黄金を矯《た》めるその技を／たやすく会得できるのなら、／おまえ自身がラインから／黄金を盗んだことだろうに／……運に見放された俺、／心に深手を負った俺の／呪いの力で成就した／身の毛もよだつおこないが／こともあろうに、神々の慰みものになり／おまえを利するとは！……俺は自ら罪を犯した、／だが、呪われた身となって償いはつけた。／それにひきかえ／神たるおまえが指環を奪うなら／過去より未来永劫にわたり／罪を犯すことになるのだぞ。

ここで本質的に問題とされているのは、たんなる「盗み」ではありません。愛を断念することによって、指環をつくり出す能力を手に入れること――これが「身の毛もよだつおこない」であり「罪」であるとアルベリヒ本人が自覚的に認めていることにまずは注目しましょう。何に対する罪なのかといえば、まず考えられるのは自分自身に対する罪ということです。人間が本来もって生まれた他者への愛という美しい感情、これを自ら殺してしまうわけで、一種の精神的自殺ともいえるでしょうか。そして、それは他者との結びつきによって成り立つ万象の原理、いわば生きとし生けるものすべてに通じる自然界の法則に対する罪でもあるわけです。この問題については、すでに第二場でローゲがきわめて美しい表現で語っているのですが、そのことについてはまたあとで触れましょう。

他者を愛するというのは人間だれしもに生来そなわった本源的な感情です。もちろん、その点のみを信じ、主張するのはなんともおめでたい人種であって、人間のうちにはそれと相反する他人への妬《ねた》みや憎しみがあり、これが利己主義と結びついて、大きな作用を及ぼすことも否定できません。どんなに良い人間であっても、そうしたもういっぽうの感情は存在します（ドイツ語ではこちらをNeidと呼びまして、《指環》のなかでは愛＝Liebeと対立しながら、世界の流れを動的にかたちづくってゆくもういっぽうの感情だと位置づけられます）。

いずれにしてもいえるのは、愛という感情が人間のうちに最初から十全なかたちで備わっているわけではなく、あくまで小さな種として蒔《ま》かれているだけであり、人が人として幸せに生きるためには、この感情に滋養を与え、いっぽうのNeidともバランスをとるかたちで、育んでゆく必要があるということです。この育むべき感情が断ち切られたときに、もうひとつの憎しみという感情の制御が効かなくなり、暴れ出すわけです。

アルベリヒにおいてはこの過程が、愛を断念したときと、奪われた指環に死の呪いをかけたときの、二段階に分けられて進行します。以降、彼は復讐の亡者となって、この世界を徘徊《はいかい》しつづけるのです。さらに愛という感情を殺すことで、彼が犯した「罪」の本当の恐ろしさ、おぞましさがどういうものであるか——その結実を私たちは、彼の息子、《神々の黄昏》におけるハーゲンの人物と行為のうちにみることになるでしょう。

もちろん現実世界においては、愛という感情の根は自分の意志で断ち切れるようなものではありません。どんな罪びとの心のなかにも、潜在的にその感情はくすぶりつづけ、生きつづけるでしょう。いわば、ワーグナーは《指環》というドラマのなかにおいてのみ可能な手法で「愛の断念」を描き、その結果が愛を断念した主体と他者ひいては世界全体にいかなる影響を及ぼすのか、壮大な思考実験をおこなったのだと考えられるのではないでしょうか。

悪虐非道

しかし、「過去より未来永劫にわたり／罪を犯すことになる」というアルベリヒの予言めいた台詞も、ヴォータンにはまったくこたえる様子もありません。我が身の一部をもぎとられるようなアルベリヒの悲痛な思いとヴォータンの残忍さを端的に表したＤＶＤを紹介しましょう。コペンハーゲン王立歌劇場のカスパール・ホルテンによる演出です。

ト書によれば、ヴォータンは「アルベリヒにつかみかかり、その手から力づくで指環をぬきとる」ことになっていますが、この映像ではなんと、ヴォータンが抵抗するアルベリヒの腕をつかみ、指環

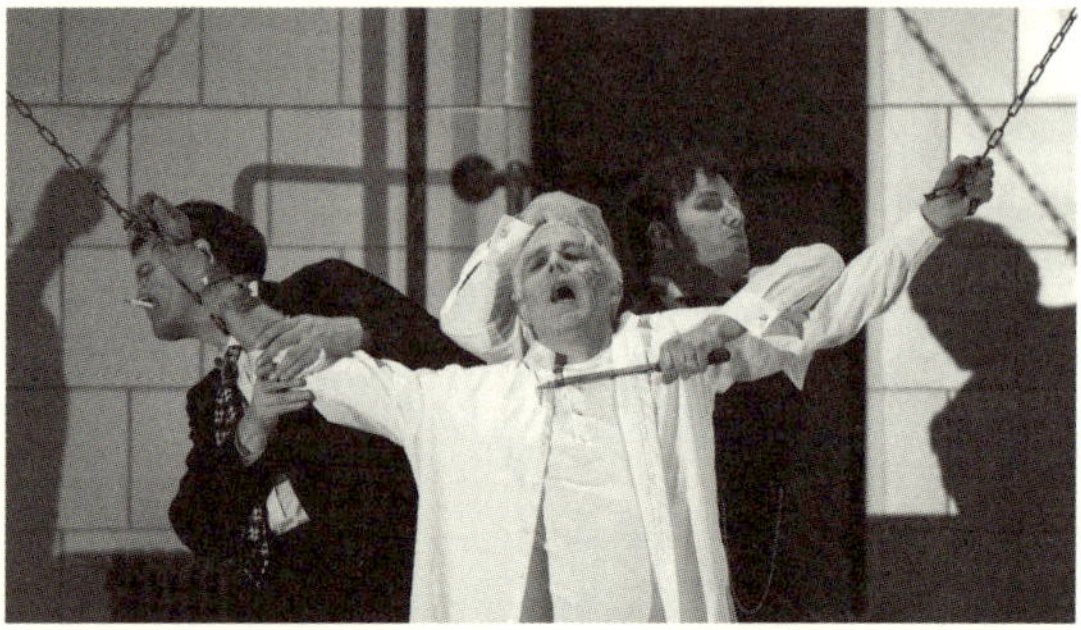

カスパール・ホルテン演出の《ラインの黄金》
© Martin Mydtskov Rønne

をはめた手首全体を刃物で斬り落としてしまいます。

この場面ではずっと共犯者として、参謀ローゲがヴォータンの横にいます。指環を奪う瞬間まで、犯行の助手を務めるわけですね。映像では、彼の態度や表情にも注目していただければと思います。多くの舞台では、むしろローゲのほうがヴォータンをけしかけるような感じです。そして、事が終わったあと、アルベリヒに対して、皮肉な笑みさえを浮かべながら、憎々しげに、もう用は済んだから、とっとと「お帰り！」と言うんですね。ところがこの映像では、この台詞を言うとき、ローゲの声が震えていて、自ずと歌い方も違ってきています。

ローゲの二面性

さてそこでちょっと、立ち止まってローゲの性格を考えてみましょう。

頭の切れるローゲはヴォータンの知恵袋として、彼にさまざまな進言をおこないます。報酬のことを含め、すべて自分がなんとか考えましょうといって、巨人たちに築城を依頼する決心をヴォータンに最終的にうながしたのもローゲです。そのくせ、あとになってその解決策を求められると、こんなふうに答えます。

どうやって人質を取り戻すか／知恵を絞って考えましょう、と／――まあ／それは確かに約束しました。／しかしながら、不可能なことを、／決してうまくいきっこないことを／なんとかしましょうと、／――どうして約束できましょう。

相手を屋根の上にのぼらせておいて、梯子《はしご》を外してしまうような態度ですね。このように、彼にはずるがしこく、抜け目のない策士という側面があります。

ただ、台本を読むと別の側面もみえてきます。ひとつには、黄金をライン河に戻してほしいというラインの娘たちの願いを、何度もヴォータンに伝え、念を押していること。もちろん、こちらもヴォータンに対する嫌がらせととれなくはありませんが、しかしいっぽうで、そのまじめな口調からしても、ここにこそ彼の本音が現われていると解釈することもできるのです。

登場人物の言動ひとつにもワーグナーの作品が孕《はら》む両義性が認められるということですけども、火の神であるローゲは水の精であるラインの娘たちの仲間であり、自然を形成する元素のひとつとして、資本主義や科学文明といった自然を脅かす人為的な要素に対して、自然の声を代弁しているとも考えられます。

第二場で、フライアの代わりになる巨人たちへの報酬について、神々から妙案を求められたとき、ローゲはまずきっぱりと、こう言います。「広い宇宙のいずこにも男にとって／女という宝に代わるものなどありはしない」。しかも、この真理があてはまるのは人間の男女にかぎられるわけではありません。

四大のなかを／尋ねまわって、／生命が芽吹き／胎動するところでは／くまなく探りを入れてみた。／男にとって／女の与える喜びに／いや勝るものは、はて、なんであろうと。／だが、生命みなぎるところ、いずこでも／仕掛けた問いは／一笑に付されてしまった。／四大のうちで愛や女性を諦める者などいるわけがない。

「四大」と訳されているドイツ語は正確には「水の中でも、大地でも、空の上でも」ということで、水・土・空気が並べられているわけですが、これに火の神であるローゲを加えると四大元素がそろうわけです。これに続く「生命が芽吹き／胎動するところ」という言葉を加えて考えるならば、要するにローゲはここで動物や植物を含めた自然界の生きとし生けるものすべての声を伝えつつ、その本質を説き明かしていることになるでしょう。

トランス・ジェンダー的存在

ローゲはたしかに神様ですけど、この神々の一族のなかでは外様《とざま》というか、よそ者扱いされていて、自分でも「しょせん私は合いの子、／生粋のお歴々とは身分が違う！」と言っています。第三場の台詞をみると、かつてはアルベリヒと手を結んでいたふしさえ窺《うかが》えます。「まわりの反対を押し切って／おまえを仲間に加えたのもこの私だ」とヴォータンが言うように、あとから神々の一族に入ってきた。いわば神々と妖怪・妖精の類との中間であり、しかも、性の境界を超えたような趣もあります。というのも、どうも彼自身には男性的な欲望が希薄で、色欲も権力欲も超越しているようなところがあるからです。

たとえば《ラインの黄金》を日本語の演劇にして上演したとしたら、——なんて突飛なことを、ときたま考えるのですが——、ローゲ役にはニューハーフっぽい俳優を配し、女言葉を使わせたら、けっこうぴったりはまるのではないかと思います。アルベリヒに向かって、「あんた、とっとと帰りなさいよ」なんて具合に（笑）。

ヴィーラント・ワーグナーが『リヒャルト・ワーグナーのローゲ』というエッセイを書いています。そのなかの一節を紹介しましょう。

ローゲは役立たずのお喋《しゃべ》りでもなければ抜け目ない策士でもない。その発言はまがいようもない真実を含んでいる。政治的思考の原型、権力拡張のために理屈をこねるヴォータンが、おのが心に巣食う悪魔的な熱情に衝き動かされるあまり、決して洞察することのできない万象の連関を、ローゲは瞬時にして直観的に把握する。時の流れに拘束されず、本質において性の区別をもたない彼は、ラインの娘たちともっとも近い関係にある。彼の存在は火という元素そのものであり、善悪を超えて、創造と破壊を絶え間なく繰り返す。道徳的価値付けは、このような自然の力の前では意味を失う。(Bauer, Oswald Georg (Hrsg.): Wieland Wagner SEIN DENKEN, Bayreuther Festspiele und Bayerische Vereinsbank, 1991, S.23ff.　要約)

「本質において性の区別をもたない」、つまり女性へのギラギラした欲望がないからこそ、ラインの娘たちからも信頼され、彼女らと親しい関係を結べるのですね。この点は第一場のアルベリヒと対照的です。ちょっと作品から離れて、一般的な話をしますと、ホモセクシュアルの男性は女性にとって理想の友だちだということを聞いたことがあります。つまり、ふつうの男よりも繊細で、女性の気持ちを理解し、いろいろな相談にのってくれる、だからといって言い寄られる心配もないわけで、安心して率直に話ができ、男性の側の気持ちについても有益な情報を与えてくれるというわけです。

幕切れで、神々が新たな城(この城をヴォータンはヴァルハルと名付けます)に入ってゆくとき、ローゲだけは行動をともにせず、舞台前景に残って、こう呟きます。

こんなもののわからぬ連中と／心中するなどまっぴらごめん、たとえそれが至高の神々であっても。

この時点でローゲは神々に最終的な愛想尽かしをするわけですが、なぜそういう心境になったかというひとつの決定的な区切りを、先ほど紹介したホルテン演出の映像では、ヴォータンが指環を奪う場面でみせています。つまり、それまで彼はヴォータンの参謀として、行動をともにし、上司がなす数々の悪事に加担してきた。しかし、ヴォータンが自らの欲望のため、アルベリヒの手首を斬りおとすにいたって、ローゲ自身の心にこの上司の強烈な欲望と残酷さに対する恐怖が芽生えます。あそこまで見せられるともはや恐ろしくて、ついて行けなくなるわけですね。このまま、この人とずっと一緒にいたらどうなってしまうか。自分はこれ以上、共犯者として罪を重ねたくはない。この演出では、これが離反への決定的な契機になっています。

大地の母―地震―自然の呻《うめ》き

《ラインの黄金》にはローゲのほかにもうひとり、自然の声を代弁する人物が登場します。同じ第四場の後半で、指環を報酬に要求する巨人たちと、せっかく手に入れた宝を渡すまいとするヴォータンのあいだで言い争いがおき、状況が袋小路に陥ったその瞬間に突如として現れる叡智の女神エルダです。

脇の岩の裂け目から青白い光が射すと、突如エルダの姿が現れ、上半身が穴の底からせり出してくる。この世のものとも思われぬ神威にあふれて、波打つ黒髪をあたりになびかせている。

《ラインの黄金》はこれまでみてきましたように、神々、巨人族、小人族とはいいながら、その実、きわめて人間的な相貌を帯びた登場人物たちが相争いながら、あまりに人間的なドラマを織りなしてゆく、そういう作品です。ところが、この寓話的な意味での人間たちの世界に、突然まったく別世界からの異物のような、そういう存在が現れるのです。

いわば作品の中心にある人間たちの世界を周りから大きく包む自然界、――あるいはこれこそ本来の神の領域と考えてもよいのかもしれませんが――、それを集約し、象徴する存在がエルダです。その登場には突如、外から何かを突き破ってこの世界に侵入してきた、そういう趣があります。人間世界の縮図のような作品世界に亀裂が走るわけですね。

ここでエルダは「指環を持ち続ければ／身の破滅を招く」と言います。それに加えて、「生者必滅の理《ことわり》」を説き、「陰鬱な日々が／神々にも訪れようとしている」と早くも神々の黄昏をここで予言するわけです。長期的なヴィジョンももたず、愚かな争いを繰り返す人間たちに対する警告であり、その人間に支配され、被害を蒙《こうむ》ってきたほかのすべての生き物たちの声を代表しているということになるでしょう。

彼女の名前エルダ（Erda）ですが、Erdeと書けば、ドイツ語で「大地」のことです。彼女は叡智の女神でもあるいっぽうで、大地の女神でもあります。いや、そもそも真の叡智は大地すなわち自然と切り離しては考えられないとも解釈できるでしょう。

このErde、英語にすると、もちろんearthということになります。登場の仕方にもういちど注目しましょう。突然、地面に亀裂が走って、彼女が出てくる。一種のearthquake、つまりは地震ですね。最近の事象に近づけていうならば、人間が自然の生態系を破壊することで、地球そのものが変質しつつある。それに対して自然が警告するというか、ある意味で呻《うめ》きをあげている、そんなイメージでとらえることもできると思います。

このエルダ登場の瞬間は音楽もきわめて劇的です。大地を揺るがすような弦楽器その他の激しい動きが音量を高め、最高潮に達した瞬間、別のところからトロンボーンの一撃が聞こえ、慌ただしい動きが一瞬で鎮まる。

たとえばですが、私が演出家なら、この場面は次のようにイメージします。

舞台は会議場のようなところ。国会議事堂とはあえていいませんが（笑）、ともかくそこで皆が討議を重ねているわけです。党派間の揚げ足とりのような議論がエスカレートして、口角泡を飛ばしての言い争いに高まり、摑《つか》みあいの喧嘩《けんか》になりかけたところで、地震がおきる。舞台面が揺らいで、上から吊るされたシャンデリアもガーッと揺れるわけですね。みんなは慌てて、机の下に隠れる。そこでとつぜん、停電がおきて、舞台が真っ暗になります。エルダは現れません。闇の中で、スピーカーのようなものから、警告の歌が響くわけですね。あなたたちはいったい何をやっているの、仲間割れまでして。小事にとらわれず、もっと現実を未来まで見据えた議論をなさい、というわけです。

以上は私の妄想ですが、このように考えると、この場面も今の世に近づけて、アクチュアルにとらえることができると思います。

＊この原稿の元となる講演がおこなわれたのが二〇一一年六月四日、ちょうど同じ週に、菅直人内閣が震災支援の滞りと原発事故対応の不手際を最初は民主党内で追及され、かろうじて続投が決議されたのち、さらに国会において自民党から不信任案が出されて、投票がおこなわれた直後のことでした。山積する大きな問題と国民の関心をよそに、責任のなすり合いと互いへの誹謗《ひぼう》中傷に終始したやりとりを目にして、「そんなことしている場合じゃないだろう」と怒りを覚えた記憶があります。

指環の呪い――第一の犠牲者

このあと、ついにヴォータンは指環を巨人たちに渡すわけですが、さっそくここでアルベリヒの呪いの第一の犠牲者が出ます。報酬の分け前をめぐって巨人たちのあいだで争いがおき、ファーフナーがファーゾルトを殴り殺すのです。ここもひじょうに残酷なシーンであると同時に、後味がよくないというか、観る者にとって何やら割り切れぬ思いが残るところでもあります。

皆がみな、欲望をギラつかせたような《ラインの黄金》の登場人物のなかにあって、ファーゾルトはただひとり、純粋素朴な根っからの善人といってもよいでしょう。犠牲者がよりにもよって、その彼であったということを考えると、やりきれない気持ちになるのですね。ファーゾルトが指環に執着するのは、権力欲などとはまったく違った理由によるものです。

この点でも、ワーグナーのドラマの創り方はとてもうまい。ファーフナーの要求に従い、神々は人質フライアの身の丈に合わせて、アルベリヒから奪った財宝を積み上げます。しかし、フライアの身体が完全に財宝で隠れても、ファーゾルトはいまだ彼女への未練が断ち切れません。

あのフライアの／艶姿《あですがた》がもう見えぬ、／これで解放か、／もうお別れか――（にじり寄って宝の山を覗《のぞ》き込み）なんたることだ、フライアの眼差しが／まだ、きらきら光っているではないか！／瞳の星が輝いて／俺の心を射し貫く。／残った隙間のひとつから／あの目が見えてしまうとは。／（われを忘れて）心も溶ける眼差しが、あそこに見えているかぎり／フライアを手放すまいぞ。

女性の美の魔力が純朴な男の心を虜にする瞬間をとらえた、きわめて美しい台詞です。しかも、ファーゾルトの未練の結果、ヴォータンはフライアの眼差しが覗くこの隙間を埋めるため、指環を手放さざるをえなくなるのというのも、なんとも皮肉な成り行きです。こうして権力の象徴ではなく、フライアを諦める愛の代償として、いわば愛する女性の形見に、指環を差し出させたファーゾルトは、その結果、兄弟に殺されてしまう。

なぜ、こんなに一途な男がよりにもよって最初に死ななければいけないのか。早くも《神々の黄昏》終幕におけるブリュンヒルデの台詞、「なぜこんなことになったのか、おわかりですか？」という問いを観る者にも突きつけるような場面です。

＊この「やりきれなさ」を、フライアの反応によって強調する演出もあります。日本の新国立劇場でおこなわれた、いわゆる「トーキョー・リング」では、ファーゾルトの死体にフライアが抱きついて、彼女のピンクのワンピースに血糊《ちのり》がべったりくっつきます。また、シュトゥットガルト歌劇場のヨアヒム・シュレーマーによる演出（こちらはＤＶＤで観ることができます）でも、フライアはファーゾルトの死にショックを受け、しばらくのあいだ、神々からひとり離れて、頭を抱

え、しゃがみ込んでいます。どちらもたんに残酷な殺人の光景が怖かったということでなく、ファーゾルトに人間的な暖かい感情を抱き、その死に対して、神々にも責任があることを無言の行為で訴えるという趣です。彼女が人質として巨人たちに連れ去られる第二場の終わりから、神々の世界に戻ってくる第四場までのあいだに、何があったのでしょう。人質が犯人と閉ざされた空間のなかで長い時間を過ごすうちに、相手に感情移入してしまう、いわゆるストックホルム症候群のような心境をここに重ね合わせて考えてもよいかもしれませんね。

ヴァルハルの虚飾／神々の虚勢

喜劇的雰囲気さえ横溢する《ラインの黄金》ですが、第四場になると、アルベリヒが死の呪いをかけるところからファーゾルトの死まで、ひじょうに血なまぐさいドラマになってゆきます。そしてその後、彼の死体を目の前にしながら、舞台を祓《はら》い清めるようにドンナーが雷で嵐を呼び起こし、フローが虹の橋をかけて、神々がヴァルハル城に入ってゆくという展開です。ここでヴォータンがスピーチをします。

太陽の眼差しをうけて／夕映えが照りわたる。／きらめく照り返しのなかで／城が燦然《さんぜん》とそびえ立つ。

【one point trivia】

◉ **ストックホルム症候群**

1978年8月にストックホルムで起きた銀行強盗事件では、人質たちが犯人に長時間拘束される非日常的な体験を共有してゆくなかで、警察が突入すれば人質全員が射殺される危機感から、犯人にたいしてある種の共感が生まれたといいます。極限的な状況で生まれたこのような心理状態を、事件の名前をとってストックホルム症候群とよぶことがあります。

なんとも壮麗きわまる光景ですが、ヴォータン自身が続いて「朝から夕べまで／気苦労が絶えず、／城もおいそれとは手に入らなかった」と述べるように、彼らはこの城を手に入れるために、それ相応の心労を背負わなければなりませんでした。「朝から夕べまで」、第二場から第四場は一日のあいだのひと続きの出来事です。全体をひとくくりにして、「神々のいちばん長い日」という副題をつけてもよいでしょう。その一日がようやく終わろうとしているわけです。ヴォータン自身は沈んだ一同の気持ちを鼓舞するように、「かくして城に挨拶を送ろう、／いまでは憂いも怖れも取るに足らず」と宣言します。

しかし、これで「憂いや怖れ」つまりは不安の種がほんとうに払拭《ふっしょく》できたのでしょうか。すでに彼らの目の前で第一の犠牲者が出て、アルベリヒが指環にかけた呪いはけっしてまやかしではなかったことが証明されたわけです。そのうえ、エルダは神々の行く手に「陰鬱な日々」が訪れると予言しました。こうした事情を視野に入れれば、ヴォータンの力強い言葉も空元気にすぎないのではないかと思えてきます。

えてして、人は確信がもてないときほど、自分自身を納得させようとして、声を大きくするものです。ヴォータンの演説に続く幕切れの壮麗無比な音楽にも、そんな趣を認めることができるでしょう。〈神々のヴァルハル入城〉というタイトルでも有名なこのくだりは、輝く城に乗りこんでゆく神々の堂々たる歩みを描くような、重々しい金管の響きが圧倒的です。しかしいっぽうで、ローゲの皮肉な呟《つぶや》きと、彼らの背に追い討ちをかけるようにはるか谷底から届くラインの娘たちの嘆きの声も聞き逃せません。

ローゲ：栄華を鼻にかけた神々がひたすら没落へと歩み急ぐ――こんな連中の相手をするのは／俺の面汚しにもなりかねない……

ラインの娘たち：水底にこそ／分け隔てない交わりがある。／上のほうで得意になっているのは／卑怯と欺瞞《ぎまん》の塊なのよ！

ことに、最後のラインの娘たちの台詞は、山の高みを中心に繰り広げられた人間たちの生々しい欲望のドラマへの痛烈な批判となっています。ここでも先ほど述べましたこの作品の垂直軸に貫かれた舞台構造が、たんなる地理的な意味の上下を表すだけではなく、階層差の象徴でもある所以《ゆえん》が感じられるでしょう。

幕切れのそうした意味を端的に表した舞台があります。一九七〇年代の初め、東ドイツ時代のライプツィヒ歌劇場におけるヨアヒム・ヘルツの演出です。神々が架け橋を渡って、奥に見えている壮麗な宮殿の中に入ってゆきます。舞台前方には大勢の人間がいます。巨人族をはじめとする労働者たちでしょうか。しかし、すでにタラップは宙に上がって、彼らは神々を下から見送るしかありません。宮殿は彼らが血と汗を流して造り上げたものですが、しかし自分たちはその中に入って、労働の成果を享受することは許されないわけです。そして、さらに前のほうには黒い衣裳を着た、占い師のような三人の女性がいます。ラインの娘たちですね。まさにバルザックが描き、バーナード＝ショーが解釈したような十九世紀の市民社会をそのまま視覚化した演出だと思います。

もうひとつ、先ほどのホルテン演出の映像で、この場面がどうなっているかを紹介しましょう。

通常、ラインの娘の歌声は舞台上ではなく、目に見えない場所、たとえば舞台袖やオーケストラ・ピットのなかから聞こえてくるのですが、この演出ではそうではありません。レコード等の古い形態なのでしょうか、テレグラフォンと書かれた箱をローゲが手に持ち、それを開いて、ヴォータンにあてつけのように聴かせるという展開です。

ヨアヒム・ヘルツ演出の《ラインの黄金》

ポータブルCDをかけるのだったら、まったく別の話になるでしょう。レトロな味わいの、今は存在しなくなった機械を出してくるところに意味があると思うのですが、かなり昔のもの、もうラインの娘の歌声が現在進行形でリアルタイムなものとして聞こえてくるのではなくて、はるか昔の世界に録音されているものが、長大な時間の隔たりをともなって、今ここに響いてくるという趣です。ラインの娘たちの訴えは、すでに現実のものとしては上の世界に届かなくなってしまっているのかもしれない。黄金の喪失を嘆く水の精たちの声は人類が罪を知らなかった古《いにしえ》の黄金時代を懐かしむ歌、つまりは失われた楽園への哀歌（エレジー）であり、人類がはるか太古の世界に寄せる集合的記憶であるというふうにも言い換えられるでしょう。

この演出のヴォータンは、あてつけのように嘆きの歌を聴かせたローゲを、槍で突き刺してしまいます。これはローゲが人間としての実態を失い、「さまよう火玉に身を変えた」（《ヴァルキューレ》第三幕、ヴォータン）成り行きを演出家なりの解釈で説き明かすと同時に、《神々の黄昏》序幕で運命の女神である第二のノルンが語る「自由を望んだローゲは（ヴォータンの）／槍の柄をかじって／契約の文字を蝕《むしば》んだ。／そこでヴォータンは／有無を言わせぬ槍の穂先で／ローゲを呪縛し、／ブリュンヒルデの岩山を炎となって囲ませた」という未来の出来事を部分的に先取りして、可視化したものでもあるでしょう。しかし、そうした解釈よりも先にここで印象に残るのは、自分に逆らおうとする相手をただで見逃すわけはないヴォータンの嗜虐《しぎゃく》性です。

ワーグナーの魅力は多義性にあると再三申し上げましたが、圧倒的な輝かしさの背後にほろ苦い後味の残る《ラインの黄金》の幕切れはその好例であると思います。

第三講　《ヴァルキューレ》（一）――ヴェルズングの物語（その一）

《ラインの黄金》の幕切れ、ヴォータンが演説をぶち、「かくして城に挨拶を送ろう」と宣言するくだりには、「遠大な構想に囚《とら》われたように、決然と」というト書が付されています。ここで、勇壮な〈剣の動機〉が鳴りわたり、何かがヴォータンの脳裏に閃《ひらめ》く。それは具体的に何なのか、という問いを頭の隅に置きながら、《ヴァルキューレ》へと話を進めたいと思います。

出生の秘密

《ヴァルキューレ》では、《ラインの黄金》とはまったく別の作品世界が現れるといっても過言ではありません。そもそも両作の間には長い一定の時間が流れているのです（この長さがどのくらいかというのはまたあとで考えてみることにしましょう）。

《ヴァルキューレ》の第二幕にはヴォータンの長大な語りがあります。筋を先まわりするかたちで、その内容をみてゆきましょう。というのも、この「語り」のなかで、彼は《ラインの黄金》から《ヴァルキューレ》のあいだにおきたことを、振り返りつつ、言葉にしてゆく。それによって聴き手も、筋

のおさらいといいますか、両作のあいだにあるさまざまな出来事を俯瞰《ふかん》的に把握することが可能にな

るというドラマのつくりになっています。

始原の女、／女神のエルダは／指環を手放すよう／私を諌《いさ》めて／神々の終末が近いと警告した。

／……それからは知りたい一念で／快々《おうおう》として楽しまぬ日々を送った。

まずはエルダですが、彼女は《ラインの黄金》第四場で「神々の黄昏」を暗示的にほのめかしたま

ま、ふたたび地中の奥深くに姿を消してしまったわけですね。ヴォータンとしては、これから何がお

きるのか、自分たちの運命が気になってしかたがない。そこで、もっと多くを知っているらしいエル

ダを地中まで追っかけるわけです。

あげくに地中の奥深く／大地の胎《ふところ》にもぐり、／愛の秘術で／エルダを物にして／知恵の女神の

誇りをくじき／いやおうなしに口を割らせた。／私は彼女に知恵を授かり／エルダは私の胤《たね》を

宿した。／こうして、娘よ、／知恵の女神がおまえを産んだのだ。

ヴォータンはここで、娘のブリュンヒルデを聞き手にして、昔の出来事を語るという設定になって

います。「愛の秘術で」女性を征服したなどということを年頃の娘に話してしまっていいものだろうか、

と思いますが（じつは「大地の胎〔der Erde Schoß〕」という言い方自体が両義的で、「エルダの子宮」という意味を象徴的に含んでいます）。

ヴォータンの語りの前半では、音楽も神々の世界の悠久の時の流れを表すように、とても静かに、緩やかに流れてゆきます。そのことも関係してでしょうか、多くの舞台では、お父さんとお母さんはこうして結ばれ、それで今おまえがここにいるんだよというような、それまでにも繰り返し語られた夫婦の馴れ初めから結婚までの物語を、またもや子どもに語って聞かせているような、そういう日常の一家団欒《だんらん》の雰囲気がここで醸し出されるのです。

でも、はたしてここはそんなに穏やかな場面なのか。私がそのような疑問をもつようになったきっかけは、新国立劇場の「トーキョー・リング」と呼ばれる《指環》のプロダクション（キース・ウォーナー演出、二〇〇一～〇四）を観たことにあります。

ウォーナーの演出では、この場面でヴォータンが八ミリ・フィルムを操作し、舞台袖に想定されたスクリーンに架空の映像を映しながら、語りを進めてゆくのですが、ちょうどエルダとの経緯を説明するこのくだりで、それまで静かにスクリーンに見入っていたブリュンヒルデの様子がおかしくなります。スクリーンを凝視して驚きの表情を浮かべたかと思うと、落ち着かない様子で顔を真っ赤にして、何かを探すように、傍らに積み上げてあった本のページをひっきりなしにめくるのです。本のなかには自分の生い立ち、あるいは家族の系図などが書かれているのかもしれません。

ブリュンヒルデはこの時点にいたるまで、だれが自分の母親であるのか、そもそも自分がどのようにしてこの世に生まれたのかについて、まったく知らなかったのではないか。つまり、ここで彼女は自分の出生の秘密をはじめて聞かされるというわけです。この「語り」に先立って、ヴォータンはブリュンヒルデに「これからだれにも言わぬことを口にするが／ここだけのことにして／断じてほかの者に漏らしてはならぬ」と念を押します。もちろん、ここからの話のなかには、政治的な意味での機密事項も含まれるため、彼は娘に口止めをするのだとも考えられますが、「だれにも言わぬこと」のなかには、彼がこれまで自分の心のなかに封印してきた個人的な秘密も含まれるのではないか。

だとすれば、これは親子の日常の対話を超えた、ヴォータン一世一代の告白ということになりますし、そう考えてこそ、二十分も続く彼のモノローグは観客にとってのたんなる筋のおさらいにとどまらぬ、劇的な生彩を帯びたものになるはずです。そう、外面的なアクションが停止したこの語りの場面において、語り手であるヴォータンと聞き手であるブリュンヒルデの内面にはきわめてドラマチックな時間が流れているのです。

ヴァルキューレの育成

さて、ヴォータンはエルダからさらなる情報を聞き出し、ブリュンヒルデを産ませたほかにも、自分が思いめぐらせた「遠大な構想」を政治家としてどんどん実行に移してゆきます。

まず、この作品のタイトルにもなっているヴァルキューレ、これは日本語で「戦乙女《いくさおとめ》」と訳されますけれども、戦場を駆けめぐり、戦死者のなかから屈強の勇士を選りすぐって、天上世界に連れてくるのが役目です。ヴォータンはこうしてヴァルハルの城に人間の英雄を集め、命を再生させて、防衛隊を編成し、アルベリヒの復讐に備えるわけですね。

ブリュンヒルデのほかに、八人のヴァルキューレが登場します。全員がヴォータンの娘ですが、彼女たちの母親にかんしては解釈が分かれています。ブリュンヒルデだけがエルダの娘なのか、それともほかの八人もヴォータンとエルダのあいだに生まれた子どもなのか。どちらの説にも決め手となる証拠はありません。しかし、私自身はブリュンヒルデひとりがエルダの娘であったと考えます。

文学作品を読むときには、もちろん作品内の論理的な筋道ですとか、作者の意図にかんする実証的な証拠というのも必要なのですけれども、解釈が分かれる場合はとくに、どのように読んだほうがおもしろいかという視点も重要になると思うのです(そもそも文学研究の究極の目的は、作品そのものの味わいを高めることにあると私は考えます)。エルダとヴォータンが一夜かぎりの契りを交わし、ブリュンヒルデという実りをもたらしたと考えるほうが、ヴォータンとエルダが一定期間同棲したり、通い婚のように夫が妻を繰り返し訪ねたりして、次々と子どもが生まれたと想像するよりも、劇としての味わいが深くなるのではないでしょうか。

ひとつの間接証拠ですけれども、晩年の伴侶であるコジマがワーグナーの発言を書きとめたくだりが『コジマの日記』にあります。

ヴォータンがエルダを征服したのはなんとも異様な夜であったに違いない。これは完全な私の創作だ。……ブリュンヒルデの種が仕込まれた夜——これは神的なるものという概念のもとでしか想像しえないものだ。この警告する女、叡智の女神を征服し、すべてを聞きだそうという強烈な欲望——唯一、獣たちの世界で、私はそのような自然の暴力の噴出を聞き取ったことがある。

（一八七四年五月八日）

これを読むとやはりワーグナー自身も、たった一度の異様な夜の出来事として、ヴォータンとエルダの交わりをイメージしていたと考えたくなります。

英雄創出

九人の娘がいること、これは第二講に述べたように、ヴォータンの好色と浮気性を裏づけるだけでなく、彼女らに役目を与え、神々の世界を守るために利用しようという政治的意図もはたらいているわけです。

ところでヴォータンの子どもはヴァルキューレだけではありません。彼は地上の世界にも降りて、人間の女性と交わり、双子の兄妹を産ませるのです。こうした夫の行動をフリッカは非難して言います。

狼ふぜいに身をやつし／森のなかをさまよい歩き／果ては身を落として／おぞましくも／人間の女と交わり／双子を産ませるていたらく。／牝狼《めろう》の胎《はら》から生まれた者の足元に／妻の私を放り出しておいて、平気な顔。

ヴォータンは地上で人間として人間の女性と交わったといちおうは解釈できるのですが、いっぽうでフリッカは、「狼ふぜいに身をやつし」「牝狼」に子を産ませたと言っている。ちょっと不思議な気もしますが、その意味するところについては後で触れることにしましょう。

なぜヴォータンは人間の女性と交わって、双子の子どもを産ませたのか。これこそが「遠大な構想」のいちばんの核心です。

ファーフナーが／兄を殺《あや》めてわが物とし、／今やその宝を大事に守っている。／報酬を支払った当の相手から／指環を奪わねばならぬが、／契約を交わした相手に／手出しをするわけにはゆかない。／……私に許されぬ行為を／なしうる者はただひとり。／それは私の後ろ盾もなしに／衝動のおもむくままに／指図も受けず／わが道をゆき／おのれの武器を振るって／功《いさおし》を成しとげる英雄だ。

ヴォータンはアルベリヒの復讐を恐れている。あれだけの残虐な行為で、相手の人生を踏みにじっているわけですから。ところがいくら英雄を集めてヴァルハルの守りを固めても、指環がアルベリヒの手にふたたび落ちたら、すべては万事休すのです。ぜひとも、その前に指環を自分が取り戻さなければならない。

その指環は今現在、ファーフナーの手もとにあります。《ラインの黄金》の最後で、財宝をもって神々の山を下りたファーフナーは、地上世界の森の中で大蛇に変身して、指環を守っているという設定です。ヴォータンは契約の神でもありますから、報酬を支払った当の相手から指環を奪うわけにはいかない、そこで、彼自身が手出しできないことを、代わりにやってもらうために、人間女性に子どもを産ませ、息子を英雄に鍛え上げようとしたわけです。

人間社会の出現

《ラインの黄金》と《ヴァルキューレ》の大きな違いは、人間がいよいよ登場するという点です。しかも、すでに一種の氏族社会のようなものができあがっている。両作の時間的隔たりは、ヴォータンの子どもたち、ブリュンヒルデやほかのヴァルキューレなり、あるいは人間界の双子の兄妹が生まれて、成長してということを考えると、おおよそ二十年という時間の単位が想定できるでしょう。しかしいっぽうで、人類が存在しなかった時代から、人類が出現して、あるていどの社会が形成されるまでを考えると、数千年から数万年の歴史の流れをイメージすることもできるわけです。

前講でみてきましたように、《ラインの黄金》という作品は神話世界の出来事を描いているのと同時に、近代社会の写し絵という側面をもっていて、この二つの要素のどちらが正しいかを問う必要はありませんでした。多義性こそが、ワーグナーの作品の味わいなのです。同じことが、二十年あるいは数万年という時間の流れの問題にも当てはまるでしょう。同じ作品のなかに、さまざまな時間の次元が並び立っているのです。

おもしろいのは、異なる時間の印象がなぜ生じるのかという問題です。ひとつの理由として考えられるのは、神々の世界で流れる時間と人間の歴史のなかで流れる時間が違うからではないか。神々にとっては人間の一生なんてひじょうにちっぽけなものにすぎないわけですね。これは時間軸で考えてもそうですし、空間的にも、神々は人間界の様相を、はるか天の上から地球全体を把握するような感じで見下ろしている、そういう視点があると思います。

ただし、だからといって、神々はすべてを超越して偉大なのだということにはけっしてなりません。ワーグナーの思想からいえば、むしろ逆です。《ヴァルキューレ》以降のドラマの展開は、ひとことでいえば、ヴォータンの「遠大なる構想」に翻弄されてゆく人間たちの悲劇を描いています。これは禍々《まがまが》しいことで、そこには否定的な意味が認められるでしょう。

この点を視覚的に表したのが、トーキョー・リングのキース・ウォーナーによる演出です。《ヴァルキューレ》第一幕が開く

キース・ウォーナー演出の《ヴァルキューレ》第1幕
2002年新国立劇場公演より　撮影:三枝近志　提供:新国立劇場

と、鬼面人を驚かすといいますか、いきなり天井から巨大な矢印が降りてきます。この矢印がどうやらヴォータンの槍の穂先らしいのですが、フンディングの屋敷の内部を表す舞台の中央に置かれた食卓も椅子も、この矢印同様、サイズが規格外の大きさで、歌手たちはここをよじ登ったり、飛び降りたりしながら、歌わなければなりません。

これはたんにおもしろいからそのように見せているということではないと思います。蟻のようにうごめく人間たちを遠くから見下ろしているこの神々の視点と、人間が等身大のサイズでいろいろと苦しんで行動する視点を両方同時に示してゆく——演出家の狙いはまさにそこにあったのでしょう。その証拠に、第二幕の幕開きでは、ヴォータンがミニチュアの槍を手に、目の前に置かれた箱庭のような模型に自分でその槍を突き刺して、遊んだりしている。

ちっぽけな人間界を自由にコントロールする神の姿をそこで表現しているのです。こうしたヴォータンの「遠大な構想」の犠牲になるのが、若者の男女ジークムントとジークリンデ、さらにブリュンヒルデというわけです。

物語作者としてのヴォータン

ここから改めて、第一幕に入り、ジークムントとジークリンデに焦点を当てて、《ヴァルキューレ》のドラマをみてゆくことにします。

第一幕のあらすじをごく切り詰めていうならば、幼馴染《なじみ》の男女が久々に出会って結ばれるという、どこにでもあるような物語です。ただ、ドラマにしても小説にしても、それだけではつまらないわけですね。作家だったら、ここで考えるでしょう、二人の恋にとって何か障害になる要素があったほうが、話がおもしろくなると。そこで、たとえば女性のほうを人妻にしたらどうかという発想になる。不倫という要素が加わるわけですね。でも、これもけっこうよくあるパターンだ、ではもうひとつ、この二人が血のつながった兄妹ということにしたらどうか。つまり不倫と近親相姦《そうかん》のダブルパンチ。そんなふうにして、独自のプロットを練り上げてゆく。ワーグナーが《指環》創作にあたっておこなったのも、同じ操作ですが、この作品においてはドラマの内部にもうひとり、ヴォータンという作家がいて、彼が上からの超越的な視線で、双子の兄妹の運命と二人が再会する状況を設定しているという点がおもしろいところです。もちろん、その運命が降りかかる当人たちの立場で考えれば、「とんでもない」ということになるでしょう。

音楽学者のカール・ダールハウスがいうように、《ヴァルキューレ》はヴォータンの悲劇と、ジークムントとジークリンデをめぐるヴェルズングの悲劇という二種類の異なる次元のプロットを統合したドラマです（カール・ダールハウス『リヒャルト・ワーグナーの楽劇』好村富士彦・小田智敏訳、音楽之友社、一九九五、一五〇頁）。ヴォータンは《指環》全体の真の主人公ともいうべき存在ですが、いっぽうでジークムントとジークリンデをめぐる物語も《指環》において重要な位置を占めます。《ヴァルキューレ》をめぐるこの講には、「ヴェルズングの物語」という副題が付いています。ヴェルゼというのは地上に降り立って、人間に身をやつしたヴォータンの名前。その子孫がヴェルゼの一族という意味でヴェルズングと呼ばれます。つまり、直接にはジークムントとジークリンデのことです。なぜヴォータンを差し置いて、こちらをクローズアップするのかというと、彼らが再会し、結ばれることが、英雄ジークフリート誕生の前提となる、その点で重要だからです。さらにはヴェルズングといえば、このジークフリート自身をも指していうことになります。

《神々の黄昏》のクライマックス、ジークフリートが殺されて、有名な〈葬送行進曲〉が始まります。その前半の部分に、ジークムントとジークリンデの悲恋を表す哀切をきわめた抒情的なモチーフが流れるのですね。英雄の死の場面に両親にあたる二人の男女のモチーフをもってきたということ、さらにはいちばんの幕切れ、《神々の黄昏》の最後で鳴るモチーフが、〈愛の救済による動機〉と一般には名づけられていますけれども、これもジークリンデにまつわるモチーフであることを考えると、二人の出会いと愛の物語が《ヴァルキューレ》を超えて、《指環》全体の物語展開にいかに長い射程をもつかが感じられますね。

安らぎの意味するところ

〈第一幕　あらすじ〉

第一場　倒れた男を、女が介抱。二人の間に愛が芽生える。

第二場　一家の主人が帰宅。男は乞われるまま、自分の身の上を物語るが、その話から敵同士であることが判明。主人は明日の決闘を宣告し、寝室に引きとる。
第三場　夫に寝酒を飲ませた女がひとりで男のもとに現れる。二人は愛を打ち明けるうち、生き別れた兄妹であることを確認、男は女の教えたとおり、広間の大樹から必勝の剣を抜く。

＊

ヴェルズングの物語の発端にして中心をなす第一幕は大きく三つの場面から成り立っています（登場人物は台本では最初から便宜的にジークムント、ジークリンデと書いてありますけれども、この時点ではお互いに名乗らないし、相手の名前も知らない。そこで私もしばらくは単純にこの二人をそれぞれ「男」「女」と呼ぶことにします）。

第一場では、男が屋敷の中に入ってきて、いきなり床に倒れこみ、これを女性が介抱します。二人のあいだに気持ちが通い、愛情が芽生えようとした矢先、その女性の夫が帰ってくるところで第二場になります。よそ者の男は問われるままに、自分の身の上話をするのですが、そのうちに夫と男がじつは敵同士であったことが明らかになります。そこで夫のほうが明日の決闘を宣告して、寝室に引き取ると、第三場になります。寝酒に眠り薬を入れて夫を熟睡させた女性が、ひとりで男のもとに忍んでくる。そして二人は愛を打ち明け、互いが生き別れた兄と妹であることを確認する。さらに男は女の教えたとおり、広間の大樹から、これさえあれば明日の決闘に勝てるという必勝の剣を引き抜いて、幕が下ります。

《ヴァルキューレ》第一幕は登場人物も三人、全部で一時間というコンパクトなつくりですし、ストーリーとしてもいちおう完結しています。しかも音楽は抒情的で聴きどころが多い。ワーグナーの音楽に親しむための入口としては、ＣＤ等でこの幕を繰り返し聴くのもよいと思います。

ここで注目したいのは第一場です。有名な聴きどころはこの幕の後半に集まっていますが、二人の出会いを描く第一場には抒情性のきわみといってよい、隠れた美しさがあります。ワーグナーの音楽というと華やかで豪快であるけれども、少々うるさいという一般のイメージがありますが、それとは正反対のひじょうに繊細な音楽がここに流れているのです。

男は飲んで杯を女に返す。会釈して、感謝の意を示すが、そのとき男の眼差しは女の顔に行き当たり、惹きつけられ、しだいに魅せられてゆく。

倒れた男に女が気つけの水を与えたあとのト書ですが、ここでは独奏チェロというたったひとつの楽器が最初はおずおずと、しかし、しだいに伸びやかさを増しながら、男のうちに目覚める優しい感情を雄弁に語るのです。これに続き、蜜酒を入れた角杯《つのさかずき》を女が男に差し出すくだりでは、同じ曲想が弦楽器全体に拡張されて、高まり、思いきり開花します。

このようなパッセージに満ち溢れる安らぎの感情は私たち聴き手の心までも癒してゆくような効果があります。なぜ、かくも静かで和やかな調べがこの場面で流れるのか。その理由をドラマの内部から考えてみますと、ここに登場する男も女も二人ながらに今まで真の意味での安らぎというものを味わったことがなかったという事実に行き着きます。それぞれの人生に災いが取りついていたのです。この幕開きでも、男は「（息も絶え絶えに）だれの家ともわからぬが、もはや精魂つきはてた！」と言って、「その場にくずおれ」ます。これはそれまで戦いつづけ、最後は必死に逃げてきたことからくる肉体的な疲労ももちろんありますけれど、それだけではなく、彼がそれまで人生を通して災いや苦しみに追い立てられてきた精神的疲労があそこに集約して表れている。それを女との出会いが癒してゆくという、そういう展開です。

ジークムント：あなたが甦らせたのは呪われた男／この身の呪いがあなたに及ばぬように！
ジークリンデ：逃げるのね、追われているの？
ジークムント：私が逃れるところに／災いが追ってきます。／私が潜むところに／災いも忍び寄ります。／だが、あなたは女性《にょしょう》、災いには無縁であるように！／みれんを断ち切り、あなたの前から消えましょう。
ジークリンデ：（我を忘れて、男の背に呼びかけ）行かないで！／あなたが災いをもたらすまでもなく／この家には災いが宿っているのです。

第一場の最後、夫が現れる前に決定的な瞬間があります。出てゆこうとする男の背に、女性のほうが我を忘れて呼びかける。自分も不幸な結婚生活を送っていることを、夫のいる身でありながら告白してしまうわけですね。

本名の秘匿《ひとく》

ジークムントの身にとりついた災いは、このあとの第二場、彼が自らの身の上を語るくだりで徐々に明らかになってゆきます。まずは話の内容を時間軸に沿って、整理しておきましょう。

ジークムントの身の上

- 双子の妹とともに、誕生
- 敵の襲撃（母の死・妹は行方不明）
- 父と二人、森の中での生活
- 父の足跡が消える
- 人里へ出る
- 愛のない結婚を強いられた娘を庇《かば》い、その兄たちを殺す
- 親族の復讐を受け、逃亡
- フンディングの屋敷へ

この流れをいちおう押さえたうえで、語りの細部をみてゆきましょう。

帰宅したジークリンデの夫フンディングから、いぶかしげな視線とともに、名を名乗るよう求められたジークムントはこう語り出します。

フリートムントと名乗ることは許されません。／本当はフローヴァルトでありたいのですが、／やはりヴェーヴァルトと名乗らざるをえないのです。／わが父の名はヴォルフェ……。

ちなみに、ここで挙げられるゲルマン系の名前はいずれもドイツ語の形容詞や普通名詞の組み合わせで成り立っていまして、フリートムントは「平和の加護を受けている者」、フローヴァルトは「喜びを司る者」、ヴェーヴァルトは「悲哀を司る者」という意味になります。それにしても、なんともまわりくどい語り出しですよね。ずばりと本名を名乗ることをせず、さまざまな名を挙げて、こうでもない、ああでもないと言う。

なぜ本名を隠すのか。その理由を考えるにあたっては、たとえば文化人類学の草分けであるジェイムズ・フレイザーの『金枝篇』の記述が参考になるでしょう。

言葉と事物とを明確に区別することのできない未開人は、名称とそれによって命名されている人物または事物の間の連関は、単なる気まぐれな観念的連合ではなくて、毛髪とか爪とか彼の身体の他の物質的部分を通じる場合とまったく同様に、容易にその名を通じて人物に呪術をかけ得るほどに両者を結合するところの、真実で本質的な絆であると一般に信じているのである。事実未開人は名を彼自身の生命的部分とみなし、それにしたがって取り扱い方に注意をはらう。……今日でも多くの未開人は、その名を自分の生命的な部分とみて、名がその主を害する手がかりを邪悪な者に与えることのないように、真実の名を隠蔽するのにひじょうな苦心をするのである。

（フレイザー『金枝篇』第二巻、岩波文庫、一九〇〜一九一頁、永橋卓介訳）

古代の人々にとっても、名前は自分という人間の本質を表すものと考えられたのでしょう。つまり爪や髪の毛など体の一部と同じようなイメージをもっていまして、めったやたらに本名を相手に知られることを避けたのですね。いわばはじめて会った相手に本名を打ち明けるのは、武器のない裸の自分を相手の前に差し出すようなものであり、だからこそジークムントはまわりくどい言い方で本当の名前を秘匿するわけです。しかし、逆にいえば、本名を明かせない緊迫した事情が彼の側にあったという見方もできるでしょう。

狼の親子

そこでひとつ注目していただきたいのは、「名乗ることは許されない」と明言されたフリートムントという偽名、それに加えて父親の名です。ヴォータンは人間界ではヴェルゼと名乗っていましたが、ジークムントはその名さえ明かさず、狼を意味する「ヴォルフェ」という名を父親にあてています。

ジークムントの人生は少年時代から不幸につきまとわれています。父親と狩りに出かけて帰ってみたら、屋敷が敵の焼き討ちに遭い、全焼していました。しかも母親が殺されていた、妹は行方不明になっていた。敵が存在し、家族まるごと人々の強烈な恨みと憎しみを買うような少年時代であったということ、これも本名を隠さねばならない今の事情につながっているのでしょう。

この世から追放された父は／私を連れて逃れ、／長い間／恐ろしい森の中、／二人きりで生きのびました。

しかし、何度も敵の攻撃を受け、戦ううちに、彼は父親とはぐれてしまいます。

森の中に見出したのは／もぬけの殻の／狼の毛皮が一枚、父は行方知れずとなりました。

身の上話の冒頭で、ジークムントは父親の名をヴォルフェと紹介しました。この偽名のとおり、どうやら父親は狼の毛皮を着ていたといちおうは解釈できますが、もうひとつの可能性も考えられます。伝説としてヨーロッパに広く行きわたったもののなかに、人狼《じんろう》という表象があります。人と狼の両方の性質を有する存在といいますか、人間があるきっかけで、たとえば満月の夜などに狼に変身し、またしばらく経つと人間に戻るというように、二つの姿を絶えず入れ替えるような存在です。

ワーグナーは《指環》の台本を執筆するために北欧・ゲルマンの神話にかんするさまざまな文献を読み漁《あさ》りました。そのなかの一冊、『ヴォルズンガ・サガ』ではジークムント自身が息子をもうけ、親兄弟を殺された仇討《あだうち》のため、その息子とともに狼に姿を変え、森の奥で雌伏《しふく》の時をすごしたというエピソードが出てきます。こうしたイメージをワーグナーが《ヴァルキューレ》のヴェルゼとジークムントの親子に転用した可能性は大いにあるでしょう。つまり、彼らは森の中で、狼に姿を変え、敵の目を逃れようとしたのかもしれませんし、ひょっとしてジークムントがフンディングの屋敷まで長い道を逃走している最中も、狼になっていたのかもしれない、そんなことさえ想像の範囲に入ってきます。

森行き

これだけでしたら荒唐無稽な神話の世界の話ですが、狼にまつわる名前やイメージはもっと深く、ヨーロッパの歴史と結びついています。

古代から中世にかけては、共同体の平和を侵害する行為を犯した者に「平和喪失宣告」が突きつけられた。このようにして人間社会から追放された者は狼のように森の住人となり、狼と同様に誰が殺しても罰せられることのない存在となった。狼と呼ばれ、狼の皮を着せられることさえあった。

（阿部謹也『中世賤民成立論』より、同『ヨーロッパを読む』所収、石風社）

「平和喪失宣告」とはつまり、自ら共同体の法を犯した者は法による身の安全の保証を受ける資格がないという考え方にもとづくものであり、以降、この宣告を受けた者は極端な話、だれが殺してもかまわない復讐の標的となって、森に逃れてゆくのが常だったのです。ジークムントが「フリートムント（＝平和の加護を受けている者）と名乗ることは許されない」と自ら語り、敵に襲撃を受けてのち、自分たち親子が「この世から追放された」と述べていることを、あわせて思い出しておきましょう。「追放された」に対応する原語は geächtet（人々から疎《うと》んじられて、村八分を受けて、の意）ですが、追放をドイツ語では Waldgang（森行き）とも表現します。

ヴェルゼの一家に向けられた世間と社会の尋常ならざる恨みが、これらの言葉づかいからも透けてみえてくるわけですが、では、それほど恨まれるどのような罪を彼らは犯したのでしょう。これに続くジークムントの語りを追うことで、その理由もあるていどみえてくるような気がいたします。

> 人恋しさがつのって森を出て／人里にやってきました。／ところが、友の契りを求めても／婦人の情けを求めても／いたるところ／出会う人はみな、私を忌み嫌い、遠ざける。／……私が正しいと思ったことは／ことごとく人には悪く思われ、／私がよくないと思ったことに／人はいつでも喝采を送る。

世間の価値観とまったく相容れないわけですね。ですから衝突を繰り返しながら、どの共同体にも受け入れられず、流浪の旅を続ける。そんな自分の半生を振り返って、ジークムントは「呪いが私に取りついていたのです（Unheil lag auf mir＝直訳は、不幸な運命が私にのしかかっていた）」と言いますが、はたしてこれは呪いとか運命のように、人為ではいかんともしがたい性質のものなのでしょうか。

ある意味ではそうです。このような運命を近代以前の人は神が自分に与えたものとしてイメージします。ただし、《指環》で問題になるのは、この神が抽象的・絶対的なものではなく、人格化された存在であり、しかもジークムントの父親であるヴェルゼ＝ヴォータンこそが、この神にあたるという構造です。

第二幕の語りのなかで、ヴォータンは「あの男を連れて／森の中をかけずりまわり／神々の取り決めに逆らうように／けしかけた」と言います。「神々の取り決め」は同時に、人間たちが従うべき道徳観であり、社会の法や掟《おきて》と言い換えることもできるでしょう。つまり、ヴォータンその人が父親としてジークムントに、世間と相容れない価値観を植えつけた、その結果、息子のほうは不幸な人生を余儀なくされているということになります。何のためか？「神々の取り決めに逆らう」英雄にしか、神々が縛られている契約を超越して、ファーフナーの手からヴォータンのために指環を取り戻す行為は望めないからです。

愛のない結婚

ここまで述べると、すでにヴォータンの「遠大な構想」が孕《はら》む矛盾がみえてきますね。つまり、彼は息子が神の意志からさえも自由な英雄に育つことを望みながら、その息子を鍛え上げるために不幸な運命をあらかじめプログラミングするわけで、逆にいえば、息子のほうは神である父親が敷いたレールに沿って行動する一種のロボットにすぎなくなるわけです。

これほど勝手でしかも無理だらけのヴォータンの計画が、子どもたちを追いこんでゆくというのが、《ヴァルキューレ》を貫く一本の大きな筋になりますが、やがてジークムントの身に、決定的な出来事がおきます。

不幸せな娘がひとり、/私に庇護《ひご》を求めました。/血を分けた一族の者たちが/その娘に/愛のない結婚を強いたのです。/婚礼を迫る人々から/娘を庇い、/私は無体な連中に/戦いを挑み/当たるをさいわい薙《な》ぎ倒し/ついには娘の兄まで屠《ほふ》ったのです。

この行動に世間の価値観との違いが端的に表れています。古代から中世の封建制社会まで、結婚は基本的に家と家との結びつきを固めるためのものであり、男女の愛を前提としたものではありませんし、ワーグナーの同時代になっても、その事情は基本的に変わりませんでした。もちろん「愛のない結婚」を強いられ、それを嫌だと感じる娘たちはどの時代にもいたことでしょう。「婚礼を迫る人々から/娘を庇《かば》」うのも、頼られた男の態度としてじゅうぶんに理解できます。しかし、ジークムントの行動はそれだけにはとどまらない。義憤を覚え、怒りに我を忘れるといいましょうか、ついには殺人まで犯してしまうわけです。
こうしたジークムントの態度はワーグナーの結婚観ともかなり一致しています。ワーグナーは《指環》を着想した一八四八年前後、自分が次に取り組むべき作品の題材をさまざまなところから探しては、検討を加え、草案も書いているのですが、候補のなかにはキリストを主人公としたドラマもありました。『ナザレのイエス』と題されたこの草案のなかで、ワーグナーは民衆に説教するキリストにこう言わせています。

律法には「汝、姦淫《かんいん》するなかれ!」とある。だが、私はあなたたちにこういおう。「汝ら、愛なくして妻問うなかれ!」愛のない結婚は、その契りが結ばれたときから壊れているのであり、愛なくして求婚した者は結婚の掟を破ったことになる。

「結婚の掟を破る」ことを、ドイツ語でEhe brechenといいます。ただし、ふつうの使い方ではEhe brechenというのは不倫、つまり夫や妻以外の異性と交わり、姦通を犯すことを指します。ワーグナーはイエスの口を借りて、この言葉の意味を一八〇度ひっくり返し、姦通がいけないのではなくて、愛のない結婚のほうに問題があると主張しているのです。制度としての結婚に、男女の愛にもとづく結婚が対比されているわけですね。

作品の内と外 ヴォータン/フリッカ=ワーグナー/ミンナ

作品の内部でも、第二幕第一場で、フリッカとヴォータンがそれぞれの立場を代表しながら、結婚観について議論するくだりがあります(第二幕のあらすじについては一二一頁に載せておきました)。フリッカから「遠大な構想」の矛盾を指摘され、ヴォータンがいちどはジークムントに約束した勝利の決定を撤回せざるをえなくなる重要な場面です。

ジークムントとジークリンデの姦通を非難し、「侵しがたい結婚の誓約が/傷つけられたからこそ/我慢がならないの」と言うフリッカに対して、ヴォータンは「愛していない者を結びつける/そんな誓約など、尊いとは思わない」と答えます。ヴォータンのほうは政治家の詭弁といいますか、とりあえずフリッカの追及をかわし、ジークムントを決闘に勝たせるという自分の当初の計画を遂行するための言い逃れのようなところもありますが、いずれにせよ、ここには相反する二種類の結婚観がぶつかり合っているとみることができるでしょう。

そもそも、「野合のはてに/産み落とされた/あばずれ娘(ヴァルキューレたち)を引き連れて/戦へお出かけになるたびに/悔しい思いを重ねてきました」というフリッカの台詞が示すとおり、九人の戦乙女のだれひとりとして彼女の娘ではありません。この夫婦自体が結婚生活に問題を抱え、互いに不満を抱いているわけです。言い換えるならば、フリッカの主張は結婚の女神としての公的な立場にのっとった「義憤」であるばかりでなく、自分をないがしろに扱う夫への「私怨《しえん》」が渦巻いている。そんな夫婦の議論が、別の男女の愛の行方を決定して運命をひっくり返してゆくところが、このドラマのおもしろさだと思います。

公的な意味でのフリッカの立場は、十九世紀の市民社会の倫理を代表するものと考えられます。イギリスのヴィクトリア女王の治世下でとりわけ推奨された道徳をヴィクトリアニズムといいます。「勤勉、禁欲、節制、貞淑」を至上のものと考える価値観です。フランス革命後の十九世紀は市民階級が台頭し、主導権を握ってゆく時代です。もちろん、そのなかで自由と平等が唱えられ、人権が拡張していったという面は否定できませんが、たとえば女性の役割ですとか男女の恋愛という意味では、十八世紀に較べても、逆に風通しが悪く、狭苦しくなっている部分もあります。

バルザックに『結婚の生理学』という著作があります。小説ではなく、当時の社会における夫婦の実態をスケッチしながら、結婚生活の心得を説く一種の長大なエッセイです。彼ならではのウイットに富みながらも歯に衣着せぬ筆調で、妻たちの生態を辛辣に皮肉っている部分もありますが、批判の矛先は主として、旧態依然とした同時代の結婚制度と社会の風習そして、女性の気持ちを理解しない世の鈍感な夫たちに向けられています。当時のフランスの法律では離婚は正式に認められていなかったうえ、結婚前の女性が男性と交際することもタブー視されていました。そんななかで、自分の意志とは関係なく、金銭や家柄などをめぐる周囲の思惑によって結婚を強いられた女性たちが、後日不倫に走るのはとうぜんというわけです。曰く、「今日、フランスにおいて女と結婚を支配している法律と習俗の体系は、一七八九年の大革命によって発展した理性と正義の永遠的原則とは、もはやなんらの関係をもたぬ古き信仰と因習の落し子である。」さらには「大部分の男は、結婚というものを通して、生殖とか所有権とか子どもとかいったものしか考慮に入れなかったが、生殖も所有権も子どもも幸福を構成しはしない」「妻の過失は、夫のエゴイズムと無関心と無能にたいする非難の行為にほかならない」等々（以上、『バルザック全集第二巻』〜『結婚の生理学』安土正夫・古田幸男訳、東京創元社、五五〜五六頁および九三頁）。さらに、バルザックはある中編小説のなかで、夫との生活に幻滅した女主人公に「今日おこなわれているような結婚は、合法的な売春のようにわたしには思われますの」とまで言わせています（バルザック『三十女』、水声社、一二三頁、芳川泰久訳）。愛のない結婚という状況は古代や中世にかぎったことではなく、ワーグナーやバルザックにとっては同時代の問題でもあったわけですね。

《ニーベルングの指環》を構想し、台本を執筆した亡命後の数年は、ワーグナーが私生活上でも夫婦生活の危機を味わい、結婚という制度への疑念を深めた時期にあたります。一八四九年のドレスデン革命への参加と失敗によって、ワーグナーは宮廷歌劇場の指揮者という実入りもよく名誉ある地位を失ない、安定した生活を望む妻ミンナとのあいだに亀裂が生じました。そして《ヴァルキューレ》台本に着手する前年の一八五〇年、彼は人妻ジェシー・ローソとの駆け落ち未遂事件を起こすのです。このときワーグナーはミンナに長文の激越な手紙をしたため、別居を申し出るとともに、鬱積した妻への不満をぶちまけています。曰く、ミンナと彼の性格は水と油で、結婚生活の初期から波風が絶えなかった。彼が妻に愛情を求めても、ミンナのほうは義務感で応えるだけだったし、自らの芸術や社会の在り方に対して彼が抱く高邁《こうまい》な理想を理解しようという気もなく、生活の安定だけを望んだ。けっきょく、手紙を受け取って慌てたミンナが、事態に感づき介入することで、駆け落ちは未遂に終わり、ワーグナーは妻のもとに戻りました。話が長くなりますので、この事件そのものについて、これ以上詳しく述べることはしません。ただ、ジェシーのほうもお金持ちの商人である夫との結婚生活に満たされぬ思いを抱いていたこと、ワーグナーはいわばジークムントのごとく、そんな彼女を愛のない結婚から解放しようとしたことを言い添えておきましょう。

＊ジェシー・ローソとの駆け落ち未遂事件について興味のある方は、以下をご参照ください。山崎太郎『不幸な娘が私に庇護を求めたのです…――創作をめぐる詩と真実』（ＮＨＫ交響楽団機関誌『フィルハーモニー』二〇一二年十一月号 シリーズ 名曲の深層を探る 第3回 ワーグナー《ワルキューレ》。インターネットでも閲覧可。http://www.nhkso.or.jp/library/philharmony/2012-11.php)

ワーグナーについては、人妻を誘惑する女たらしというイメージが世に出まわっていますが、少なくとも前半生において、彼は意外と堅い夫だったようで、妻を裏切るようなことをした形跡はありません。要は、革命前後の夫婦間の行き違いがワーグナーの女性遍歴にとってひとつの転機になっており、しかも、この時期に深まった結婚制度への疑念をワーグナーが作品に投影させたということです。

作品中のヴォータンとフリッカの論争は、自分たちの私生活上の夫婦喧嘩をモデルにしているとさえいえるでしょう。その証拠にジェシーとの事件の数年後、妻から一時離れて《ヴァルキューレ》の作曲にいそしむワーグナーは、ミンナに宛てた手紙のなかで、「君からの非難めいた手紙を受け取ったとき、僕はちょうどヴォータンとフリッカの場面に取り掛かろうとするところだった。なんというタイミングだろう」（一八五四年九月三〇日）と書いているのです。

ワーグナーが劇作家としてすぐれているのは、作品のなかでは、彼がけっして自己を正当化して描いてはいないということでしょう。《ヴァルキューレ》第二幕の夫婦の論争では、夫の身勝手さを責めるフリッカのほうに理があると、多くの読み手は感じるのではないでしょうか。

怒りに我を忘れて……

ふたたびジークムントに話を戻します。引用した「当たるをさいわいなぎ倒し、ついには娘の兄まで屠《ほふ》った」というくだりには、なぜ世間が彼を「忌み嫌い、遠ざける」のか、その理由が端的に表れています。ふつうなら、まず話し合いをするはずですが、いきなり闘いになる（もちろん、そこには掟に厳しい古代ゲルマン社会の在り方が反映していることは否めませんが）。しかも、ジークムントは当時の社会一般の常識を許せず、逆に自分のほうが暴力を振るっている。「愛のない結婚」に義憤を感じるのは彼の倫理観の表れですが、この倫理観がほかの意見を寄せつけぬほど潔癖であり、エキセントリックで、殺人という極端な行動にまで行き着かずにはいないのです。

「当たるをさいわいなぎ倒し、ついには娘の兄まで屠った」の原文は“dem Sieger sank der Feind, /erschlagen lagen die Brüder.”で、直訳すると「勝利者（＝ジークムント）の前に、敵が倒れていった。こうして兄たちは討たれ、地に横たわっていた」となります。ちょっと不思議な表現ですね。つまり、「私が戦いを挑み、敵を倒して、兄たちを殺した」というふうに、私を主語にして一人称で語るわけではありません。

叙事詩などで使われる一種の文学的表現（レトリック）とも考えられますが、この場の状況に想像をめぐらせるならば、別の解釈も出てくると思います。つまり、頭に血がのぼったジークムントは我を忘れ、無我夢中で剣を振るった。そのとき幽体離脱といいましょうか、彼の意識は自分の体の外に出て、身体の動きをコントロールできない状況にあるわけですね。勝手に手が動き、剣を振って、ふと我に返ったら、目の前に敵が倒れていた。この台詞はまさに、逆上しての思わぬ行為を表現しているのではないでしょうか。

もの言わぬ非難

こうして彼が救い出そうとした娘のほうはどういう反応をするか。

すると娘はそれまでの悲憤を忘れて／（兄たちの）屍《しかばね》を抱き、悲嘆に暮れるばかり。／涙の雨で戦の庭は／しとどに濡れたほど、／血を分けた兄弟が殺されたと、／娘はひたすら嘆くばかりでした。

もちろん兄を殺した男に感謝するわけがありません。しかしジークムントには、おそらくそのような娘の態度が理解できない。愛のない結婚から救ってやったのに、なぜ素直に喜んでくれないのだろうと思うわけです。でも娘のほうは世間の側に立っている。だから、「兄を殺してなどと頼んだ覚えはありません」というのがむしろ彼女の気持ちではないかと思います。

そこへ死者の親族が／とって返し／復讐の血に渇えて／猛り狂い／私をひしと／取り囲んだ。／しかし娘は頑として／その場を離れようとはしません。／楯《たて》と槍《やり》でしばらくは／娘の身を庇《かば》いとおしたが／やがて武器も／粉々に砕け、／そのうえに傷を負ってなす術もなく／娘がことされるのを見守るほかなかった。／私は猛り狂った軍勢に追い立てられたのです――／やむなく娘を屍の山に残して。

その後、兄弟の親族が仇《あだ》を討ちに押し寄せます。「氏族団体の構成員が不当に殺された場合は、その敵を氏族団体が討つ。その手続きとして、やはり平和喪失宣告をつきつけ、狼への復讐をおこなう」（阿部謹也『中世賤民成立論』）わけです。

このとき、おそらくジークムントは娘を連れて逃げようとした。しかし、娘は彼についてゆこうとはしない。ここにも、娘のジークムントに対する無言の抗議が感じられると思います。その結果、娘は死んでしまう。逆にいえば、助けを求める娘の頼みに応えてジークムントがとった一連の行動が、当の娘を死に追いこんだということです。

じつに悲痛な体験です。おそらく、この行動に踏み切る以前、娘と彼のあいだにはお互いにほのかな愛情が芽生えつつあったのでしょう。しかしけっきょく、娘は自分と価値観を共有することのない、あちらの世界の人間であった。おそらく、このときにジークムントは自分が世間にいかに理解されず、自分にとっても世間がいかに理解しがたいものか、その断絶を思い知ったのです。

相似形の挿話

だからこそ、その直後のジークリンデとの出会いが彼の心を癒してゆくわけです。ジークリンデは「愛のない結婚」を強いられたという点で、挿話の娘と立場を同じくしながらも、あくまで世間の側にとどまった娘とは対照的な存在でもあります。自分から決断をくだして、ジークムントを引きとめ、勇気を揮《ふる》って、彼の腕のなかに飛び込んでゆくのですから。

挿話中の不幸な娘とジークリンデは時間的にも空間的にも、ニアミスといいますか、近いところで接点があります。挿話を聞いた直後のフンディングの台詞をみてみましょう。

無法な一族のことは知っている。／ほかの者が崇め尊ぶことを／鼻にもかけぬ連中だ。／私も含めて万人の目の敵だ。／復讐のため呼び出され、／今日戦いに出かけたのも／親族の血の仇《かたき》をとるため。／だがその場に間に合わず、／家に戻ってみれば、／なんと取り逃した無法者が／わがもの顔にくつろいでいるではないか。

フンディング自身が挿話の娘や兄弟の親族にあたるわけです。それどころか、《ヴァルキューレ》

台本の草稿には、こんなくだりさえみつかります。「彼が見出したのは、兄弟の死体の上にいる娘の姿だけだった。そこで、かっとなった彼は娘を刺し殺した」。完成台本において、これはワーグナーの採るところとはなりませんでしたが、少なくとも台本執筆途中の段階で、フンディングはこの娘を殺した下手人であるという設定が、作者の頭のなかに浮かんでいたわけです。

親族ということであれば、ジークムントに殺された娘の兄たちがフンディングの館に来訪した可能性は大いにあります。それどころかジークリンデその人も彼らの姿を目にしているのではないでしょうか。このあと第三場で、ジークリンデは「フンディングに男たちが大勢招かれ／（自分とフンディングの）婚礼の宴がこの広間で／催された」ときの様子をジークムントに語るのですが、このとき「飲んだくれて」いた男たちのなかに、娘の兄たちが混じっていたとしてもおかしくはないでしょう。実際、フンディングの屋敷を探せば、彼らがそこにいた決定的な証拠がみつかるはずです。どこでしょう？

そう、広間の中心に立つ大樹のあたりです。婚礼の宴のさなか、見知らぬ老人が入ってきたというところから、ジークリンデの語りを引用しましょう。

その人は私をやさしく見つめ／一座の者をねめつけると／両手で剣を振りかぶり／トネリコの幹に／柄《つか》も通れと／突き刺し――／この剣を引き抜く者こそ／この剣にかなう者だ、と告げました。／皆はやっきになって／挑みましたが／獲《か》ち取った者はいませんでした。／客たちは／入れかわりたちかわり／腕に覚えのある人はみな、柄を引き抜こうとしましたが／剣はびくともしません。

いまでも、ひっそりとあそこに突き刺さったまま——

宴に招かれたのであれば、娘の兄たちもとうぜん、この力較べに参加したでしょう。であれば、幹に刺さった剣の柄には彼らの指紋が残っているはずです。まあ、これは極端な推論ですが、娘のエピソードとドラマのなかの今現在がきわめて近い関係にあるということは感じていただけるでしょうか。

沈黙の前半生

フンディングがジークムントに翌日の決闘を宣告し、寝間に引きとったところで第三場に入ります。ここで視点を移して、ジークリンデのこれまでの人生を考えてみましょう。出発点はジークムントと同じ。敵の襲撃に遭い、母は殺され、自分は誘拐されて、兄と生き別れになります。ただ、その後、彼女がどういう境遇で、どのような人生を送ってきたのか、これが具体的にわからないのですね。

求められるまま、はじめて会ったフンディングにさえ自分の身の上をありありと語るジークムントに較べ、ジークリンデはおよそ寡黙で、自分の過去について詳しく語ることをしません。なぜか？語るためには、細部を思い出さなければならない。でも、そこには思い出したくないほど怖ろしい何かがあるのでしょう。

ジークムントを相手に、過去から今にいたる自分の境遇を打ち明けるときでも、その内容はあまりに断片的で、具体的な描写を欠いたものです。順序にしたがって、引用しましょう。

無頼漢どもが頼まれもしないのに／献上したひとりの女を／フンディングは妻にしたのです。

今宵その場でその人に巡り会えたら！／その人が見知らぬ国から／卑女《はしため》同然の私を訪れてくれれば、／これまで耐え忍んできた／苦しみの数々、／身に受けてきた／辱《はずかし》めのすべても／甘美きわまる復讐が／贖《あがな》ってくれることでしょう。

あなたこそは春、／凍てつく冬のさなかで／ずっと待ち焦がれておりました。／……見知らぬ人に取り囲まれ／まわりに友と呼べる人もなく／これまで出会ったすべては／私になじみのないものばかり。

　これらの台詞から読みとれるかぎりにおいて整理しますと、ジークリンデは親しみを感じられる人もいないまま、「凍てつく冬」にも喩えられる疎外された人生を、「苦しみ」や「辱め」に耐えながら生き抜いてきた。そして最後は「無頼漢ども」からの贈り物として、フンディングの手に渡った。妻とはいいながら、今の境遇を彼女は「卑女同然」と感じている、ということになるでしょう。

＊そもそもフンディングは彼女をどのような名で呼んでいたのでしょう？　第一幕幕切れで、ジークムントがはじめて、それまで秘匿していた自らの本名を名乗るのだとしたら、これに「目交《まなか》いのあなたが／ジークムントなら／待ち焦がれてきた私は／ジークリンデ」と反応する彼女のほうについても同じことが考えられるでしょう。彼女が本名をだれにも

明かさず生きてきたとすれば、代わりに自らをなんと名乗り、フンディングをはじめとする周囲の人々にどう呼ばれていたのか？　劇中でフンディングは彼女をたった一度「Frau」（この女＝妻）という普通名詞で呼ぶだけですし、ジークリンデはジークムントに対してさえ、はじめは「この家もこの女（私）もフンディングの所有（もの）」というのみで、名を明かそうとはしないのです。

「無頼漢ども」という言い方から、一種の盗賊やアウトローの集団を想定することができるでしょうか。敵によって誘拐された幼い少女は人身売買の対象となり、奴隷のような身分に身を落として、転々といろいろなところを渡り歩いてきたとも考えられます。

ちょっと突飛な連想かもしれませんが、森鷗外に『山椒大夫』という小説がありますね。親と離れ離れになった姉と弟が人買いの手に渡って辛酸を舐《な》める安寿と厨子王《ずしおう》の伝承をもとに、古代から中世にかけての虐げられた民衆の風景を描いた作品です。

《ニーベルングの指環》にはワーグナーの生きた十九世紀、すなわち近代市民社会の問題が反映しているということを再三強調してきました。しかし、そのいっぽうでヴェルゼ一家の運命をたどると、その背後には近代以前に広がる風景もみえてくる。古代から中世を経て近代にいたる人類の歴史が凝縮して描かれているような趣もあります。

太古の昔から人類にとってはまずは生き抜いて子孫を残すことがつねに喫緊《きつきん》の問題でした。衣食住をどう確保するかということですね。その前提があるていど、確立されたのちに、さらなる幸福の追求、いわゆる富や平等や自由という概念が出てくるわけですね。いわば人間は個人の幸福と人権の確立のために闘いつづけてきた、その歩みが人類の歴史であるとも考えられます。そこで人類が通過するさまざまな段階や次元が、ジークムントやジークリンデの人生には映し出されている感があります。

甘美きわまる復讐

そのジークリンデですが、やはりジークムントと同様、かなりエキセントリックな性格のもち主です。虐げられた人生ではあるが、けっして泣き寝入りするわけではありません。自分を蔑み、苦しめてきた社会に抗い、復讐のチャンスをじっと待つのです。

第一幕の流れは、そのための段取りとも考えられます。立ち去ろうとする相手を自ら引きとめ、男の身の上を聞き出したあと、夫に睡眠薬を飲ませ、寝ている隙に男のもとに忍んでくる。そして武器を持たぬ相手に、翌日夫との決闘に臨むべき必勝の剣のありかを教えたうえに、それを「すぐにあなたのものにして!」とまで要請する。暗に「夫を殺してほしい」と頼んでいるのに等しい行為です。

さらに、こののち相手の顔と声から、自分たちが生き別れた兄と妹であることを確認するのも、ジークムントではなくジークリンデです。しかも、その事実が明らかになっても、彼女は尻込みなどせず、歓喜のうちに兄と結ばれるわけですね。第一幕の幕切れは、三光長治氏の言葉を借りれば、「不倫と近親相姦の二重のタブーを犯すことによるエロスの爆発」です。まさに、自分たちを虐げてきた社会の法や掟に対する「甘美きわまる復讐」ですね。

多くの演出では、この幕切れで二人が手に手をとって、広間の外に駆け出してゆくシーンを見せるのですが、これは原作の過激さを無害なものに歪めてしまう残念な処理だと思います。ワーグナーのト書では「ジークムントが情熱を込めて荒々しくジークリンデを抱き寄せると、彼女はひと声叫んで、相手の胸にくずおれる」。この瞬間、「すばやく幕」が下りて、あとは約二十小節、数十秒のあいだ、オーケストラの後奏が続きます。聴衆は真っ暗な客席で、何度も繰り返し、何かを突き上げるような強拍のアクセントをともなって高揚を重ねるヴァイオリンの音型を耳にしながら、幕の向こうでどのような行為がおこなわれているのか、想像をたくましくするわけです。

ところで、これに先立つト書を注意深く読むと、ジークムントは最初、外にジークリンデを「連れてゆこうと」していたことがわかります。ジークリンデはそんな彼からいったん「身を離して彼に相対する」姿勢になりながら、改めてその場で、彼の「胸に身を投げる」、つまり今この場における愛の行為を積極的にうながしているのも、女性のほうなのです。しかも、自分の夫の屋敷の中、「神聖なる竈《かまど》」（第二場、フンディングの台詞）のかたわらで。これこそが、彼女の夢見た「甘美きわまる復讐」の内実でしょう。

みなぎる生気に、草木も芽吹く——ジークムントの春の歌

ひととおり第一幕の流れを幕切れまで追ってきましたが、ここで締めくくりに、この幕のなかでも音楽的にもっとも有名なくだりについて触れておきましょう。第三場、夫を眠り薬で眠らせ、ジークムントのもとに忍んできたジークリンデが彼とともに「甘美なる復讐」を叫んだ直後、屋敷の広間の

大扉が開いて、月の光が射し込む瞬間です。ラブシーンの道具立てとしてはあまりにできすぎていて、少々気恥ずかしくなる（笑）ほどの名場面であり、これに続くジークムントの歌も《指環》全曲のなかではめずらしい、ワーグナーが否定した「アリア」という名称で呼びたくなるほどの甘美な旋律性に富んでいます。まあ、ひじょうにわかりやすいくだりなので、解説なしで素通りしようかとも思いましたが、ここでは言葉のほうに注目しながら、私見を述べておきましょう。口当たりのよい音楽の、表向きの外観とは別に、この歌にこそワーグナー自身の思想が凝縮しているとみることもできるからです。

まず歌い出しはこうなっています。

冬の嵐を追い払い／歓びの月が訪れた／穏やかな光のなかで／春は輝いている。

「冬の嵐」はこれまで二人の身に降りかかった苦難の象徴でもあります。広間に射し込む月光とともに、ようやく彼らの人生にも春が訪れるというわけですが、この柔和な光のイメージは歌が進むと、よりダイナミックな激しいものに変わってきます。

熱き血潮より／歓びの花々は萌えいで／みなぎる生気に／草木も芽吹く。／綾《あや》なす錦を武器にして／四方《よも》の世界は春のもの。／その激しい攻勢に／冬の嵐は退けられた。／私たちを春から遠ざけて／固く閉ざしていた鉄壁の扉も／攻め手の勢いに／ついに開いた。／そうして妹のもとへと／躍り込んだ春。／愛が春を招き寄せたのだ。

擬人化された「春」が冬将軍に猛攻を仕掛け、その防壁を打ち破って城の中へ攻め入り、氷の世界に人質として囚われていた「愛」を解放する。いわばここでは、季節が冬から春へと緩やかに移ろってゆくのではなく、激烈な闘いのすえの王権簒奪《さんだつ》あるいは革命のごとく、冬が滅ぼされ、主権が春へと交代するのです。このようなイメージは穏やかな気候のなかで暮らす私たち日本人の季節感とはだいぶ違うのではないかと思いますが、実際に冬のあいだ雪と氷と厚い雲に閉ざされる北ヨーロッパでは、春は突然やってきて、凄まじい勢いで大地を席巻するのです。生暖かい風が吹くと、雪と氷の下からクロッカスが芽吹き、氷も溶けだしてチロチロと水が流れ出す。こんな一日がやってくると、花の蕾が弾けるように開いて満開となるのも、あっという間です。

ストラヴィンスキーの《春の祭典》の、あの猛烈に突進するようなリズムを思い浮かべていただくとよいかもしれません。このバレエ音楽は春の訪れを寿《ことほ》ぐ古代ロシアの習俗を描いたものでもありますが、ヨーロッパのあちこちで似たような祭がおこわれ、しかもなんとそのなかには実際に、冬と春のせめぎ合いを模写したような競技がおこわれるものもあるのです。十六世紀北欧の地理学者オラウス・マグヌスによれば、スウェーデン南部の都市には「冬を追い出し、夏を迎える」ための祭があり、毎年五月になると、血気盛んな若者たちが「冬」と名乗る隊長と「夏」（花の伯爵）と名乗る隊長に率いられた二つの陣営に分かれて、模擬戦争をおこなったといいます。それぞれの陣は自分たちが象徴する季節を表すような服装で戦うのですが、最後には必ず夏の側が勝利をおさめることになっていました(以上、オラウス・マグヌス『北方民族文化誌』、谷口幸男訳、第十五巻『さまざまな人間の訓練』第八章「冬を追い出し、夏を迎える風習」より要約)。

ワーグナーが直接この風習を知っていた可能性はきわめて低いと思いますが、少なくとも春の訪れを冬との攻防に喩える発想はヨーロッパ人にとってはかなり普遍的なものであり、ジークムントの歌もそうした集合的イメージを土壌にしているということはじゅうぶんにいえるでしょう。

さてここで、「愛」が「春」と同じく擬人化され、しかも「妹」と呼ばれていることに注目しましょう。つまり兄である春が愛=妹を解放するわけですが、これがたんなる比喩ではなく、双子の兄妹であるジークムントとジークリンデを指していることは、この歌の最後の部分ではっきりします。

いまこそ兄が／花嫁たる妹を解き放ち／ふたりを隔てていた壁も／崩れ落ちた。／若いふたりは歓喜のうちに対面し／睦み合い、／愛と春とが結ばれるのだ!

この時点ではいまだ彼らは自分たちが兄妹であることに気づいていないのですが、意識下の予感といいましょうか、この歌のなかで言葉が二人の交わりを象徴的に先取りするのです。ドイツ語では春=Lenz は男性名詞、愛=Liebe は女性名詞。しかも、両者とも L の音を単語の頭にもつ点で近親性を感じさせます。そこからワーグナーは兄と妹の交わりを想像させるみごとな比喩表現を導き出しているわけですが、こうした頭韻の結びつきは《ニーベルングの指環》の詩作法の根幹をなすものでもあります。

通常、ドイツ語の韻文は行末の音をそろえる脚韻を土台にしている場合が多いのですが、ワーグナーはゲルマン語古来の力強さは単語の頭に来る子音を組み合わせた頭韻によってこそ表現されるという持論にのっとり、《ニーベルングの指環》の台本に頭韻を導入しました。とりわけこのジークムントの歌はエネルギッシュな頭韻のリズムが際立つところです。最初の八行分をドイツ語で書き出してみましょう。下線を引いた部分にとりわけ注目しながら、曲を聴いてみてください。

Winterstürme wichen / dem Wonnemond, / in mildem Lichte / leuchtet der Lenz;
auf linden Lüften / leicht und lieblich, / Wunder webend / er sich wiegt;

いかがでしょう。Wの文字が表すヴの音とLのラリルレロの音がどんどん重なることで、これらの子音そのものが果てしなく自己増殖してゆくような効果を生んでますよね。精気みなぎる頭韻のリズムが多産と豊饒《ほうじょう》のイメージをもたらすというわけです。

ところで、こうした頭韻（歌の形式）の生産力（ワーグナー自身は『オペラとドラマ』のなかで、音楽を喚起する「言葉の生殖力」という表現を用いています）は、もういちど話を戻しますと、ジークムントの謳《うた》う春の凄まじい勢い（歌の内容）と重なるものでもあります。そして、さらにいえば、それはワーグナーの、そして《ニーベルングの指環》の思想の根幹にも結びついているのです。

《ニーベルングの指環》の中心主題が愛と権力の相克にあるとはよくいわれることです。権力に相当するドイツ語はMachtですが、これは単純に「力」とも訳しうる言葉です。ただ、ドイツ語には「力」を表すもうひとつの言葉があって、これをKraftといいます。MachtとKraftの違いは何か？　前者が法、権力といった人為的で強制的な力であるのに対し、後者は自然の、内からおのずと湧き出てくるような力であり、エネルギーとも言い換えられるでしょう。「みなぎる生気に／草木も芽吹く」の「みなぎる生気」はドイツ語のKraft一語に対応する訳語であり、この言葉のそうしたイメージを汲みとったものですし、さらにいうならば、ヴィーラント・ワーグナーが「芸術によるもっとも美しい啓示のひとつ」と嘆賞した《ラインの黄金》のローゲのモノローグの出だし、「生命《いのち》みなぎる四大のなかを尋ねまわって、生命が芽吹き、胎動するところではくまなく探りを入れてみた」も、このKraftを謳いあげたものです（三光長治氏はいみじくも、このくだりを「自然界にみなぎるエロスの讃歌」と名づけましたが、まさにこのエロスこそはKraftの同義語であるといってもよいでしょう）。

先にも述べましたが、《ニーベルングの指環》執筆時のワーグナーは、結婚制度をはじめとする社会の掟《おきて》や法すべてに批判的な考えを抱いていました。そのこととあわせて考えると、権力＝Machtに対して、男女のあいだに自然に湧き出してくる愛はまさにKraftであり、愛と権力の相克はKraftとMachtのせめぎ合いとも言い換えられるのです。だとすると、ジークムントの歌の内容が、《指環》

全体のテーマに深く結びついていることも実感できますね。

まさにワーグナーにとっては、不倫と近親相姦という二重のタブーを犯すことで、世の掟《おきて》（＝Macht）に逆らうジークムントとジークリンデの愛（＝Kraft）こそが、その後、英雄ジークフリートを産み出すことになるわけで、それは世界に豊饒をもたらす春の自然の力にも等置されうるものなのです。『オペラとドラマ』のなかの、オイディプス神話について述べたくだりには、次のような一節がありますが、これなども法と愛をめぐるワーグナーの思想をとらえるのに参考となるでしょう。

実の母と結婚したとき、オイディプスは人間の本性を傷つけたのであろうか？――断じてそうではない。もしそうであれば、この結婚には子供をもうけることが許されず、それによって自然Naturの毀損《きそん》が明るみに出ずにはいなかっただろう。だがまさに自然は十分な好意を示した。……彼らは無意識のうちに純粋に人間的な個人に宿る意志を超えた本性にしたがって行動し、その婚姻から二人の強健な息子と二人の気高い娘を生み出して人間社会に豊かさを与えたのであった。

（杉谷恭一訳）

社会の報復

さて、この第一幕で終われば、すべてはめでたしということになりますが、もちろんそうはゆきません。世の掟を踏みにじる「甘美きわまる復讐」に対しては、社会の側の報復が待っているのですね。

これが第二幕の展開になります。

〈第二幕 あらすじ〉

ジークムントが引き抜いた必勝の剣ノートゥングは、ジークリンデの婚礼の宴に老人の姿で現れたヴォータンがあらかじめフンディングの屋敷の大樹に突き刺しておいたものであった。一夜明けた翌日、これからまさにフンディングとジークムントの決闘がおこなわれようとしている。

第一場 ヴォータンは戦乙女ブリュンヒルデに助太刀を指示して、ジークムントの勝利を確実にしようとするが、妻フリッカの猛反対に遭う。

第二場 ブリュンヒルデを相手に、自分が権力を獲得してから今にいたる経緯を物語るヴォータンの長大なモノローグ。ジークムントを見殺しにせざるを得なくなった胸の苦衷を打ち明け、自暴自棄に「わが世の終わり」さえ願って、娘にもフリッカの意に従うよう命じる。今まで見たことのない父の姿に衝撃を受け、納得できぬまま、戦場に赴くブリュンヒルデ。

第三場 ジークムントとジークリンデの逃避行。しかし彼らは何から逃げているのか? 心身の状態が限界に達したジークリンデは狂気の淵に追いつめられ、ジークムントの死を幻視したあげく、気を失う。

第四場 ブリュンヒルデが現れ、ジークムントに死を告知。しかし、神々の世界に召される栄光を拒否してまで、ジークリンデとの愛のため地上の苦しい生を選びとるジークムントの姿に心打たれ、父親の命令に背いて彼を勝たせようと決意。
第五場　だが決闘の場にヴォータンが現われ、ジークムントはフンディングに殺される。ブリュンヒルデはジークリンデを伴い、その場から逃走。

それでは双子の兄妹がふたたび舞台に現れる第三場からみてゆきましょう。

ジークリンデ：嗾《けしか》けられた犬族が／群れとなっていきりたち、／結婚の誓約が破られたと、／天に向かって、吠えている！

ジークムント：この世がこぞって猛り立ち／おまえに鉾先《ほこさき》を向けている。／なのに私は庇《かば》ってやれない。／おまえが私ひとりに身を委ね／孤立無援の身になったのに。

引用箇所はそれぞれ違うのですが、二人とも、鮮烈な言葉遣いで、自分たちの孤立と世の復讐を描き出しています。ジークリンデの台詞にある「犬族」とは文字どおり、犬の群れを指す言葉で、フンディングが猟犬たちを嗾けて、奴隷狩りのごとく、逃げた二人の足跡をたどりながら、しだいに距離を縮めて迫ってくるような直接的なイメージがありますが、いっぽうで、フンディングの名の由来が犬（Hund）にあって、ヴォルフェ＝狼に対する、人間に手なずけられた社会的な動物という意味合いが込められていることを念頭におけば、世間が彼らを追いつめることの比喩ともとれるでしょう。

逃避行？

ここで、ちょっと根本的な問いかけをいたします。この第二幕後半に「逃走」のイメージがあることは否定できませんが、そもそも、なぜ二人は逃げているのでしょう？　第一幕の幕切れでジークムントは剣を手に入れました。これが勝利をもたらす武器であることは、二人ともに認識しているわけですよね。それならば、まったく逃げる必要などなく、フンディングから挑まれた決闘をそのまま受けて立てばよいだけの話です。

台本を詳しく読むと、二人はフンディングの復讐を恐れて逃げているわけではない事実がみえてきます。先を急ごうとするジークリンデに、ジークムントはこう呼びかけます。

とどまってくれ、いとしいひと！／おまえは愛の喜びに酔いしれていた。／なのに、やにわに身を起こし／私も後を追えぬほど／憑かれたように駆け出した／……なんど呼びかけても、立ちどまろうとしなかった。

第一幕幕切れの愛の行為のあと、ジークリンデが勝手に駆け出したのです。つまり彼女ひとりが何かから逃げるように走って、ジークムントはそれを引きとめようとしている。では彼女は何から逃げているのか？

やめて！　だめ！／私は穢《けが》れているの。／私が抱けば／あなたも穢れる。／淪落《りんらく》の淵に沈んだ／生ける屍《しかばね》、／この身から／どうか離れて！／身のほど知らずに、汚れないあなたと交わった／この亡骸《なきがら》など、塵《ちり》となって消えてしまうがいい。／あなたに愛され、抱かれて／無上の歓びを見出しました。／男の愛を満身に受けて／女の愛がどういうものかを知りました。／歓喜のきわみに達して／身も心も／浄められる思いに／浸っていたとき、／身の毛もよだつ記憶がよみがえって／恥辱《ちじょく》にまみれた女を打ちのめしたのです。／愛もなくこの身を物にした男の／いいなりになったおぞましさ！／どうか呪われた私を行かせて！

どうでしょう？　二人がフンディングから逃げているのではなく、単純化していうならば、ジークリンデがジークムントから逃げているということになりますよね。ジークムントと交わることで、本当の愛の歓びを知ったときに、それまでの結婚生活がいかに穢れたものであるかを強く意識する。そこで自分の身にまとわりつく穢れを相手にうつさないため、無理にも愛する人から離れようとするわけです。

　その意味でいえば、ジークリンデを心理的に追いつめるのは社会の報復に対する恐怖ではなく、彼女自身の忌まわしい記憶であると考えられるでしょう。「もっと遠くへ」と叫びながら、ひたすら先を急ごうとする彼女は自分の過去から逃げようとしているととることもできます。

このあとジークリンデがどうなるか。そのことを理解するには、音楽面からのアプローチも必要になりますので、ここでいったん話を中断しましょう。

第四講　ライトモチーフ

新しい作曲原理

ここまで、主として台本を中心に、文学的側面から作品を読み解いてきました。ただ、もちろん《ニーベルングの指環》は大雑把な分け方をすればオペラですから、音楽を無視するわけにはいきません。私は音楽研究の専門家ではありませんが、逆にそのハンディをメリットに変えるようなかたちで、難解な専門用語や既製の概念をなるべく使うことなく、自分の言葉で多少文学的な観方も交えながら、《ニーベルングの指環》の音楽を説き明かしてみたいと思います。

さて、ワーグナーの音楽、とりわけそのなかでも《ニーベルングの指環》が論じられるとき、何よりも話題になるのがライトモチーフです。

ワーグナーの音楽はたとえばヘンデルやモーツァルトのオペラのように、五分前後の独立した小曲が組み合わさってできているわけではありません。無限旋律という言葉がありますが、ひとつの幕のなかで音楽が滔々《とうとう》と切れ目なく続いていて、曲と曲の区切りらしいものはどこにも見当たらない、そういうつくりになっています。

五分程度の曲を作る場合、ポップスでも演歌でもロックでも似たようなものだろうと想像しますが、旋律としては二つか三つを考え出せば、それでじゅうぶんでしょう。それらの曲想を対比させ、組み合わせて、ひとつの曲にまとめ上げればよいのであって、あえて単純化していうならば、古典的なオペラの作曲家はそういう作業を繰り返しながら、この小さな単位の曲を十、二十と積み上げていったわけです。

しかし、音楽が何時間も切れ目なしに続く場合、それとはまったく別の作曲原理が必要になります。たとえば、一行の台詞にそのつど新しい曲想をつけてゆくとしたら、たいへんな作業になるでしょうし、めまぐるしく変わってゆくだけの音楽は聴き手にとっても、とらえどころのない、わけのわからないものになります。そこで、《ニーベルングの指環》という全体で十五時間前後もかかる音楽に一本の糸を通し、束ねてゆくような単位が何か必要になる。これを一般にライトモチーフと呼んでいるわけです。

交響曲の楽章を束ねる原理に主題（テーマ）というのがありますが、モチーフ（動機）といえば、この主題をさらに細かく分けたような単位を呼ぶこともあります。その上に付いた「ライト」とはドイツ語で「導く」という意味の動詞 leiten に由来するもので、ライトモチーフは聴き手に何かを示し導くための動機、日本語で「示導動機」と呼ばれます。聴き手の立場からすれば、長大な音楽を把握・理解するための一種の見取り図であり、ワーグナー自身の形容を借りるならば、「音による道しるべ」とも言い換えられるでしょう。

ライトモチーフの定義を一言で表せば、「舞台作品で、音楽外の事物・人物・観念などを指し示す特定の音型」（『ワーグナー事典』用語解説、三宅幸夫）ということになるでしょう。音型という言葉でまず思い浮かぶのはメロディーですが、それだけではなくリズムそのものや和音も含まれます。旋律性のあまりない打楽器のリズムでも、あるいはひとつの和音が鳴るだけでも、ある特定のものを表現することはできるわけで、これらもライトモチーフに数えられるのです。

名称はあくまで便宜的なもの

ところで、このライトモチーフという用語はワーグナー自身がそうと決めて使っているわけではありません。また、《ニーベルングの指環》全曲には約二百種類のライトモチーフが現れるともいわれますけれども、ワーグナー自身がひとつひとつのモチーフに、これは〈ヴァルハルの動機〉、これは〈剣の動機〉などと名前をつけたわけでもありません。《指環》で使われるさまざまな動機をライトモチーフと総称して、全体を分類し、ひとつひとつのモチーフに最初に命名をほどこしたのはワーグナーの取り巻きのひとりであったハンス・フォン・ヴォルツォーゲンという研究者であり、彼の例に倣って、後世の研究者などが動機に別の名称をつけたりしているのです。その結果、ひとつの動機についても、違う名前がいくつもついていたりする場合もあります。

そういう事情もありますから、個々のモチーフの名称はあくまで便宜的なものと考えたほうがよいのではないかと思います。たとえばある動機を〈ヴァルハルの動機〉といってしまうと、これは神々の城を表すということになりますけれども、そのように意味はひとつに限定されるわけではありません。動機と名称が厳密に一対一で対応するわけではなくて、〈ヴァルハルの動機〉と一般に呼ばれるモチーフは、いっぽうで神々の世界全体を表していたり、ヴォータンその人を表していたりするわけです。ある動機が何を表現し、指し示しているのかを考えてゆく意味解きの作業というのは、つとにいろいろな人がおこなってきており、それはそれで興味深いところも多いのですが、今回の話のなかではむしろ、ひとつひとつの動機の意味ではなくて、ライトモチーフが私たち聴き手の意識に及ぼす作用に注目してみたいと思います。

「逃亡の動機」の変容

まず手始めに〈(愛の)逃亡の動機〉とよばれるモチーフを例にとって説明しましょう。この動機が最初に出てくるのが、《ラインの黄金》第二場冒頭でフライアが「(足早に駆け込んできて)助けて、お姉さま！／お義兄さま、私を守って！」と叫ぶところです。彼女が巨人たちから逃げてくるさまを表しているから、〈逃亡の動機〉というわけで、この命名自体かなり大雑把な気もしますが、とりあえず便宜上そのように呼んでおきましょう［譜例2］。

このモチーフがそのあと、もう少し引き延ばされたようなかたちで出てきます。つねにまったく同じかたちで出てくるとはかぎらないというのも、ライト

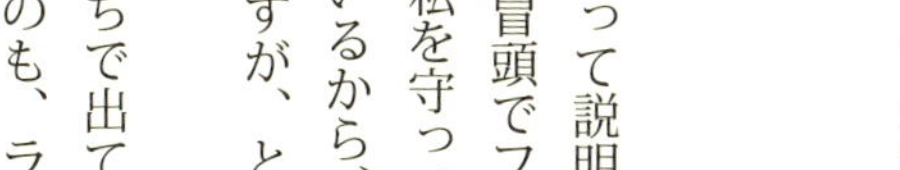

［譜例 2］逃亡の動機（フライア）

モチーフの見逃せない性質です。同じ《ラインの黄金》第二場から第三場への間奏曲、舞台が天上の神々の世界から地底の世界ニーベルハイムに移るくだりを聴いてみましょう〔譜例3〕。

この部分の意味を「逃亡」に限定すると、何のことかわからなくなってしまいます。逆に、強いて意味をこじつけようとすると、どこかで無理が生じるというのが、ライモチーフの特徴であるともいえるでしょう。ここではこの旋律が、「苦役」すなわち強制労働の苦しみを表しているということが感じられます（そこで、この〈逃亡の動機〉の変形を〈苦痛の動機〉と名付けて、別に分類する場合も多いのです）。

この動機は《ヴァルキューレ》第二幕でも、ほぼ同じかたちで出てきます。フンディングとの決闘においてジークムントに勝利を与えるという指示を、フリッカの反論により、撤回せざるを得なくなった状況で、ヴォータンが胸中の苦渋をブリュンヒルデにぶち負けるくだり（「悲憤も尽きず悲嘆も果てなし！」）です〔譜例4〕。

以上、この〈逃亡の動機〉（および、その派生形）を短調で聴いていただきましたが、《ヴァルキューレ》の第一幕、ジークムントとジークリンデの出会いの場面では、これがまったく別のかたちで現われ

［譜例 3］苦痛の動機

［譜例 4］神々の苦悩（ヴォータン）

ます［譜例5］。

〈逃亡の動機〉がこんどは長調になり、緩やかな安らぎに満ちた旋律に変わって登場するわけです。二人の男女のあいだに愛という優しい感情が芽生える、そんな瞬間がそのまま聴き手にも伝わってくるかのようです。ここで芽生えた「愛」という感情が十全なかたちで花開くところが、このあと出てきます。同じ第一幕第三場の愛の場面、ジークリンデが「あなたこそは春」とジークムントに呼びかけるところでは、この旋律が伸びやかなカンタービレで歌われるのです［譜例6］。

さらに、このモチーフは二人が結ばれる第一幕幕切れになると、こんどは切り詰められ、切迫したかたちになります［譜例7］。

［譜例5］逃亡の動機（《ヴァルキューレ》第1幕）

［譜例6］ジークリンデ「あなたこそは春」

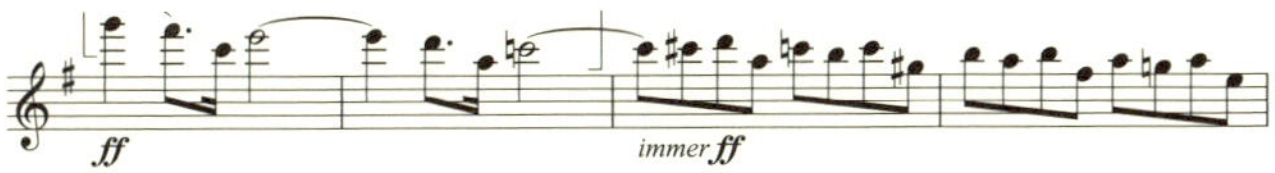

［譜例7］逃亡の動機（《ヴァルキューレ》第1幕幕切れ）

［譜例8］逃亡の動機（《ヴァルキューレ》第2幕前奏）

さて、ここでさらに第二幕の前奏曲を続けて聴いてみると、モチーフのつながりがよくわかります［譜例8］。

第一幕はハッピーエンドで幕が下りましたが、第二幕になると早くも状況が変わっているということが、このモチーフの変形で意識されるでしょう。さらに同じ第二幕の後半、まだお話ししていない場面を先取りするかたちになりますが、ジークリンデが狂気の淵に陥って、気を失ってしまうところをみてみましょう［譜例9］。

ここでは、先ほどのジークリンデののびやかな愛の叫びが短調に変わって翳りを帯び、ほとんど切れ切れになって、呟《つぶや》きのように聞こえてきます。希望に満ちていた彼女の愛がだんだんと先細りになり、無残な末路をたどってゆくさまが音楽から伝わってくる。それだけにいっそう聴き手の心に悲哀の情を掻き立てるような、そういう場面です。

＊

以上のようにライトモチーフは、ひとつの意味に収斂されない多義的なものです。そこで改めて、ライトモチーフをライトモチーフ

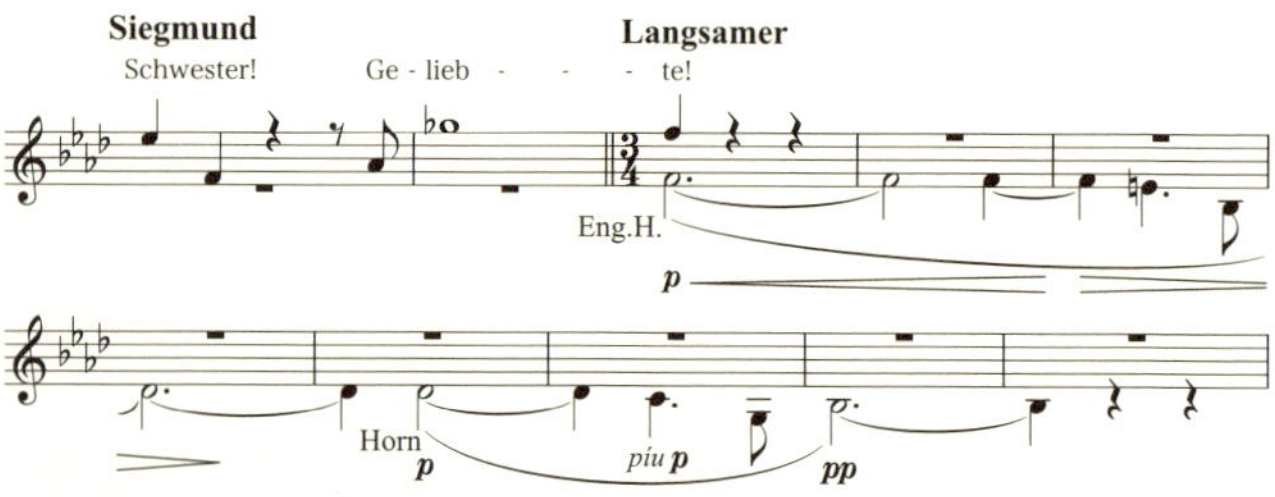

［譜例 9］逃亡の動機（死の告知直前）

として成り立たせるための条件について考えてみたいと思います。

一．繰り返し現れることで、回想と予感を聴き手の心に呼び起こす

まず第一に、どれほど印象的なメロディーであっても、いちどある場面に出てきただけで終わってしまったのではライトモチーフとは呼ばれません。ライトモチーフは作品中に繰り返し現れることで意味を帯びながら、聴き手の記憶にその存在を刻みつけてゆくという性質があります。

このことと関連しますが、ライトモチーフにはドラマのなかの過去の出来事をもういちど、今現在の聴き手の意識のうちに呼び出す、すなわち回想をうながすという機能があります。すでに述べましたが、《神々の黄昏》の大詰め、〈ジークフリートの葬送行進曲〉では、ジークムントとジークリンデにまつわるモチーフが現れ、殺された主人公がだれの血を引いていたかという事実だけではなく、彼の両親の命がけの悲壮な愛をもういちど私たちの記憶に呼び起こすのです。

この機能を「回想」と定義するならば、ライトモチーフにはもうひとつ、「予感」という機能もあります。たとえば、これも前に紹介しましたが、《ラインの黄金》幕切れで、ヴォータンの脳裏に「遠大な構想」が閃《ひらめ》く瞬間、〈剣の動機〉とよばれるモチーフが鳴り響きます。この動機が本格的に何度も現われるのは、《ヴァルキューレ》の第一幕、フンディングから翌日の決闘を言い渡されたジークムントの背後で、トネリコの幹に刺さった剣が光を放つ場面です。これによって、私たちはこの動機が剣を表すことを認識するわけですが、この場面を先取りしつつ、《ラインの黄金》に現れる〈剣の

動機〉は、ヴォータンの「遠大な構想」の内実をほのめかしつつ、《ヴァルキューレ》の筋の展開を予告し、聴き手に予感させるものだと考えられるでしょう。

ところで今述べた「回想」と「予感」という分類も、じつをいえば便宜的なものにすぎず、実際には多くの場合、この二つの機能は不即不離に結びついて、どちらが回想でどちらが予感だと分けられるものではありません。

ひとつの例として、〈愛による救済の動機〉と一般に呼ばれるモチーフを紹介しましょう。ちょっと筋を先取りすることになりますが、これは《ヴァルキューレ》第三幕でジークムントの息子を懐妊していることをブリュンヒルデから告げられたジークリンデがその歓びを歌いあげるときのフレーズで、それがもういちど《神々の黄昏》の幕切れ、最後の最後に出てきて、《ニーベルングの指環》全曲を締めくくることになります。《神々の黄昏》幕切れでこのモチーフが鳴り響くとき、ジークリンデの愛が「回想」されるわけですが、同時に《ヴァルキューレ》におけるこのモチーフの登場は、早くも《指環》最終場面において、ブリュンヒルデが世界にもたらす「愛による救済」を指し示し、「予言」していると解釈することも可能です。いわば、このモチーフは「回想」と「予感」の両方の機能を対としてあわせもっているわけです。

二．変奏されることで、聴き手の無意識に強くはたらきかける

ライトモチーフを成り立たせる第二の機能は変容の能力です。〈逃亡の動機〉の例からもわかるよ

うに、特定のモチーフは変奏を加えられ、いろいろなかたちに変わってゆく場合があります。変容の度合いが激しいと、そこに新たな名前がつくわけです。

このとき、そのモチーフを聴いている私たちの意識に注目してみましょう。変容したモチーフを耳にしたとき、私たちがどう感じるかというと、前に聴いたモチーフとどこか似ている、以前に聞いたことがあるような気がする、だけどはっきりそうとは特定できない――そのような感覚が心のなかに生じます。デジャ・ヴュ（既視感、既知感＝実際には見ているかどうかの記憶が特定できないものの、やはりどこかで見たことがあるような気がする）という心理現象においてみられるように、私たちの意識はわかるようでわからないものに引っかかりを覚え、より強くこだわってゆく性質があります。ライトモチーフも同じで、変形を加えられた結果、意識のうちに貯蔵された記憶のみならず、意識の深層に眠る無意識という次元に強くはたらきかける、そういう作用があるのです。

登場人物の回想・予感・無意識

以上のように、ライトモチーフは聴き手にドラマの内容（事物・人物・観念）を伝えながら、聴き手自身の意識、さらには無意識に対して、回想と予感をかきたててゆくという機能があるわけですが、ここにドラマの枠の内に生きる登場人物の心理という要素が加わることで、その意味合いはさらに複雑で多義的なものになります。

というのも、オーケストラが奏でるライトモチーフは記憶や予感を含む登場人物の心中の動きを聴き手に伝えることもできるからです。そのことによって、ひとつひとつの台詞や場面に、言葉だけでは表しえない意味の複層性が生まれるのです。

たとえば登場人物が「うれしい」という感情を歌い上げているとき、オーケストラに不安や悲しみを表すモチーフが現れたと想定しましょう。そのような場合にまず考えられるのは、その登場人物が「うれしい」といっているのは表向きのことで、心のなかでは不安や悲しみを感じているということです。台詞は建前を、音楽は登場人物の心中の本音を表すといえばよいでしょうか。

しかし、そうした次元を超えて、ライトモチーフは登場人物本人が意識してさえいない心の奥底の動きを表すこともできるのです。本人は「うれしい」と思っているし、無理やりにでも自分にそう言い聞かせようとしている。けれど、本人さえ目を背けようとして、心の奥底に封印した悲しみや不安が無意識に首をもたげているというような場合です。卑近な例を挙げますと、あまり男性と付き合った経験のない若い女性が、周囲からお見合いを勧められるまま、ついに結婚を承諾し、式を目前に控えている、相手の男性も将来を嘱望される大手会社のエリートで容姿も端麗だし、まずは非の打ちどころがない、だけど、なんとなく性格や考え方が合わないというのか、確たる理由はないのだけど、引っかかるものを感じている……なんていう場合を想定してみるとわかりやすいかもしれません。

こうした無意識のはたらきは意識の表層から抹殺された記憶や漠然とした未来の予感にも結びつきます。すなわち、不安や悲しみを表すライトモチーフは聴き手と登場人物の両方に、その人物が過去において味わった不安や、未来において味わうだろう悲しみをほのめかしているとも考えられるわけです。

隻眼《せきがん》の老人

複数の次元にはたらきかけるこのようなライトモチーフのひとつの例を、《ヴァルキューレ》第一幕第三場から紹介しましょう。ジークリンデがジークムントに自分の婚礼の宴の挿話を語るくだりです。

男たちが飲んだくれるあいだ、／私は悲しみにうちひしがれて座っていました。／そこへ見知らぬ方がやってきました。／灰色の衣をまとった老人で／目深《まぶか》に帽子をかぶり／片目はその下に隠れていました。／しかし、いまひとつの瞳から射す輝きに／一同は怖れをおぼえ、／男たちは凄みの利いた眼光に／怯《おび》えたのです。／ただ、私だけは／甘く疼《うず》くような憧れを感じ／望みが目覚めると同時に／目には思わず涙が溢れていました。

前にも紹介したように、ここでこの老人はトネリコの幹に剣を突き刺し、一同を挑発します。その瞬間、ひときわ鮮やかに〈剣の動機〉が鳴るわけですが、いま問題にしたいのは、それに先立つ引用部分で、何度も繰り返し現れては高揚を重ねてゆく〈ヴァルハルの動機〉です。

ここで奏される〈ヴァルハルの動機〉はまず何よりも聴き手に、この老人がヴェルゼ＝ヴォータン

〈ヴァルハルの動機〉の機能

● 老人がヴェルゼ＝ヴォータンであるという事実を聴衆に伝える。
● 老人が父親ヴェルゼであることを感じとったジークリンデの意識を聴衆に伝える。
● 老人＝父親が通常の人間とは違う、神のような存在であることを薄々感じているジークリンデの深層心理（無意識）を伝える。

〈ヴァルハルの動機〉が聴衆に伝えるもの

1．事実……老人＝ヴェルゼ／ヴォータン
2．ジークリンデの意識……老人＝父ヴェルゼ
3．ジークリンデの深層心理……老人＝父ヴェルゼ＝神的存在（ヴォータン）

であるという事実を伝えています。でも、それだけにはとどまりません。このモチーフは、この挿話を語るジークリンデに寄り添いつつ、彼女の心の内側についても、なにがしかを伝えているのではないでしょうか。

その眼差しに出会って、「甘く疼くような憧れを感じ」たジークリンデは、この老人が自分の父親ヴェルゼであることに半ば気づいています。ただ、これを彼女の意識の次元できたことだと考えるならば、そのさらに下に広がる無意識という領域についてはどうでしょう。ジークリンデはこの老人が自分の父親であることは知っている、しかし老人がヴォータンであることは知らないわけですね。知らないながらも父親が通常の人間とは違う、神のような超越的な存在であることを無意識のうちにも感じとっている、そのことを〈ヴァルハルの動機〉が伝えているという可能性も否定できません。

というのも、このあとジークリンデは「そこで私は思い当たったのです。／悲しむ私に会釈したのがどなたなのか」と言いながらも、その老人が自分の父親であるとかヴェルゼ

である、と名指すことはけっしてせず、「どなたなのか」の答を沈黙のうちにとどめておくからです。ライトモチーフは登場人物の言葉にならぬ思いを聴き手に伝えますが、言葉にできぬことの内容そのものも論理で突きつめてゆくと、意識と無意識の境界のように、ひとつに答を絞ることのできない多義性を孕《はら》んでいるのです。

オーケストラの多義的機能

以上、紹介してきたように、ライトモチーフの担い手は多くの場合、歌手ではなくオーケストラです。歌手が歌う台詞や舞台上で展開する所作の背後にある意味や状況、あるいは登場人物の心理を、舞台の下に潜ったオーケストラが聴き手に伝えるわけです。

じつはこの点に関連して、かねがね疑問に思っていることがあります。登場人物にははたして、オーケストラの音が聞こえているのでしょうか。もちろん、歌手はオーケストラの音を聴きながら、そこに自分の歌を合わせるわけです。しかし、私の問いはそういった現実的なレベルではなく、歌手が扮《ふん》する登場人物にオーケストラが奏する音楽が聞こえているのかというメタな次元にかかわるものです。突飛な発想かもしれませんが、オーケストラがドラマの意味を客席に伝えるという役割を超え、ドラマの内枠で動く登場人物に舞台の下からなんらかのはたらきかけをしてしまうということはあるのでしょうか？

たとえば映画のように、スクリーンによってフィルムのなかの出来事と客席が隔てられている場合には、こうした問いは成り立ちません。ところが劇場というのは舞台と客席がまったく別々に存在するのではなく、両者の間に何かしらの交感が成り立ちうる、その意味でとても不思議な空間です。さらにいうならば、オペラそのものが日常の論理やリアリズムを超えたジャンルです。話し言葉に旋律をつけて歌うということ自体が現実にはありえない行為なのです。オペラをオペラとして成り立たせている前提に非リアリズムがあるということとこの問いは関係すると思います。

実際、《ニーベルングの指環》におけるライトモチーフの使用例をみてゆくと、オーケストラの音が登場人物に届いて、何かしらのはたらきかけをおこなっている箇所がところどころにみつかります。

たとえば、《ヴァルキューレ》第一幕で〈フンディングの動機〉が最初に現われる場面を考えてみましょう［譜例10］。

ジークムントとジークリンデが「無言のまま、深く心を動かされた面持ちでじっとお互いの目に見入っている」と、フンディングが帰館します。フンディングの姿が見える前に、このモチーフが聞こえてきて、客席の私たちは彼の登場を予感するわけですが、それだけではありません。

> 女がギクリとして耳をすませると、フンディングが戸外で馬を厩《うまや》に曳いてゆく物音がする。

［譜例 10］フンディングの動機

このト書の直前に〈フンディングの動機〉が鳴る。ということはつまり、オーケストラの音が彼女を「ギクリと」驚かせるともとれるわけです。もちろん、フンディングの名が前にも述べましたように犬を表すHundに由来することとも関連して、このモチーフは犬の鳴き声を模したような趣もありますから、フンディングが帰館して、表の犬たちが吠えた、ジークリンデはオーケストラが表現する犬の吠え声に反応したのだと解釈することもできるでしょう。いずれにせよ、ワーグナー自身がライトモチーフに多義的な機能を与えているため、舞台とオーケストラの関係についても、いくつもの受け取り方が成り立つわけです。また、さまざまな使われ方をすることで、オーケストラは客席に何かを伝えるためだけのものなのか、それとも舞台にはたらきかける機能を有しているのか、両者の境界はますます曖昧になってゆくのです。

さらにいえば、演出によっても、私たちの感じ方は違ってくるでしょう。ト書に反し、ジークリンデがなんの反応もなしに立ったままであれば、〈フンディングの動機〉は彼女に聞こえていないという印象になります。あるいは、ジークムントとジークリンデの出会いにともなうチェロ独奏のように、純粋な心理の表現であろうと考えられるパッセージであっても、音楽にあわせたなんらかの所作があれば、客席の私たちは、オーケストラが二人をうながしているのだと感じるはずです。たとえば、ペーター・コンヴィチュニーのような演出家なら、ここでチェロ奏者を舞台に登場させて、二人のあいだに介入するような演技をおこなわせる可能性さえあります。

この話をもう少し一般的な事例に広げて、たとえばオーケストラが大きな和音をバーンと鳴らす

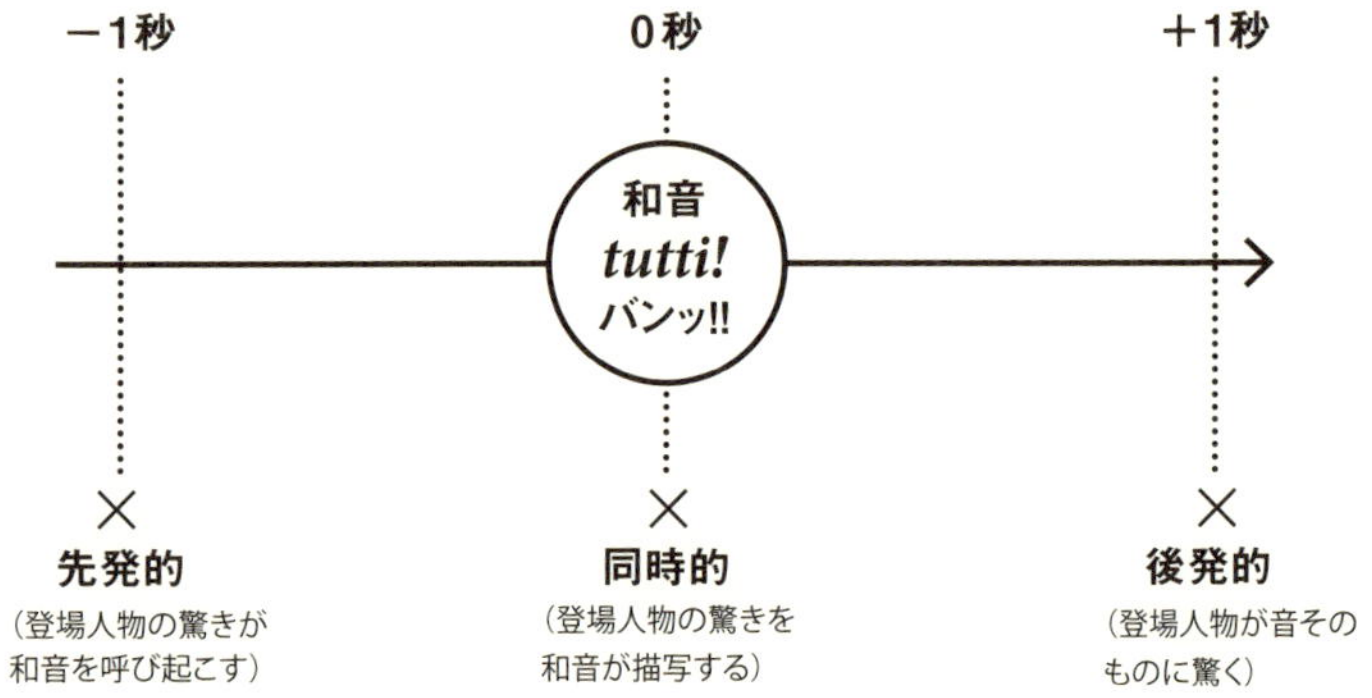

場合を想定してみましょう。もし舞台上の反応と音楽がイコールの関係でシンクロして、この和音が鳴る瞬間に登場人物が驚くとしたら、この音は登場人物の反応を描写しつつ客席に伝えるものだという解釈になるでしょう。ところが演出上、驚く瞬間を微妙に後にずらすとします。和音が鳴ってから、あっと驚いたら、この音そのものに登場人物が驚いているのだと私たちは感じるわけです。さらにいえば、登場人物が何か激しい動きをして、その直後にバーンというオーケストラの和音が聞こえたら——こちらはリアリズムに反した非論理的な受けとり方になりますけど——、こんどは舞台上の人物がオーケストラにはたらきかけて、音楽を引き出しているということにもなります。オペラの音楽のなかにはじつに多様な表現の可能性があるということですね（上図参照）。

感情の海

無意識の領域を含めた登場人物の内面にはたらきかけ、客席と舞台を媒介するオーケストラのこのような多義的機能を、ワーグナーが暗示的に言い表した文章がありますので、最後に紹介しましょう。

オーケストラとは言い換えるならば、無限の普遍的な感情を育む土壌であり、この土に根ざしているからこそ、個々の演技者の個人的な感情はかぎりなく豊かに咲き出ることができる。オーケストラは実際の舞台が立脚する硬く凍りついた動かざる地面をいわば、流れるように柔らかく、感受性に富む、霊気に満ちた水面へと溶解する。この水面の下にある測り知れぬ深みには感情の海がありのままに広がっているのである。（『未来の芸術作品』）

以上はワーグナーが《指環》構想時、『オペラとドラマ』に先立って著した『未来の芸術作品』の一節です。個人的な感情のさらに下に、普遍的な感情の海が広がっているというイメージには、心理学者カール・グスタフ・ユングの「集合無意識」の理論を先取りしたような趣さえあります。形が定まった固体としての論理的言語に対して、音楽は流体であり、無意識をも表現することができるというワーグナーの信念はさらに『オペラとドラマ』において、「音楽は女性である」という驚くべきテーゼに結実することになるでしょう。[*]

＊邦訳一七〇頁以下。ワーグナーは意識的な領域の表現である詩（言葉）を男性に喩《たと》えて、音楽＝女性に対置させ、言葉が音楽のなかに注ぎ込まれて真のドラマが誕生する瞬間を、両者の合体による授精＝受精という性的な暗喩によって説明しています。言葉と音楽が有機的にからみ合う総合芸術をめぐるワーグナーの理論と思想の全貌を知るには『オペ

ラとドラマ』全編をお読みいただくのがいちばんですが、邦訳で五〇〇頁を超えるこの本は比喩表現がここかしこにちりばめられ、不思議な詩情に満ちているいっぽうで、遠大かつ周到な例示や論理付けがまわりくどく難解に感じられることもたしかです。代わりにといってはなんですが、このテーマにかんして、私自身が以前に扱った論文を二篇紹介しておきましょう。

『「ラインの娘」考——ウンディーネ、娼婦、水の女』（TBSブリタニカ「ポリフォーン」第十二号、一九九三）

『ワーグナーの考えたライトモチーフ』（東京書籍『ワーグナー・ヤールブーフ1995』一九九六）

第五講　《ヴァルキューレ》（二）――ヴェルズングの物語（その二）

非人称の es

前回、ワーグナーのライトモチーフが登場人物の無意識をも表出しつつ、聴き手の無意識にまではたらきかける多義的な機能を有しているという話をしました。今回はその無意識にからめて、《指環》とはいっけん関係のない話から入ろうと思います。

大学でドイツ語の初等文法を教えていますと、「非人称の es」という項目が出てまいります。es というのは英語の it にあたる人称代名詞ですので、まずは英語から説明しましょう。通常、it というのは、“I bought a book yesterday. It was expensive.” というように、先立つ文章において、名詞で出てきた物や事を受けるかたちで使われます。これを人称代名詞と呼びますが、それとは別に天候や時刻を表す “it is raining” や “it is eleven o'clock now” などで使われる it は前の文に出てくる何かを指し示しているわけではありません。これを非人称の it というわけですが、それと同じ es の用法がドイツ語にもあるという話です。この it ないし es は言語学的には、論理的主語をともなわず、動詞自体の意味内容に重点が置かれる文に後から便宜的に付けられた仮の主語という説明がなされるようですが、以下はそのようなオーソドックスな解説とは違う視点からの私見としてお聞きいただければと存じます。

このように天候などの自然現象や時の表現に使われるitないしはesは、前の単語を受けるわけではないのですが、では意味はまったくないのかというと、そうではないと思います。たとえば、「雨が降る」というときの“Es regnet（= it rains）”ですが、このesは何を意味するかと問われたら、昔の人でしたら「神様」といったでしょう。多神教が信仰されていた太古の時代、人々は神々が天候を司っていると考えてきました。ゲルマン神話で典型的なのは《ラインの黄金》で登場する雷神ドンナーですね（《ヴァルキューレ》第一幕への前奏曲でも、嵐を描写する音楽のなかで、この〈ドンナーの動機〉が鳴り響きます）。

実際、「雷が鳴る」はドイツ語では、彼の名を動詞にして、非人称のesを主語に使い、“Es donnert”といいます。今はこのような単純な意味で神の存在を信じる人が少なくなっていますから、ピンとこないかもしれませんが、たとえば、これを「宇宙の摂理」と言い換えると感覚的にわかる気がしますね。

もう少し突きつめて考えてみますと、人が「神」とか「宇宙の摂理」でイメージするのは、人間の力でコントロールできない何かなのですね。科学文明の発達によって、自然はしだいに征服され、人間の手が及ばない領域もどんどん少なくなってゆきましたが、私たちはいまだに天候をコントロールすることはできません。少なくとも現在の段階で、雨を降らそうと思って、雨を降らすことはできません。

時間の流れについても同じことがいえます。もちろん時刻は、人間が時間の区切り方を定めたものです。しかし、朝が来て昼になり夜になりという時間の流れ、春夏秋冬という季節のめぐり自体はコントロールできません。このような人間には制御できない自然現象を英語の it やドイツ語の es は表しています。

内なる自然

おもしろいのはドイツ語の場合、英語と違って、生理現象や心理現象についても、非人称の es を用いた表現をするところです。たとえば「お腹がすいた」は "Es hungert mich" で、直訳すると「それが私を空腹にする」という言い方になりますし、「喉が渇いた」「吐き気がする」「めまいがする」という場合も、es を主語にします。

つまり、人間にとってコントロールの効かないものは、外部の自然だけではなく、肉体や心など本人の内側にもあるということです。お腹をすかそうと思って、お腹がすくわけではありませんし、さまざまな心理も人間には制御できないものです。たとえば、嫌悪感や不快感などネガティヴな感情を外に出さないよう押さえることはできても、その感情を抱かないようコントロールすることはなかなか難しいわけです。

ところで、このような生理現象や心理現象を表す es に当たるものが、じつは日本語にもあります。なんでしょう？

古くから、このお腹のあたり、肝臓に巣食っていると考えられてきました。「虫」ですね。たとえば「腹の虫がおさまらない」という表現。怒っているのはもちろん本人ですが、それを他人のせいというか、虫のせいにしちゃうわけですね。自分の意志でコントロールできないので、これは自分のせいではない、腹のなかの虫が勝手に暴れているというわけです。あるいは、ある人を嫌っている場合も、自分が嫌おうと思って嫌いになるわけではなく、「虫が好かない」のです。「虫」はもちろん、このような否定的な感情の責めを負うだけでなく、人間の五感や理性ではとらえられない何かを告げ知らせてくれることもあり、こうした第六感の働きを「虫の知らせ」といいます。

ドイツ語に話を戻しますと、非人称の代名詞であったこのesは現在、普通名詞としても使われるようになりました。人間の内部にあってコントロールできない「無意識」の領域を意味する言葉です。この名詞としての用法を普及させ、定着させたのが精神分析学のジークムント・フロイトです。[*]

＊最初にこのEsを名詞として使い始めたのは、フロイトと同時代の精神分析医ゲオルク・グロデックだったと考えられます。ゲオルク・グロデック『エスの本——無意識の探究』（岸田秀・山下公子訳、誠信書房、一九九一）、ゲオルク・グロデック・野間俊一『エスとの対話——心身の無意識と癒し』（新曜社、二〇〇二）参照。

フロイトが生きた十九世紀末から二十世紀前半は、科学文明による過度の開発が、自然の破壊と環境汚染をもたらした時代であり、現在につながるエコロジーの問題の原点がそこにはみられます。いっぽう、外なる自然の破壊による人間の環境からの疎外は、人間の心理にも影響を与え、精神の病理にまつわる問題を噴出させました。それこそが精神医学の発展をうながしたともいえるでしょう。外なる自然と同様、人間の内なる自然もただ抑圧し、征服すればよいというわけでなく（そうすれば、必ずそのひずみがどこかに現われます）、その存在を認め、共棲してゆくことが大切である——これこそがフロイトの精神分析の出発点であり、こちらを心のエコロジーと呼んでもいいかもしれません。

以上、天候や時の流れなどの「外なる自然」だけではなく、心や体の内部にも、主体の制御しきれない「内なる自然」が埋め込まれていること、そして、こうした考えが言語のレベルにも反映していることを覚えておきましょう。ワーグナーの音楽はまさにフロイトに先駆けて、そうした内なる自然を表出し、それを聴く私たちの内なる自然をも刺激する表現媒体なのです。

＊非人称の es の用法について、もうひとつだけ補足しますと、Es klopft an der Tür.（ドアをノックする音が聞こえる）という表現があります。いっけん、今まで説明してきた es と違う使い方のような気もしますが、この es を「得体の知れないもの」を表すと考えれば、「外なる自然」「内なる自然」という es の定義とも整合します。「得体の知れぬ何か es がドアを叩いている」。この文だけ取り出して考えると、ホラー小説のような、怖いイメージも湧いてきますね。もちろん、実際はだれかが外でドアをノックしているわけですが、それがだれかは部屋の内側からはわからない。主語を特定できないため、es で言い換えるわけです。

遭難

《ヴァルキューレ》に話を戻しましょう。ジークリンデはジークムントと愛の一夜を過ごしたあと、突如、自分の内に眠る何かに衝き動かされるように、フンディングの屋敷から走り出してゆきました。彼女はまさに自らの内なる自然に翻弄され、しかも周囲をも翻弄してゆくのです。第二幕第三場では角笛のけたたましい響きがジークリンデの耳に届くと、彼女の意識は未来を先取りし、最後はジークムントが殺される光景を幻視してしまうのですが、とりわけすさまじいのはその前のくだりです。

（物狂わしく虚空を見つめて）ジークムント、どこにいるの？／まだそこにいらっしゃるの？

多くの演出は、この台詞に整合性をつけようとします。「角笛よ！／聞こえないの？」というジークリンデの台詞にうながされるように、ジークムントが彼女からいったん離れ、舞台袖のほうに駆けていって、ほんとうにフンディングが近づいているのか、確かめようとする。そこでひとり残されたジークリンデが「どこにいるの？」と、ジークムントを探す展開になるわけです。

しかし、このくだりを合理的に解釈するのは間違いです。ジークリンデの精神状態そのものが、すべての理性を踏み越えてしまっているわけですから。ジークムントは彼女の目の前にいるのです。逃げないように、彼女を抱き抱えている可能性さえあるでしょう。でも、狂気の淵まで追いつめられたジークリンデにはそんな彼の姿が見えない。ジークムントが体をゆさぶって、おいしっかりしろ、大丈夫かといっても、まったく効果がないぐらいに、彼女の意識はコントロールが効かなくなっている。これはジークムントにとっても辛くて、しかも恐ろしい状況ですよね。愛する相手の意識が自分の手の届かぬところに飛んでしまっていて、呼び戻そうとしても戻せない、助けようとする人の存在さえもはやそうと認識してはもらえないのです。

山登りを主題にした小説やノンフィクションにしばしば出てきますが、遭難事故のさい、この人はもう助からないという決定的な段階にいたると、幻聴や幻視がおきるそうです。ありもしない人里の物音が聞こえたり、灯りが見えたりして、何かを口走る。もはや体力と精神力の限界を超えてしまっており、まわりの人間が何を言っても、どうにもならない。その後はただ狂気に陥って、最後は死んでゆくという、そのような心身の極点に、この場面のジークリンデはすでに達しているのではないでしょうか。

ここまで彼女を追いつめる「逃走」の起点が、ジークムントとの愛の行為にあったことを、ここでもういちど思い出しておきましょう。すなわち、「男の愛を満身に受けて……歓喜のきわみに達し」たそのときに、フンディングとの夫婦生活にかんする「身の毛もよだつ記憶」が蘇《よみがえ》り、おぞましい思いに苛《さいな》まれるように、彼女は逃げ出さずにはいられなかった。すなわち、ジークムントと味わう愛の歓喜はフンディングに凌辱《りょうじょく》同然に犯された夜ごとの感覚を蘇らせずにはいない、両者はジークリンデの心身においては、背中合わせに強力な因果関係で結ばれているということです。言い換えるなら、虐げられてきた自分の過去を帳消しにしようとして彼女が執りおこなう「甘美なる復讐」は、逆にその過去をかえって強く彼女に意識させ、彼女を苛んでゆくという負のスパイラルを内に宿しているわけです。

死の告知

ジークリンデが「気を失って、兄の腕のなかに倒れ込む」と、ブリュンヒルデが登場し、〈死の告知〉

といわれる有名な場面になります。彼女はジークムントがフンディングとの決闘で死すべき定めにあることを告げ、栄光と歓楽に彩られた死後のヴァルハルにおける生活を描き出します。おいしい餌というべきでしょうが、ジークムントの関心はただひとつ、その世界にジークリンデも連れてゆけるのかという一点であり、その可能性を否定されたとき、「ジークリンデの生きる／人の世にしばしとどまり／苦楽をともに分かちたい」と言って、ヴァルハル行きをきっぱりと拒否するのです。その直前、無残に追いつめられたジークリンデの姿を見ているからこそ、なおさらジークムントは彼女への愛おしさをつのらせ、その彼の決意こそがこんどはブリュンヒルデの決心を揺さぶってゆくという展開です。

ブリュンヒルデはまだ十代半ばの少女であると想定できます。ワーグナーは登場人物のだれに対しても年齢を特定してはいませんけれども、イメージとしてはジークムントやジークリンデよりもさらに若い。少なくとも人生経験において、この二人が味わってきたような苦労はまったく知らずに育ってきています。それまで、神々の世界の価値観になんの疑問も感じず、「胸のすくような男たちの戦い」を好む戦乙女として、父親の意志を忠実に遂行してきました。

そんな彼女ですから、愛だとか恋だとかいう男女の心の機微にはとうてい理解がおよびません。そもそも死にゆく者への憐みをはじめとする人間的な感情を抱いたら、血なまぐさい戦場で、戦士たちに機械的に死を割り振るヴァルキューレの職務は務まらないのです。

ところが第二幕前半の展開のなかで、彼女はヴォータンの思わぬ告白の聞き手となり、自分の出生の秘密を知ったのみならず、それまで思ってもみなかった父親の一面をみてしまいます。第二場の語りの後半でヴォータンは、ジークムントの戦死をブリュンヒルデに命じたうえで、疑問を呈する彼女を一喝し、絶望のすえに、自らの築いたものをすべて否定するような虚無的な発言をしたのです。そのことで、彼女自身の心が揺るがされ、それまで盲従してきた父親や神々の世界の価値観についての疑問がわずかながら芽ばえる、そんな状況にブリュンヒルデはいま置かれているのです。その価値観が決定的に打ち砕かれるのが、次のくだりです。

ブリュンヒルデ：（ためらいがちに口ごもって）こんな哀れな女が／あなたにとってはすべてなの？……

ジークムント：若さに輝く／あなただが／その心根は／冷酷むざんだ。／情知らずのむごい女よ、／人を嘲《あざけ》るしか能がないなら／とっとと消えて失せるがいい！／……ヴァルハルの歓びなど知れたもの、それを口にするのだけはやめてくれ！

ヴァルハルでの栄光を拒否してまで、女性との愛に殉じようとする人間がいる――それまで自分のまったく知らなかった価値観を前にしたときの茫然とした表情が、ブリュンヒルデの台詞にはうかがえるでしょう。いっぽう、ジークムントは彼女が拠って立つ「ヴァルハルの歓び」をぴしゃりと斥《しりぞ》け、彼女の人格までまるごと否定する。この発言に衝撃を受けたブリュンヒルデは、このあと、父親の決定を翻し、ジークムントへの加勢を約束します。

いわばブリュンヒルデは人間の決死の愛の姿に教えられて、父親の命令に逆らうのです。その結果、罰として、岩山の上で半ば永遠の眠りにつかされることになるわけですが、この反抗は一般化していうならば、子どもが親から自立するために避けては通れないプロセスであるとも考えられるでしょう。

神が人間から教えられる――これもワーグナーの思想の核心にあるものです。人は神よりも尊いのです。《指環》の着想時、『ナザレのイエス』と同じように断片として残された草案に、ギリシャ神話の英雄アキレウスを主人公としたドラマがあります。ワーグナーはおそらくホメロスの叙事詩『イーリアス』をモデルに、アキレウスが無二の友パトロクロスの仇《あだ》を討ったあと、命を落とす筋立てを想定していたのでしょう。目の前に母テティスが現れて翻意をうながし、仇討ちを諦めれば、神々と同じ不死の生命が授かるのだと彼を説得する場面について、次のように書いています。

> アキレウスは母テティスが授けようとする不死の生命を斥ける。享楽のない不死の生命を。この享楽は復讐欲の成就が彼に授けるであろうものであり、それゆえに彼は不死であることの喜びを蔑《さげす》み、断念するのだ。母テティスはアキレウスが彼を造った構成分子（神々）よりも偉大であることを認める。
>
> 人間は神の完成態である。永遠の神々は人間を作り出す構成分子にすぎない。すなわち、創造行

為は人間のうちに完遂されるのである。アキレウスは構成分子であるテティスよりも貴く、完成されている。

（以上、『アキレウス』断片［一八四九］より）

まさに〈死の告知〉の思想を集約したような一節ですね。

フラッシュバック──蘇《よみがえ》る記憶

このあとジークムントが眠れる彼女をひとり残して、フンディングとの決闘に赴《おもむ》くと、ジークリンデは「うなされて、しだいに激しく身をよじらせ」、うわ言を口走ります。

お父さま、帰ってきてほしいわ！／でも、まだお兄さまと森の中。／お母さま！　お母さま！／なんだか怖い、／見かけない人たちね、／おっかないわ。／黒い煙が／もうもうと立ちこめ／メラメラと火の手が上がって／こちらへ向かってくるわ、／館も燃えている──／助けて、お兄さま！

すでに述べたように、ジークムントに較べてジークリンデは、自分の過去を物語ることがきわめて少ない。ところが、このとき彼女の口から、敵の焼き討ちに遭って一家が離散したときの幼年時代の出来事が具体的に出てくるのです。しかもジークムントが同じ事件を遠い昔の出来事として整理しつつ、過去形で物語るのにたいし、彼女は現在進行形で語るわけで、幼児の記憶を今現在の生身の体験として再現しているようにさえ感じられます。

なぜ、いまだ覚醒しきっていない夢のなかのうわ言として、この事件が語られるのか？　たんにこれを自分ひとりの秘密として胸のなかにしまっておき、他人には話そうとしなかったということではないと思います。おそらく、この出来事は彼女自身も忘れていたことではないか。まさにこのとき、過去の記憶が蘇ってしまうのですね。

精神に刻まれた傷を意味するトラウマという言葉があります。恐ろしいことや不快なことを人はだれしもなるべく考えまいとするものですが、戦争、地震、火事、強姦など、思い出しただけで自分の生命が脅かされるほどに怖ろしさがはなはだしい場合、生物的な自己保存本能によって、その体験をほんとうに忘却し、その周囲にある記憶ごと意識からごそっと抜け落ちてしまうという現象がおきるのです。ジークリンデの場合がまさにそうではないでしょうか。そしていま、無意識の奥底に封印したはずの記憶が、心身の極限状況のなかでとつぜん蘇り、意識の表層に浮かびあがろうとしてもがきはじめる、まさに制御の利かぬ内なる自然がここで暴れ出すわけです。

「助けて、お兄さま！」と言ったあと、ジークリンデはジークムントの名を三度叫んで、目を覚まします。ジークムントおよびジークリンデという名前については、第一幕の幕切れで「女」が「男」に新たな名前を授け、彼女自身も相手に対応する名を名乗るという解釈もあります。しかし、幼年時代の記憶にうなされるジークリンデがここで敵の襲撃を前にした少女としての意識のまま、相手の名を口走るところから考えて、両者とも本名であることはまず間違いないでしょう。

さて、ここでジークリンデの記憶が蘇るきっかけとして、その直前に聞こえてくる〈フンディングの動機〉に注目したいと思います。ここでは、このモチーフが闘いを告げる角笛の響きとして、音程差をともなわぬリズムだけの単音で、けたたましく鳴るのです［譜例11］。

狩りに使われる角笛（奴隷狩りの連想もはたらきます）は何よりも軍事的な男性社会の象徴であり、ここではきわめて暴力的な響きがします。この音こそが眠れる彼女の意識を刺激し、悪夢のような体験の記憶を蘇らせたと考えられるでしょう（前講『ライトモチーフ』のところで述べたことにからめるならば、この音はたんなるオーケストラ伴奏ではなく、ト書にも指定され、したがって舞台上の登場人物にも確実に聞こえている「音」に分類できます）。幼少時の一家焼き討ちのときもひょっとしたらこのような角笛が鳴っていたのかもしれません。ひとつの響きによって、過去と現在が一気にリンクするわけですね。

［譜例11］フンディングの角笛

台風の目

内なる自然に衝き動かされる彼女の思いも寄らぬ行動は、台風の目となって、ドラマ全体に隠れた影響を与えてゆきます。ヴォータンの遠大な構想に狂いが生じたのも、ジークリンデがとった想定外の行動のためと考えられるのではないでしょうか。

ジークムントに勝利を授けるという当初の計画をヴォータンが覆《くつがえ》さざるをえなくなったのは、結婚の女神であるフリッカに双子の兄妹の不倫と近親相姦を咎《とが》められたからです。そこで、さらに事の大もとに立ち返って考えるならば、そもそもジークムントとジークリンデが愛によって結ばれることが、最初からヴォータンの構想のうちにあったのかという問いが浮上します。

＊このテーマについては以前、詳しく掘り下げて書いたことがあります。興味がある方は以下をお読みください。山崎太郎『作者の意図と神の意志――ヴェルズングの兄妹の愛をめぐって』（東海大学出版『ワーグナー・シュンポシオン二〇一三』）。

戦いに敗れた息子が敵の屋敷に逃れてくること、そこに嫁いでいた娘が彼に父の与えた剣を指し示すこと、息子がその剣を得て、敵を成敗し、娘を不幸な結婚から解放すること――以上がヴォータンのシナリオにあらかじめ書かれていたことはほぼ確かです。ただ、その先、息子と娘が恋に落ちることはヴォータンの計画ないし想定のうちにあったのか、それともそれは予定外の事故のようなもので、ゆえに彼は困った立場に陥るのか。

以上については、研究者の間でもさまざまな説があり、どちらが正しいと判断できる決定的証拠は少なくともテクストのうちにはないのです。ここでは断言を避けつつも、ジークリンデの主導による不倫と近親相姦がヴォータンにとって想定外の結果であった可能性も視野に入れておきましょう（二人の恋愛関係も、どうやら彼女のほうが手引きして、自ら相手の胸に飛び込んでゆく、かなり積極性が目立った行動です。これも彼女の内なる自然が彼女を衝き動かしたものと考えられるでしょう）。

次に、愛の行為のあと、ジークリンデがフンディングの屋敷から逃げ出したことについてあらた

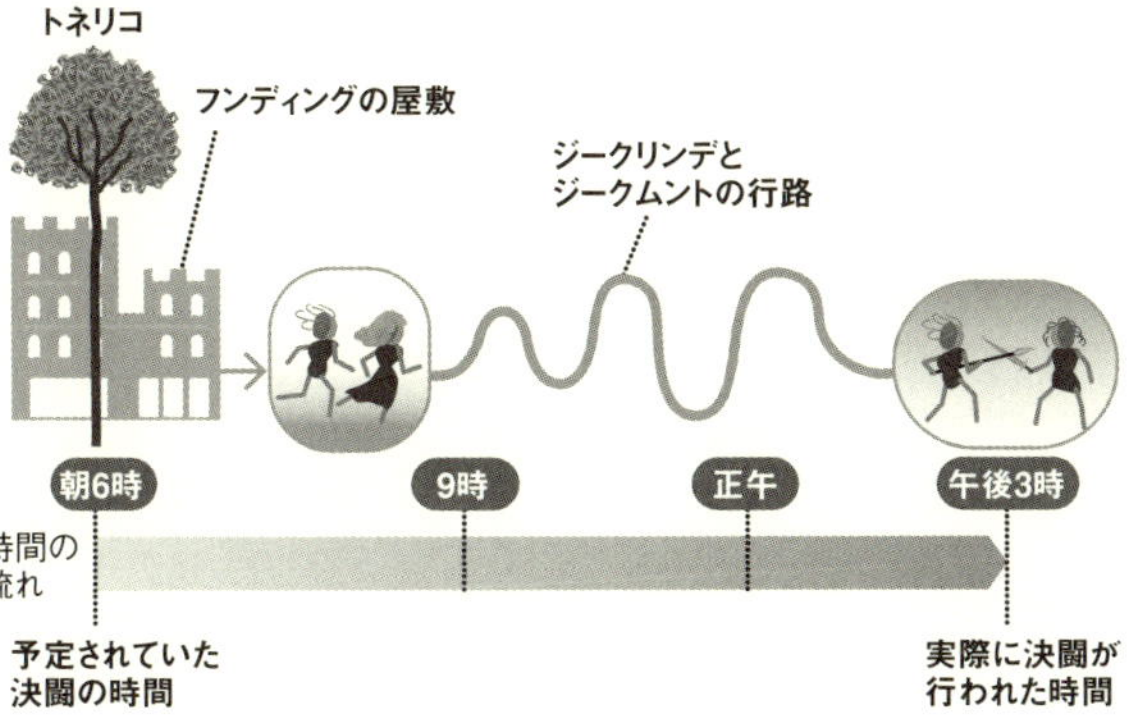

めて考えてみます。ジークムントさえも慌てたこの予想外の行動が事態にどのような影響を与えたのか。たとえば、フンディングとジークムントの決闘は、前者がそれを宣言した時点では、屋敷の周辺でおこわれるという暗黙の前提があったはずです。ジークムントも必勝の剣を手に入れているわけですから、遠くへ逃げる必要は何ひとつありません。決闘の場所はジークリンデが駆け出したことで、当初予定されていた地点からどんどん遠ざかっていったのです。そうなるとフンディングはまず二人に追いつかなければならない、そのため決闘の時間にもずれが生じるわけですね。逃げた距離に応じて、たとえば朝の予定であった決闘が午後になったりするということです。

　フリッカが夫の決定を覆しに乗り込んでくる時間の余裕、さらにはブリュンヒルデがヴォータンの長大な告白を聞き、その結果、自分が盲従してきた父親と神々の世界への疑念を抱くにいたる第二幕前半の展開はみな、ジークリンデの逃走によって生じた決闘の時間差がもたらしたものと考えることもできるのです（前頁図版を参照）。

因果応報

これはヴォータンにとってみれば、なんとも皮肉な結果というしかありません。というのも、彼にとってジークリンデは実の娘にあたりますが、ヴォータンは彼女の存在をほとんど気にも止めてこなかったきらいがあるからです。この親子の関係においては、娘の想いばかりが強く、一方通行になっていきます。婚礼の夜に現われた老人の姿に「甘く疼《うず》くような憧れを感じ／望みが目覚めると同時に／目には思わず涙が溢れていました」というジークリンデの台詞を思い出してみましょう。いわば、長い年月を隔てて目の前に現われた父親の眼差しは、彼女にとって、辛い結婚生活を生き抜いてゆくための唯一の希望のよすがとなったのです。

いっぽう、ヴォータンはどうか。第二幕で彼はフリッカやブリュンヒルデにたいして、ジークムントへの大いなる期待を再三語ります。しかし、彼の口からジークリンデの名が出てくるのはたったの一回、しかも息子の名前と対にして語られるだけなのです。ヴォータンにとっては、彼女はジークムントを名剣ノートゥングに導くための触媒にすぎない感があります。幼年時代の悲痛な体験から現在の不幸な結婚生活にいたるまで、彼女の運命を決めて、狂気すれすれにまで追いつめたのも、もとはといえば、「遠大な構想」にもとづく彼自身の行動であったにもかかわらず……。

まさに因果応報といってよいでしょう。自分がもっとも軽視していた虫けらのような存在の思わぬ行動によって、手痛いしっぺ返しを受け、彼の計画は破綻に追い込まれるわけです。

以上の話にからめて、私が二〇〇三年にバイロイトで観たユルゲン・フリムの演出を紹介しましょう。第二幕幕切れで、ジークムントがフンディングに殺されたあとの場面です。このときブリュンヒルデがショックで倒れたジークリンデを抱きかかえ、ヴォータンの前から逃れてゆくのですが、そこでフリムはト書きに書かれていない演技をひとつ入れます。ジークリンデが茫然《ぼうぜん》と立ちあがったとき、一瞬、ヴォータンと向き合う構図になり、目の前に立つ相手の姿を凝視するのです。はたして目の前の男性が自分の父親であると彼女は気づいたのか。もし気づいたとしたら、息子であるジークムントに死をもたらし、自分を不幸のどん底に突き落としたこの人物に対して、どのような思いが込み上げるのか。テクストに書かれていない裏の事情にまで観る者の想像を引っ張ってゆく、優れた演出だと思います。

ユートピアの光

以上のように、第二幕の幕切れは、①幼年時代の怖ろしい記憶がジークリンデの夢に蘇り、彼女を責め立てて、目覚めをうながす、②怖ろしい夢(=トラウマとなった過去)から逃げた先の現実にも過酷な光景が待っており、彼女の目の前でジークムントが無惨に殺されるという、観ている私たちまでいたたまれなくなるような悲惨な展開が続きます。それだけに、第五場冒頭、ブリュンヒルデが去った直後の音楽は束の間の安らぎを聴き手の心にもたらすような効果があります。ジークムントは眠れるジークリンデの「上にふたたび身をかがめ、息をうかがい」、こう呟《つぶや》くのです。

深い眠りの魔力が／いとしい女《ひと》の苦悶を／和らげている。／……まどやかな夢が哀れな女を慰めている。／（あらたな角笛の響き）このままずっと、まどろむがよい、／戦《いくさ》が終わって／平和がおまえに微笑むまでは。

「まどやかな夢が哀れな女を慰めている」とジークムントが歌うところで、一瞬チェロが奏でる優しい旋律に注目しましょう［譜例12］。

これは第三講ですでに紹介したくだり、自分たちの愛によってこれまで自分たちを苦しめてきた社会に「甘美なる復讐」をしようと決意する二人の背後で、広間の大扉がとつぜん開き、その奥から月光が射しかかるところで、ジークムントが歌う愛の歌「冬の嵐を追い払い／歓びの月が訪れた」にともなう旋律です。そして同じ幕の幕切れになると、剣を手にしたジークムントはもういちど、この旋律で「ここからは遥《はる》か彼方、／光と喜びに満ちた／春の天地を目指そうではないか」とジークリンデを誘ったのです。

第一幕では満開の花のように伸びやかに歌われたこのモチーフが、第二幕になると壊れそうなほど小さな断片となり、しかも、その直後に聞こえてくる「あらたな

［譜例 12］「冬の嵐〜」回想

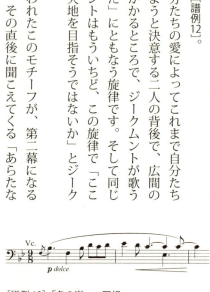

角笛の響き」に呑み込まれてしまいます。第一幕の幕切れにおいて、二人の前に大きく広がるかのように思えた希望の未来が、もはや小さく縮み、風前の灯火のように、かろうじて欠片となって残っているにすぎないということでしょう。しかし、だからこそ、この旋律の回帰は二人が殉じた愛のかたちを私たちの記憶にとどめる、そんな心暖まる効果があるのです。このくだりを聴くたびに、私が思い浮かべるのはドイツの思想家ヴァルター・ベンヤミンがゲーテの『親和力』のついて述べた有名な一節です。「ただ希望なき人々のためにのみ、希望はわたしたちに与えられている」(浅井健二郎訳)[*]。

ジークムントとジークリンデは父親である神の定めた運命に抗《あらが》い、虐げられた生を強要する社会に歯向かい、主体的な生を求めたすえに死んでゆきます。その末路はあまりに哀しく悲惨ですが、ここに一瞬だけ現れる旋律は、彼らが抱いた希望の内実を私たちの記憶に刻み、人が人として生きることの尊厳を伝えてくれるのです、ユートピア(=どこにもない場所の意)が放つ、かすかな光芒のように。

*ヴァルター・ベンヤミン『ゲーテの『親和力』』(浅井健二郎訳) 浅井健二郎編訳『ベンヤミン・コレクション1』所収、ちくま学芸文庫、一九九五、一八四頁)。このいささか謎めいた一言を十全に理解していただくため、少々長くなりますが、これに先立つくだりを付しておきましょう。「愛しあう者たちのためにゲーテが抱かずにいられなかった希望が、星という象徴のもとに、かつて彼の目に立ち現れたことがあった。……抱きあった恋人たちが自分たちの最期を確かめ、固く約束するときに万物が動きを止める、その瞬間を伝えるかの一文はこうだ。『天空から降る星のように、希望が彼らの頭上を流れ過ぎていった。』彼ら二人はもちろんこの希望に気づかない。また、最後の希望というものは、それを心に抱く者にとっての希望では決してなく、ひとえにそれが向けられている者たちにとっての希望であるということをこれ以上、はっきりと言い表すことはできなかったのだ。これによって〈語り手の姿勢〉にとっての最内奥の根柢が明るみに出る。希望という感情のなかに出来事の意味を成就することができるのは語り手だけなのである。……太陽が光を

失うにつれて、薄明のなかに宵の明星が昇り、夜をもちこたえて輝くように、最後に、あの最も逆説をはらんだ最もはかない希望が、宥和の仮象のうちから姿を現わすのだ。宵の明星の微光を放つのはもちろん、ヴェーヌス（愛と美の女神にして金星）である。そして、このような最も仄かな光にこそ、あらゆる希望は依拠しているのであり、最もゆたかな希望さえも、そのかすかな光からしか成りきたらない。……宥和の仮象は望まれてよい、いやそれどころか望まれるべきものなのだ。すなわち、宥和の仮象だけが極限の希望のすみかなのである」

〈第三幕　あらすじ〉

第一場　岩山に参集するヴァルキューレたちの前に、ジークリンデを連れて、ブリュンヒルデが駆け込んでくる。彼女は最愛の兄／恋人を殺されて、死を願うジークリンデに受胎を告知、胎児にジークフリートという名を与えると、ジークリンデは希望も新たに下界へと逃げてゆく。

第二場　ヴォータンが現れ、命令に背いた罰としてブリュンヒルデに神々の世界からの永久追放を言い渡す。通りすがりの男の妻となるよう、彼女をここで眠りに封じ込めるというのだ。父の怒りを恐れたヴァルキューレたちはその場から退場。

第三場　ブリュンヒルデは人間たちの決死の愛に心を打たれたこと、自分の行動はヴォータン本来の意志でもあったことを訴え、恐れを知らぬ英雄にしか近づけぬよう、特別な処置を父に懇願。娘の願いを感激とともに聞き入れたヴォータンは眠れる彼女のまわりを炎で囲み、岩山を後にする。

受胎告知

第二幕幕切れでジークムントは息絶えますが、ジークリンデはまだしばらく、ドラマのなかの時間を生きてゆかなければなりません。そんな彼女に第三幕で劇的な転機が訪れます。「戦塵のさなか、／ジークムントを仆《たお》した／その得物で／私も討たれればよかったのに」と絶望にかき暮れ、「戦の庭からさらうなんて／そんなことだれがあなたに頼んだの？」と、自分の命を救ったブリュンヒルデを非難さえしていたジークリンデが、自分がジークムントの子を身ごもった事実を告げられるや、「無上の喜びに神々しく面変わりして」自分と子どもの身を助け出してくれるよう、ブリュンヒルデにすがるのです。

ブリュンヒルデは自分が「ここにとどまって／ヴォータンの怒りを一手に引き受け」るあいだに東方の森に逃げるようジークリンデに助言し、ヴォータンによって真っ二つに折られた剣の破片を取り出して、こう告げます。

　生まれてくる勇士のために／この名剣の破片をとっておいて。……その子が剣を鍛え直して／思うさま振るう日がくることでしょう。／私がその子に名を授けましょう――／「ジークフリート」、勝利への願いを込めて！

ジークリンデの胎内にいる息子にブリュンヒルデが名付けをほどこすわけですが、このときに現れるモチーフがその名もズバリ、〈ジークフリートの動機〉です［譜例13］。

続いて、このあとジークリンデが「感きわまって」言う台詞にも、いまだ今ここにないものを指し示して、未来を予言するような用いられ方をする、もうひとつの重要なライトモチーフが登場します。

天にも昇るような心地です！／なんと素晴らしい方でしょう。／真心をつくしていただいて――／身も心も洗われる思いがします。／私たちが愛したあの人のため／ひと粒種を救ってみせます。／私の感謝がいつの日か／あなたに救いをもたらしますように！

最初の「天にも昇るような心地です！」という台詞に合わせた歌唱旋律こそが、前講で先立って紹介した〈愛による救済の動機〉で、これをワーグナー自身はこれが歌われるこの場の状況とジークリンデの気持ちに合わせ、「ブリュンヒルデ礼賛の主題」と呼んでいます（『コジマの日記』一八七二年七月二四日）［譜例14］。

このモチーフはその後、長いあいだ鳴りを潜めたまま、

［譜例 13］ジークフリートの動機

［譜例 14］愛による救済の動機①

《神々の黄昏》終幕の大詰めで、はじめてふたたび姿を現し、《指環》全編の音楽を締めくくる役割を担います。その意味するところはまたそのときに論じることにして、ここではもうひとつの未来を指し示すモチーフ、〈ジークフリートの動機〉にからめて、ジークリンデとブリュンヒルデが将来にいかなる思いを託しているかを見直してみましょう。

満願成就

二人がここで交わした言葉には未来への予言のうちに、自分たちの願いと約束が込められています。すなわちブリュンヒルデの側は真っ二つに折れた剣の破片をジークリンデに託す、いっぽうのジークリンデは生まれてくるわが子が「いつの日か」ブリュンヒルデに「救いをもたらす」ことを願いつつ、半ば予言するわけです。

こののちジークリンデは森の中に逃れて、息子を産み落とします。次作《ジークフリート》の内実をなすのは、まさに、その息子の成長物語です。森の奥深くで、小人のミーメに育てられたジークフリートは成長して、父親の形見であるノートゥングを再生し、その剣で大蛇となったファーフナーを退治したあと、岩山の上に眠るブリュンヒルデの前に姿を現わすのです。

もちろん、この岩山こそ《ヴァルキューレ》第三幕の舞台であり、そこで戦乙女の口から母親に自分の受胎が告知されたことを本人は知る由もありませんが、聴き手である私たちはもういちどしっかり心に刻んでおきましょう。こうしてジークフリートが眠れる美女に口づけすると、その目が開き、彼女は「この世への帰還を喜び、両手をさし上げたおごそかな身振りでふたたびめぐり会った天地に挨拶を送」ります。

太陽にわが祝福を！／みなぎる光に／煌々と輝くこの日にも祝福を！／わたしの眠りは長かったが／いま目覚めたわ、／わたしの眠りを覚ました／勇ましい方はどなた？

目の前の相手はこのとき、〈ジークフリートの動機〉とともに、自分の名を名乗ります。それによってジークリンデを助け出したその報いが、今まさにもたらされ、自分をいつ果てるともない眠りから解放してくれたのだと悟ったブリュンヒルデは感激にむせんで、こう叫ぶのです。

神々よ照覧あれ！／世界よ、花咲く大地よ、／この身の挨拶を受けよ！／わたしの眠りは終わりました。／目ざめて気づいたのは／わたしの眠りを覚ましたのが／ジークフリートだったこと！

まさにジークフリートの名前とモチーフを媒介に、過去と現在、つまりは《ヴァルキューレ》第三幕の名付けの場面と、ここでの名乗りが一瞬にしてブリュンヒルデおよび私たちの意識のなかで結びつく、きわめて感動的な場面ですが、ここでもユルゲン・フリムの演出処理はユニークでした。

ワーグナーの舞台指定にはもちろん、「樅の木立」や「天然の岩室」を含めた岩山の頂上の様子が詳しく書き込まれていますが、フリムの演出では中央に半円筒形の巨大な金の屏風《びょうぶ》を立てただけの、きわめてシンプルな舞台です。ト書によれば、ブリュンヒルデが目覚めると、「ジークフリートは驚いて跳びすさり、彼女の前に立ちつくす」はずですが、この演出では驚愕の度があまりに大きいためか、彼は金屏風の後方に逃げ込み、名乗りの瞬間も、その声だけがブリュンヒルデの耳に届きます。このとき、ブリュンヒルデはなんと彼が接吻に先立って床に突き刺した剣にハッと気づき、これを地面から引き抜いて、目の前に掲げながら、「目ざめて気づいたのは／わたしの眠りを覚ましたのが／ジークフリートだったこと！」と歌うのです、相手の姿をまだ見てもいないのに。

卓抜なアイデアというべきでしょう。自分が戦塵のなかから救い出し、ジークリンデに預けて、彼女の胎内の子に再生を託したその剣が、今健やかな形に戻って、目の前にある。この瞬間に、ブリュンヒルデはあのときの子が成長して、母親と自分が交わした約束が満たされ、自分の命がけの行為が報われたことを認識するわけです。

ユルゲン・フリム演出《ジークフリート》第３幕
© Arve Dinda, Bayreuther Festspiele GmbH

第六講 《ヴァルキューレ》（二）――未来への布石

おまえは、もはやヴァルキューレではない！

だいぶ話が先に進んでしまいました。ここまで、ヴェルズングの兄妹、とりわけジークリンデに焦点をあてて、ドラマの展開を追ってきたわけですが、もちろん《ヴァルキューレ》全体からみると、それは物語の構成要素のうちの半分にすぎません。残りの半分は神々の世界、とりわけヴォータンとブリュンヒルデをめぐるプロットです。

題名にからめて、「戦乙女」たちの役割について話をしましたが、タイトルのヴァルキューレはドイツ語では単数形で、ブリュンヒルデひとりを指します。そのことからも感じられるように、《指環》の第二部の主人公はだれよりも彼女であり、ひとりの乙女の成長物語がそこには描かれているとも考えられます。

〈死の告知〉に関連して述べたように、ブリュンヒルデは登場時、神々の世界の価値観になんらの疑問も抱かず、父親に盲従する戦乙女でした。その彼女が人間たちの切羽詰まった愛を知ることで、それまでの自分を否定するかのように、敢然と父親の命令に背きます。そのために罰を受けて、神々の世界から追放される。いわば《ヴァルキューレ》とはひとりのヴァルキューレがヴァルキューレではなくなってしまう物語なのです。

《ヴァルキューレ》第三幕、ジークリンデがひとりで下界へと逃れていったところで、ヴォータンがブリュンヒルデを追って現れる場面に注目したいと思います。覚悟を決めて、父親の前に進み出て、「どうかお仕置きを」と申し出る彼女に、ヴォータンはこう告げます。

私が罰するまでもなく／おまえ自身が罰を招いたのだ。／私の意志によってのみ存在したおまえが／その意志に逆らい、我を通した。／私の下知《げじ》のままに／事をおこなうおまえが／それに背いて、自ら下知した。／私の望みを／体現したおまえが／私に抗《あらが》い、おのが望みを抱いた。／私を守る／楯《たて》であったおまえが／こともあろうにこの私に楯ついた。／私の選ぶままに／運命の賽《さい》の目を出すおまえが／私の望まぬ目を出した。／私のために勇士たちを鼓舞するのが／おまえの役割だった、／なのに私に向かって、勇士を唆《けしか》けた。

まさに一息にまくしたてる感じで、神ヴォータンの憤りの凄まじさが伝わってくるくだりです。注意して読むと、各文の前半と後半が対句になっているのがわかりますね。前半「～おまえが」と言って、本来の役割を確認したうえで、後半でブリュンヒルデのとった行動をあげつらって追及するわけです。一種の罪状告発の文体をとっていますが、よくよく考えると、ブリュンヒルデの罪は「職務違反・反逆罪」の一点ですよね。それを、表現をいろいろと変えながら、畳みかけるようなテンポで有無をいわさず、娘を心理的に追いつめてゆく（音楽的にも各文の前半はややゆっくりしたテンポ、後半が一気に速くなります）。このあたりの心理操作はさすが神の長ヴォータンという感じでみごとです。そのうえで、こんどは一転、相手の顔を窺うようなゆっくりした口調で、罰を宣告するのです。

これまでのおまえの職分は／これでとくとわかったはずだ。／これからのことは／自分の胸に尋くがよい。／もはやおまえは斎女《いつきめ》ではない。ヴァルキューレであったのは過去のこと、／これからは好きなように／身ひとつで生きるがよい。

訳語はいささか古風な「斎女」（祭礼などで神に奉仕する未婚の女性）となっていますが、その原語はWunschmaid、直訳すると「願望の乙女」で、ヴォータンの願いを体現する娘つまりはヴァルキューレの別名といってもよいでしょう。戦う男たちに生死の命運を割り振る戦乙女の仕事は、死にゆく者に憐憫《れんびん》の情を抱いてしまっては困難です。右に引用した台詞の直前、ブリュンヒルデをかくまおうとするヴァルキューレに対し、ヴォータンはこう一喝します。

性根の腐った／女々しい奴らめ！／そんなやわな心を／授けたつもりはないぞ。／いつでも戦に臨めるよう／勇ましく鍛え上げ／情にほだされぬ不撓の精神を／仕込んでやったはずだ。／なのに娘の裏切りを憤り、懲らしめるぐらいで／戦乙女が泣きじゃくるとは何ごとだ？

逆にいえば、人間の「情にほだされ」、ジークムントに味方しようと決めた時点で、ブリュンヒルデは戦乙女としての機能をすでに果たせなくなっているのであり、ヴォータンの宣告は彼自身の決断というよりも、厳然たる事実の確認にすぎないわけです。

ヴァルキューレの騎行

この第三幕はワーグナーの音楽のなかでももっとも有名といってもいいかもしれない、〈ヴァルキューレの騎行〉で幕を開けます。「ホヨトホー」という雄叫びを上げながら、駿馬《しゅんめ》を駆って天翔《あまか》ける戦乙女の様子を描く勇壮な音楽で、これを聴く私たちの胸もまさに高鳴るような効果がありますが、その実、アマゾネスにも比せられるべき女戦士たちの姿ともども、戦争の禍々《まがまが》しさを表現した曲とも考えられます。第二幕で〈死の告知〉に向かうブリュンヒルデの「武具が重たく／のしかかるよう！／……今日は気の重い戦、／足どりもおぼつかない」という呟《つぶや》き、その彼女にジークムントがあびせる「若さに輝く／あなただが／その心根は／冷酷むざんだ」という非難の言葉、さらには愛する人の死をまのあたりにし、「戦塵《せんじん》のさなか、／ジークムントを仆《たお》した／その得物で／私も討たれればよかったのに」とまで漏らす第三幕のジークリンデの心境……。第三幕冒頭にこの曲が置かれるのは、第二幕の陰惨な幕切れのあと、第三幕の切迫した展開を前に、聴く者の耳に一時の開放感をもたらし、気分を高揚させるという作曲者ワーグナーの綿密な計算にもとづくものであるのと同時に、三人の苦しむ者たちの視点から、戦争の残酷さを見直すためのものでもあるでしょう。

この曲を一躍有名にしたのはフランシス・コッポラ監督の映画『地獄の黙示録』です。アメリカ兵がベトコンのアジトと目される浜辺の村を襲い、ヘリコプターの上から、その住民に無差別に機銃掃射を浴びせたうえ、村を焼き払って引きあげてゆく。連なるように空を飛んでゆくヘリコプターの連隊に、天翔ける戦乙女のイメージが重なる、なんとも残酷な場面ですが、〈ヴァルキューレの騎行〉の音楽はここでたんなる映画のＢＧＭとして使われているわけではありません。ここが大事なところで、ぜひ実際にご覧になっていただきたいのですが、アメリカ兵はベトコンの村を奇襲するにあたって、オープンリールのテープと大がかりな拡声器（スピーカー）をヘリコプターに積み込み、いざ攻撃開始というときになって、自分たちの気分を盛りあげるために、この曲をかけるのです。勇壮な音楽が大脳を刺激し、ＬＳＤにも似た快感をもたらす。その結果、殺人マシーンと化した兵隊たちは嬉々として仕事に励むわけです。

【one point trivia】

◉『地獄の黙示録』（1979 年公開）

制作を予定していたジョージ・ルーカスが『スター・ウォーズ』の制作のため、コッポラに権利を移譲した作品で、原作はイギリスの小説家ジョゼフ・コンラッドが植民地時代のコンゴを舞台に書いた小説『闇の奥』。T. S. エリオットの詩集『荒地』や本書でも言及しているジェイムズ・フレイザーの『金枝篇』などもモチーフとしている。また、コッポラははじめ音楽を冨田勲に要請していた。写真は映画にも登場したアメリカ軍の戦闘用ヘリコプター UH-1。

いっぽうカメラは、村人のアングルからも襲撃の様子を写してゆきます。こちらではまずヘリコプターが実際に見えるまえ、平和な日常の村の情景のなか、遠くからしだいに近づく爆音とともに、〈ヴァルキューレの騎行〉がクレッシェンドをかけるように聞こえてきます。一種のサイレンというか、戦時の空襲警報を敵方が鳴らしてくれているような状況ですが、別に親切に攻撃を予告して、逃げなさいと勧めるための警報ではなく、逆に恐怖感をあおり、パニックを生ぜしめるためのものです。殺す側としては、相手がそれと気づかないまま死んでいったのではあまりおもしろくない。とことんまで恐怖感を味わわせて、蟻のように逃げまどう人々をゲーム感覚で次々と撃ち殺してゆく、そのためにこそ、この音楽を流すわけです。まさに嗜虐《しぎゃく》性もここに極まれり……。ワーグナーが非人間的な戦争への批判を込めて作曲したこの音楽の本質を、逆手をとるようにうまく用いた例であると思います。

ブリュンヒルデの哀訴

こうして自ら戦乙女であることを放棄したブリュンヒルデを、ヴォータンは神々の世界から追放します。

この岩山に／おまえを呪縛し／身を防ぐ術もない／深い眠りに封じ込める。通りすがりの男が見つけ／眠りを覚まして、おまえを物にするのだ。

あまりに厳しい罰の宣告にヴァルキューレたちが悲鳴をあげて散っていったあと、第三幕も後半になります。ここまではヴォータンの憤怒を象徴するように嵐が吹き荒れましたが、この第三場に入ると、永遠の別れを前にした父と娘二人きりの静かで内密な語らいを用意するがごとく、雷雲は去って、晴れあがった空に夕闇が立ちこめ、ブリュンヒルデが眠りにつく幕切れは完全な夜になります。

第三場の最初の約十分間は、ときおりヴォータンのぶっきらぼうな返答が差しはさまるだけで、もっぱらブリュンヒルデの訴えが延々と続く、いわば息の長いひとまとまりのモノローグとみてよいでしょう。ここで彼女は「そんなに頑固になって、最愛の娘を／勘当するほどの罪とは、いったい何でしょう？」と問いかけながら、ヴォータンの命令に反してジークムントに味方しようと決意するにいたった心境を切々と語ります。少し長くなりますが、部分を端折りつつ、引用しましょう。

私は賢くはありません。／でも、ひとつだけは知っていました。／それは、お父さまがヴェルズングを愛していたということ。／お父さまが板ばさみになって／その愛を心にもなく／切り捨てたことも知っていました。……あのとき、お父さまに見えなかったものが見えてしまった——それはジークムントの姿です。／……無双の勇士の嘆きの声が／私の耳朶《じだ》を打ったのです。／掟《おきて》を破った愛ゆえの／はかり知れない苦悩！／悲惨な決意の／決死の抗《あらが》い！／この耳が聞き／この目が見たものは／私を心底から／揺り動かしたのです。／感に打たれて感じ入り／わが身を恥じて立ちつくす、／あの人のために尽くすことしか／考えられなくなりました。／勝利であれ、死であれ／ジークムントと分かち合うこと——／それ以外に選ぶべき／運命は考えられませんでした。
この胸を愛の息吹で／満たしたのは、あなた。／あの人との絆《きずな》を／取り結んだのも、あなた。／
ご本心を知りつくしているがゆえに／
ご命令に背いたのです。

このモノローグは音楽的にも、ひとまとまりの単位を形成しているとみてよいでしょう。この場面の前奏でブリュンヒルデの語りを導くのは、第二幕以来、ヴォータンが胸に憤懣《ふんまん》を抱くたびに、再三オーケストラに現れた〈自己矛盾の動機〉［譜例15］で、この音型の後半部分を大きく伸ばしたかたちで、彼女は「私が犯した罪は／このような酷《むご》い罰を受けねばならぬほど／非道いものだったのでしょうか」と切り出します［譜例16］。この旋律を便宜的に〈ブリュンヒルデの懇願の動機〉と呼んでおきましょう。

［譜例 15］ 自己矛盾の動機

［譜例 16］ 私の犯した罪は～

［譜例 17］ ヴェルズングへの愛の動機

沈鬱なホ短調で歌いだされたこの動機（曲想）はその後、激しさを増しつつ、〈自己矛盾の動機〉とからみ合いながら発展し、長大な語りの音楽の基調をなすのですが、引用した台詞の最後の部分、「この胸を愛の息吹で／満たしたのは、あなた」［譜例17］というくだりになると、ホ長調の伸びやかな旋律（＝〈ヴェルズングへの愛の動機〉）へと美しく変容をとげるのです。

いわば最初のおずおずとした口調が、語るにつれて熱を帯び、ついには自信が湧きあがって圧倒的な説得力へと高まってゆく、そんな歌い手の語り口が動機の音楽的発展のプロセスに重ねられ、ブリュンヒルデが劇中で著しい成長をとげたことをも実感させるというわけです。と同時に、彼女はこの語りによって、ヴォータンのうちにせめぎ合う二つの心、すなわち政治的思惑と愛のうち、後者を美しき魂として救い出そうとしているとも考えられます。

第二幕でフリッカの反駁《はんばく》にあい、ジークムントを見殺しにせざるをえなくなったヴォータンは「わが世の終わり」を願うほどの虚無的な心境にいたりました。今まで自分の知らなかった父親のこうした側面を垣間見たことこそがブリュンヒルデの離反をうながしたのですが、彼女はここで父の胸にもういちど、「わが世」への愛を呼び起そうとするのです。この語りのなかで彼女が直接名指す愛の対象はジークムントですが、間接的には神である父が治めるこの世界で必死に生きようとする者たち全員への愛と慈しみを呼びかけているとも考えられるでしょう。

ヴォータンとブリュンヒルデはただの親子ではありません。第二幕、ヴォータンの語りの直前、二人は「私はお父さまの意《こころ》なのよ」「おまえに向かって話すのは／まさに自分に諮《はか》ること」と、互いが一心同体であることを確認し合います。言葉の真の意味において、ヴォータンの「ベターハーフ」であるブリュンヒルデがここで、父親の「よりよき半面」を救い出そうとするのです。

愛の知

ブリュンヒルデが「私は賢くはありません」と認めるいっぽうで、何度も「知っていました」という表現で、自らにそなわった知恵を強調している点も注目すべきです。彼女の唱える知とは政治的思惑や権謀術数にかかわる男性的・父権的知恵とは対極に位置する女性的・母権的な「愛の知」ともいうべきものだと思います。この二分法自体はあまりに単純素朴で図式的だという批判もとうぜんありえますので、ひとつの根拠と私が考える事実を作中から挙げることにしましょう。引用した台詞のあとも、頑なに娘と向き合うことを拒むヴォータンに対して、ブリュンヒルデがジークリンデの懐妊を告げるくだりです。

お父さまの絆《ほだし》を振り切った娘が／あの一族を救ったのです。／(声をひそめて) ジークリンデが／かけがえのない貴種《きしゅ》を身ごもっています。／怯えつつ胎《はら》に宿しているその子を／世の女が味わったことのない／産みの苦しみのはてに／産み落とすでしょう。

ブリュンヒルデはいつジークリンデの懐妊を見抜いたのか。そしてヴォータンはこの認識を共有していたのか。不思議といえば不思議ですが、《指環》のテクスト研究において、いままでこの問いが議論の俎上《そじょう》にのぼったことは私の知るかぎり、一度もありませんでした。

もちろん、すでに答ははっきりしていて、わざわざ取り上げるほどの問題はないと考えられてきた可能性も大きいでしょう。作中で妊娠の事実がはじめて明らかになるのは、第二幕第四場の〈死の告知〉でブリュンヒルデがジークムントに「この女《ひと》はあなたの／貴い子種を宿しているの！」と告げるときですから、彼女はまさにこのときにジークリンデの様子から胎内の変化を悟ったと考えられます。また、右に引用した第三幕の台詞には「声をひそめて」というト書がついていますから、少なくともブリュンヒルデは父親がこの事実をまだ知らないと信じており、秘密として打ち明けていると解釈できるでしょう。

以上でいちおうの結論は出ているともいえますが、しかし、ブリュンヒルデの前に新たに開けた知の地平を理解するうえで、この点は改めて注目する価値があると思います。つまり、ヴォータンさえ知ることのできなかった重要な事実を、彼女がいち早くキャッチしたということです。死を告知するべく、ジークムントとジークリンデの前に現われた「あのとき、お父さまに見えなかったものが見えてしまった」とは、そのことをも言い表しているのではないでしょうか。

《ヴァルキューレ》の前に台本が執筆された『若きジークフリート』（《ジークフリート》の原型）では、第三幕でジークフリートの接吻によって長い眠りから目を覚ましたブリュンヒルデが、目の前の相手に向かって、ヴォータンの命令に背いて自分が罰せられるにいたった過程を振り返り、次のように言います。

フリッカはジークムントの死を戦の父に要求した。神ヴォーダンも彼女の願いを受け入れざるをえず、決闘にさいしてヴェルズングを守らぬよう私に命じた、ジークムントはフンディングに討たれるべしと。だが、眉の下で／彼の目が光った。／ジークリンデが身の内に孕《はら》んだものが、父を喜ばせたのだ。／ゆえに、父がジークムントを罰したのは、本意ではない。

《指環》台本執筆のこの段階では、ヴォータンが自らジークリンデの懐妊を見抜いたという設定になっていたわけです。しかし、ワーグナーは《ジークフリート》最終稿のために、このくだりを大幅に書き改め、右の台詞をすべてカットしました。そして《ヴァルキューレ》第三幕では妊娠を告げるブリュンヒルデに対し、ヴォータンはにべもなく「その女の庇護《ひご》を／私に求めても無駄だ、／胎《はら》に宿った種とて同じこと」と言い放つのみです。父たる神にとって、女性の胎内で何がおきているかは見通せるものではなく、初めからそれを察知する感性もないということでしょう。

しかし、ここでブリュンヒルデは諦めず、なお食い下がります。

（声をひそめ）ジークムントが授かった剣を／その女は大切にもっています。

この一連のくだりで、ブリュンヒルデの台詞に「声をひそめ」というト書が現れるのはじつにこれで三度目です。これは一種のひそやかな合図ないしは目配せであると考えられるでしょう。すなわち彼女はここで、自分の考える未来がヴォータンその人と世界の行方にとっていかに重要であるかを、相手に悟らせようとするのです。

あっぱれな戦乙女！／わが胸の無上の誇りよ！

しかし、それでもヴォータンは気づきません。怒りにとらわれたこのときの彼は視野が著しく狭くなっているというべきでしょう。そこでブリュンヒルデはいっけん話題を転じるふりをしながら、話を核心に近づけ、やがて生まれてくるお腹の中の子どもが将来、英雄となって自分と結ばれる可能性を示唆するのです。

ひとつだけ聞いて……人を脅し、寄せつけぬようにして／眠れる私を守ってください。／恐れを知らぬ／不羈《ふき》の英雄だけが／いつの日か、この岩山に／私を見出してくれるよう！

ヴォータンはなんと鈍感なのか（笑）、ここまでいわれてもなお、彼女の願いをたんなるわがままとして斥けるだけです。ブリュンヒルデは最後の力を振り絞って、彼の「両足にすがりつき」、決死の言葉で父親の胸に大いなるヴィジョンをかき立てようとします。

後生だから、／身の毛もよだつ辱めに／私をさらすのだけはやめて！／命令を下して／火を燃やして！／この岩山を／燃え盛る炎で囲んで！／峨々《がが》たる岩山に近づこうとする／身のほど知らずの臆病者は／めらめらと燃え上がる火炎に／呑まれてしまうの！

炎の鮮烈なイメージとともに、ここでヴォータンの心にくすぶっていた娘への愛情が一挙に点火し、オーケストラがアルプスの夕映えを思わせる雄大な〈まどろみの動機〉を奏でて、音楽は有名な〈ヴォータンの告別〉になだれこみます。

ジークムントへの共感、父の命令への不服従、ジークリンデを逃したこと、すべての結果として罰を受け、神々の世界から追放されること——それまでことごとくが衝動から発したように思えたブリュンヒルデの一連の行動ですが、ヴォータンが彼女の願いを受け容れたこの瞬間にその意味合いを一八〇度転換し、未来に向けて彼女が打った周到な布石という観を呈します。《ラインの黄金》幕切れでヴォータンの脳裏に閃《ひらめ》いた「遠大な構想」は、ジークムントの死によって完全に挫折したかにみえますが、ブリュンヒルデは父親を超える思考の射程をもって、「遠大な構想」をいまいちど、遥《はる》かな未来へ救い出そうとしたのです。だからこそ、ヴォータンはこう言い放つのでしょう。

今生の別れだ、／あっぱれな戦乙女！／わが胸の無上の誇りよ！／さらばだ、娘よ、これをかぎりに！

第二幕の幕が開いた時点ではブリュンヒルデは神々の世界の掟に従い、父の意志（命令）をなんらの疑問もなしに遂行するだけの、いわば操り人形でした。しかし、ここにいたって、彼女と父親との、導き手／追従者の関係は完全に逆転しています。ある意味で、ヴォータンがジークムントのうちに夢見た英雄、「逆らいつつも／神たる私のために戦う者／……いうことはきかぬが／私の意を体する者」はブリュンヒルデその人であったと考えることもできるかもしれません。

ある政治家の肖像（二）

この目の喜びであった／おまえを失わねばならぬ。／ならば男を迎える祝儀に／どんな花嫁も包んだことのない／盛大な炎を燃やそう。／……臆病者はブリュンヒルデの／岩山に近づけぬ。／娘に妻問うのは／父たる神よりも自由な男！

このくだり、とりわけ最後の二行からもわかるように、〈告別〉は自分の手を離れて嫁いでゆく娘への餞《はなむけ》の言葉であると同時に、象徴的には神から人間への権力委譲の承認でもあります。さらにいえば、娘との別れは自らの老いの自覚と人生への諦観と重なり、ヴォータンは哀愁を漂わせて、自らの退位を宣言するわけです。

せっかくですから、これを機会に、あらためてヴォータンのポートレートを描き出してみることとしましょう。

彼を政治家のひとつの典型として紹介した第二講《ラインの黄金》、若者たちの愛の軌跡を中心に追った《ヴァルキューレ》の諸講をはじめ、これまで私はもっぱら彼の否定的側面を強調し、彼を批判的にみてきました。これは別に私の主観ということではなく、ほかの登場人物からヴォータンをみた場合、おのずと「我儘《わがまま》」「強引」「嗜虐《しぎゃく》的な支配者」というような側面が浮かびあがってくるのです。アルベリヒしかり、フリッカしかり。面と向かってであれ、間接的にであれ、作中から彼を非難する言葉を取り出せば、枚挙にいとまがありません。ジークムントにしても、〈死の告知〉において、ブリュンヒルデから名剣ノートゥングの霊験が失われたことを聞くと、それと知らずに真実の核心を衝いた言葉で父ヴェルゼとしてのヴォータンを「信篤き者を欺いた男」と詰りますし、父をもっとも愛していたブリュンヒルデにしても、ジークムントを見殺しにするヴォータンに「辻褄《つじつま》の合わないことをおっしゃっても/従うわけにはまいりません!」といちどは非難の言葉を投げつけるのです。さらにはまだ先のことになりますが、《ジークフリート》第三幕で、ひさびさに再会したエルダがかつての情夫に投げつける次の言葉は、叡智の女神の口から出ているだけに、ヴォータンを反論の余地なく断罪するだけの重みをもっています。

日ごろ自恃《じじ》の尊さを説きながら/自恃に出たふるまいを罰し、/……万人の権利を守り/法を保証する立場にありながら/法をあなどり/二枚舌を使って覇を唱えるとは。

であるからこそ、作者ワーグナーにとってヴォータンこそが《指環》のなかでもっとも思い入れの深い人物であった事実にはあらためて注目せねばならないでしょう。これにはもちろん、《指環》という作品の特殊な成立事情も影響しています。最初はジークフリートを主人公として構想されたドラマの台本が、物語の時を遡るように書き継がれてゆく過程で、しだいにヴォータンに比重が移り、全編の中心人物としてワーグナーの心を支配するようになっていったわけです。《指環》が一八四八年、革命への機運が高まる政治的動乱の真っただなかで着想されたこと、それに対して、《ラインの黄金》《ヴァルキューレ》の台本の執筆が、ドレスデンの民衆蜂起が失敗に終わり、ワーグナーがスイスに亡命して一年余りを経てからおこなわれたこと、いわば作者自身の気分の変化や挫折の体験も、挫折する政治家ヴォータンへの共感を高めたことでしょう。そして《ヴァルキューレ》作曲にとりかかった一八五四年秋、『意志と表象としての世界』を読んでショーペンハウアーの哲学に邂逅《かいこう》したことも、ヴォータンの人物像を再確認するうえで大きかったことは間違いありません。

ヴォータンはけっして私利私欲のみにとらわれて世界を支配下におさめ、自らの政権安泰をはかったのではありません。自分の治める世界を愛し、それがより良くなり、そこに住む者たちが幸せに暮らすことを心から願ってもいたのではないでしょうか。しかし、そうした理想を実現するために無理のある構想を立て、強権を発動することで、体制に破綻をきたし、周囲を不幸に巻き込んでいきました。そして結果といえば、最初から私利私欲で事をおこなったのと変わらない、身勝手で強引な行動へと突き進み、世の非難を浴びることとなったのです。

世のため人のために政治をおこなっていると信じながら(そういう理想から出発しながら)、いつしか世を変え、人を動かすこと自体が快感となって、権力が自己目的化し、私利私欲と結びつくというかシノニム(同義語)となってゆく、そういう政治家は今の世にも多くいると思います。そして決定的な失敗・挫折にまで追いつめられたときに、「なぜこんなことになったのか?」と自問し、頭を抱えるのです。その意味で、《ヴァルキューレ》第二幕、長大なヴォータンのモノローグの語り出しは味わい深いものがあります。

若さにまかせた愛の歓楽が/色褪《あ》せるにつれて/私は権勢欲の虜となった。/矢も楯《たて》もたまらず/欲動に駆り立てられて/世界をこの手におさめた。/心にもなく人を欺き/裏切りを重ね/契約を結んで/災いの種を蒔《ま》いた。

自分の歩んできた人生の道を出発点まで振り返り、「こんなはずではなかったのに!」と後悔に暮れる。そのような境位に達したヴォータンが「わが世の終わり」を願い、すべてを放棄する。その姿にワーグナーは近代知の限界と、その限界においてこそ啓《ひら》かれる自己放棄の叡智を読みとったわけです。

もちろん、哲学者テオドール・アドルノがワーグナーという対象に真っ向から切り結んだ『試論』のなかで述べているように、この潔い自己放棄には周囲の世界をも巻き込むメカニズムが潜んでおり、そこにのちのヒトラーにつながるテロリズムの芽を読みとって、ワーグナーを批判することも可能でしょう。少なくとも手放しで礼賛するわけにはゆかないヴォータンの思想であり人物像ですが、たんなる悪逆非道の政治家ではなく、善意をもち、ブリュンヒルデやジークムントなど周りの者への愛着をもちながら、結果的に悪を為してしまい、ゆえに苦悩するヴォータンが、《指環》のなかでももっとも問題を孕《はら》んだ、ゆえにいっそう陰影に富む深みのある人物であり、中年の域に達した作者の自画像となっていったことは否定できません。ヴォータンは矛盾に満ちているがゆえに、私たちの興味の対象となるのであって、トーマス・マンがワーグナーについて語った有名な『リヒャルト・ワーグナーの苦悩と偉大』という講演のタイトルを借りるなら、その挫折と「苦悩」こそが、彼を「偉大」たらしめているのです。

【one point trivia】

◉『リヒャルト・ワーグナーの苦悩と偉大』（トーマス・マン）

ヒトラーの政権成立直後、1933 年 2 月にミュンヘンでおこなわれたこの講演はワーグナー崇拝者たちの憤激を買い、マンがドイツから亡命する直接の原因となりました。しかし、ワーグナーを 19 世紀ヨーロッパの体現者と位置づけ、楽劇における神話という素材と精緻な深層心理の描写の結びつきにフロイトの先駆を認めたことなど、この論考が打ち出した視点は今日のワーグナー観にまで大きな影響を及ぼし、（バルザックの人間喜劇を範とした）エミール・ゾラの「ルーゴン・マッカール叢書」が 19 世紀社会の神話という意味で《指環》四部作につながっているという指摘をはじめ、本書もそこから数々のヒントを得ているのです。

第七講　《ジークフリート》（一）――逆説だらけの牧歌

〈あらすじ〉

幕が開くまで

ジークムントの子を身ごもったジークリンデは森の奥深く、ミーメ（アルベリヒの弟）の洞窟に逃れ、ジークフリートを産み落として死ぬ。ミーメはファーフナーを倒して指環を手に入れようという魂胆で、彼を育てる。成長したジークフリートは育ての親ミーメを嫌い、自分の実の親はほかにいるのではと疑問を抱くようになった。

第一幕

第一場　ミーメから自分の出生の経緯と実の母の名を聞き出したジークフリートは、真っ二つに折れた父の形見の名剣ノートゥングを元の形に溶接するようミーメに命じ、外へ出てゆく。

第二場　ジークフリートの留守にさすらい人（変装したヴォータン）が訪れ、首を賭けて、ミーメに謎かけの対決を迫る。ミーメ、ノートゥングをふたたび元の名剣へと鍛え上げるのはだれかという質問に答えられない。ヴォータン、「恐れを知らぬ者だけがノートゥングを再生する、おまえの首はその者に預けよう」と言い渡して退場。
第三場　戻ってきたジークフリートが恐れを知らないことを確認したミーメは毒薬を調合、彼を殺す算段をめぐらす。その横でジークフリートがノートゥングの再生に成功。

第二幕
第一場　ファーフナーの眠る洞窟の前で見張りを続けるアルベリヒ。さすらい人がそこに現れ、ミーメとジークフリートがやってくることを予告。
第二場　ジークフリートを連れてやってきたミーメ、彼をひとり洞窟の前に残して退場。ファーフナーが目を覚まして、襲いかかるが、ジークフリートに倒される。
第三場　ファーフナーの返り血を舐《な》めて小鳥の言葉がわかるようになったジークフリート、小鳥の忠告で指環と隠れ頭巾を手に入れ、殺意を抱くミーメを返り討ちにすると、ブリュンヒルデの眠る岩山をめざして旅立ってゆく。

第三幕
第一場　エルダを無理やり起こしたヴォータンは、若者たちによる新たな時代の到来を宣告。
第二場　ジークフリートの行く手に立ちはだかったヴォータンだが、突き出した槍《やり》はノートゥングによって打ち砕かれる。
第三場　ジークフリート、炎を越えて岩山の頂上に到達。ブリュンヒルデを接吻で目覚めさせ、結ばれる。

《ジークフリート》は人気作？

ここでいよいよ《ニーベルングの指環》の第三部、英雄ジークフリートの登場となります。こう申し上げると、この作品をあまりよく知らない人でも、どんなドラマが待っているのだろうかと、ちょっとワクワクした感じを抱くのではないでしょうか。起承転結でいえば「転」の部分ですから、物語も佳境に入るところです。ストーリーはひと言でいえば、主人公が名剣を鍛え上げ、大蛇を退治して、眠れる美女を目覚まし、彼女と結ばれるまでの物語、まさにスリルに満ちた活劇風冒険譚《たん》です。《ヴァルキューレ》では四部作全体のタイトルとして掲げられた「指環」にかんしていえば、なにも動きはありませんでした。その待望の指環を、ジークフリートは大蛇を倒すことで、獲得するわけですから、その意味でも物語は本筋に戻り、本格的な展開がみられるということになります。

ワーグナー自身、《指環》のなかでも、主人公の名を冠したこの第三部こそは人気作になるという自信があったようで、《ジークフリート》だけは四部作から切り離して、単独の作品としてときおり上演し、普及させようと考えたこともありました。たしかに、「怖れを学びに出かけた若者」「眠り姫（いばら姫）」などのグリム童話にも類似する筋立て、竜退治などのメルヘン的要素、ドイツ人の故郷である森を舞台にしている点など、ほっとひと息ついて楽しめる、わかりやすい側面がこの作品には見つかります。

しかし、はたして実際はどうでしょうか。今日、《指環》のなかで、単独でもっとも多く上演されるのは《ヴァルキューレ》だと思います。四部作を各作品に切り離して人気投票をおこなった場合、《ジークフリート》が上位にくることはまず考えられないでしょう。ワーグナーの作品が好きで、あるていどの知識ももっている多くの愛好家にとって、《ジークフリート》は《指環》のなかでも聴きとおすのに、とりわけ忍耐を必要とする作品と受けとめられているように思います。イメージと実態とが違っているのですね。そこで、まずはなぜ《ジークフリート》は難しいか、ということを考えてみましょう。理由は大きく分けて三つ挙げられると思います。

男だらけ

まず第一に、登場人物がほとんど男ばかりであること。第三幕になって冒頭にようやく叡智の女神エルダが登場、その後、ヒロインのブリュンヒルデが目覚めて、そこからはジークフリートと輝かしい二重唱を繰り広げますが、第二幕まではひたすら男たちの世界といってよいでしょう（森の小鳥はソプラノですが、歌う部分はわずかです。しかも、この役はワーグナーの指定によると「少年の声で」、つまりボーイ・ソプラノが想定されているのです。実際には技術的なハードルが高いためか、ボーイ・ソプラノが歌った例を寡聞《かぶん》にして知りませんが、しかし、大人の女性が歌うにしても、あまり女っぽくないニュートラルな声と歌い方が求められることに変わりはありません）。
このことに加え、第二の理由として、ほとんどの場面が対話によって成り立っているということが挙げられます。場面構成を整理してみましょう。

第一幕　第一場　ミーメ⇕ジークフリート
　　　　第二場　ミーメ⇕さすらい人＊
　　　　第三場　ミーメ⇕ジークフリート
第二幕　第一場　アルベリヒ⇕さすらい人（＋ファーフナー）＊
　　　　第二場　ミーメ⇕ジークフリート
　　　　　　　　ジークフリート（モノローグ）
　　　　　　　　ジークフリート⇕ファーフナー
　　　　　　　　（森の小鳥→ジークフリート）
　　　　第三場　アルベリヒ⇕ミーメ＊
　　　　　　　　（森の小鳥→ジークフリート）
　　　　　　　　ミーメ⇕ジークフリート
　　　　　　　　（ジークフリート⇕森の小鳥）
第三幕　第一場　さすらい人⇕エルダ＊

第二場　さすらい人⇕ジークフリート
第三場　ジークフリート（モノローグ）
　　　　ジークフリート⇕ブリュンヒルデ
（＊は主人公ジークフリートが登場しない大人たちの対話の場面）

いかがでしょう。第二幕第一場で、ヴォータンとアルベリヒの対話にちょっとだけファーフナーがからむところがある。このほかジークフリートのモノローグが第二幕第二場（森のささやき）と第三幕第三場にはさまります。しかし、そこを除くと、ほかは徹底して一対一の対話によって成り立っているわけです。

対話というのは、いわゆる問答形式ということで、愛の告白を除けば、理屈っぽくなりがちです。その証拠に、台詞の分量としては《ジークフリート》は四部作中でもいちばん多いのです。ある一定の気分に浸ったりすることなく、早口の掛け合いがどこまでも続くといった感じです（それによって、漫才のようなコミカルな味わいが出てくる場面も多く、その喜劇的な雰囲気がこの作品のひとつの特徴ともいえるでしょう）。

そのうえ、第二幕までは女声が欠けているわけですから、音楽も少なくとも歌の部分は色彩が淡色でややもすると単調に陥りがちです。オーケストラの響き自体、暗鬱で冴えないところが多い。第一幕と第二幕の前奏曲が象徴的ですが、「聴きどころ」というにはおおよそほど遠い、おどろおどろしい音楽です。ワーグナーの序曲や前奏曲はコンサートなどで独立して演奏されることも多いのですが、この二曲が採りあげられることはまずありません。はじめて聴くと、メロディーがあるのかどうかさえはっきりわからず、きわめて曖昧模糊《あいまいもこ》とした響きのなかに投げ入れられたような心細さを感じるのではないでしょうか。もちろん、〈森のささやき〉のような抒情的な美しい音楽もあります。しかし、それらの多くは、しばしばじゅうぶんに展開されることのないまま、断片として浮かんでは消えてゆくといった趣です。

第一幕第一場はそうした音楽づくりの典型として挙げられるでしょう。この場面にはところどころ、隠された宝物のように、きらきら光る美しい旋律が鏤《ちりば》められているのですが、それは何度も聴いて耳が馴れないとわからない、つまりは印象に残りにくいのです。

二カ所ほど例を挙げましょう。ひとつは、鳥や獣の雄と雌が仲良く子育てをする姿から愛の何たるかを知ったと、ジークフリートが述べるくだりで、ここでは弦楽器がその名も〈憧憬の動機〉という、憧れに満ちた旋律を奏でて、少年の心のうちに呼び起された優しい気持ちをなぞってゆきます。もうひとつは、ジークフリートが小川の水面《みなも》に映った自分の顔を見て、ミーメと自分がまったく似ていないことを確認するくだりで、息づくような弦楽器の和声の絨毯《じゅうたん》の上に、ホルンのソロによる秘めやかな〈ジークフリートの動機〉が浮かび上がるところ。しかし、抒情性に満ちたこれらの音楽は、ミーメの〈養育の歌〉（乳呑児《ちのみご》のときから／育ててやった〜）のしつこくまとわりつくような節まわしや、騒々しい〈苛立ちの動機〉にたちまちかき消されてしまうのです［譜例18］。

苛立ちと虐待（暴力）

四度の下行音型の繰り返しで構成されたこの〈苛立ちの動機〉、音符をみると、音が交互に上がったり下がったりして、まるで稲妻のようです。ささくれだった楔《くさび》形のアクセントがすべての音についているのも特徴的ですね。第一幕第一場ではこの動機が執拗なほど出てきますので、いやでも覚えてしまうはずですが、これはジークフリートがミーメの言動にキレる様子を表わすものです。逆にいえば、ジークフリートはそれほどたびたびムッとしたり、カッとなったりする。気持ちがすぐに直接の言動に現れるわけで、「とんまのへぼ作」「まぬけな老いぼれ」などの罵声を浴びせるうえ、「とびかかり、喉元をつかむ」というト書が表わすように、暴力に訴えることもしばしばです。

　これがこの作品を難しくしている第三の原因で、このように育ての親ミーメにたいしてジークフリートがふるう暴力が、主人公への完全な感情移入から私たちの気持ちを遠ざけるのです。もちろん、このような態度に思春期の少年が抱く普遍的な感情をみてとることも可能でしょう。実の親であっても、そのやることなすことがいちいち気に入らず、抵抗したり、「自分はああはなりたくない」と思ったりする時期は多くの人に訪れるものですし、早く親元を出て、ひとり暮らしをしたいと考える子どもも多いでしょう。その度合がはなはだしいと家庭内暴力にまで達するわけです。

［譜例 18］苛立ちの動機

しかし、ミーメとジークフリートの関係はそのように普遍化して考えるだけではすまない由々しき問題を孕《はら》んでもいます。というのも、ミーメは反ユダヤ主義者でもあったワーグナーが舞台上に描き出したユダヤ人の戯画と考えることも可能だからです。少なくとも、ナチスの時代にいたる反ユダヤ的ワーグナー崇拝者たちはミーメをそのような目で見ていたようです。ジークフリートは純血で金髪のアーリア人で、筋骨隆々として健康そのもの。性格も天真爛漫《らんまん》でストレート。その彼が姿も醜く、陰険かつ臆病で卑怯《ひきょう》な劣等人種に嫌悪感を抱くのはとうぜんというわけです。こうした歴史を視野に入れると、私たち純粋な鑑賞者も、舞台の上の暴力をどう受けとっていいのか、ますます居心地の悪い感じを抱いてしまいますね。ワーグナーの反ユダヤ主義をめぐるこの問題については、のちほどあらためて取り上げたいと思います。

以上、《ジークフリート》の否定的なイメージを並べてみましたが、これはもちろんみなさんをこの作品から遠ざけてしまおうと思ってのことではありません。むしろ、作品をとっつきにくいものにしている諸々の要素は、裏返せば、《指環》のほかの三作とはまた違った《ジークフリート》独自の魅力の源泉でもあり、欠点とみえるものは往々にして美点にもなりうるのです。要は、心暖まるお伽噺や胸のすくような英雄冒険譚を最初から期待しなければいいということです。むしろ、ブラックな味わいのある喜劇を想定していただいたほうが実体により近づけるでしょう。音楽でいえば、マーラーやショスタコーヴィチの交響曲のスケルツォ楽章にも通じたところがあるでしょうか。実際、《指環》四部作はしばしば四楽章構成のシンフォニーになぞらえられるのですが、そのなかで

《ジークフリート》はまさに、抒情的な旋律美にあふれたアダージョ楽章（《ヴァルキューレ》）と、冒頭楽章からの主題がもういちど複合し、展開し、完結するフィナーレ楽章（《神々の黄昏》）の間にはさまれたスケルツォという位置づけになります。

さて、それでは、多くの人にとって難しい第一幕と第二幕を中心に、この作品の魅力を探ってゆくことにしましょう。

闇から光へ

まずは、この作品の大きな構成を把握するために、各幕のト書をみておきましょう。

第一幕　森の中の洞窟

前景に見えているのは洞窟の一部。洞窟は左手にかけて奥が深く、右手の側が舞台の約四分の三を占めている。自然にできた入口が二つほど森に向かって開かれている。

第二幕　森の奥

奥手に洞窟の入口。手前の地面は舞台の中央に向かって迫《せ》り上がり、小山を作っている。そこからまた背面の洞窟にかけて下っているために、洞窟そのものは客席からは入口の上の部分しか見えない。左手に木立をすかしてひび割れた岩壁が見える。——暗夜、とりわけ舞台奥は漆黒の闇に蔽われていて、観客は目が慣れるまで何ひとつ見分けることができない。

第三幕　荒涼たる岩山の麓

岩山は左手の奥にかけてそそり立っている——夜、荒れ模様の天気で、激しい雷鳴をともなった稲光がする。雷鳴はやがて収まるが、稲光はなおしばらくのあいだ縦横に走ってむら雲を照らし出す。

いかがでしょう。第一幕も第二幕も舞台は奥深い森の中。陽の射し込まない密閉空間ですが、第一幕はさらに入れ子のような構造で洞窟の内部と指定されていますし、第二幕でも「暗夜」という時の指定、さらには大蛇ファーフナーの眠る洞窟の存在によって、暗さと狭さが強調されています。第三幕はやや広い世界に出てきた感もありますが、ここでも時は夜であり、しかも幕が開いて、さすらい人つまりはヴォータンがエルダを呼び起こす最初の台詞の前に、「前景の岩に穿《うが》たれた墓穴のような洞窟の入口に決然と歩み寄り」というト書が付されているのです。叡智の女神もファーフナー同様、不思議な洞窟の中で眠っているんですね。

とにかく《ジークフリート》では最初の三時間、徹底して暗い世界がトンネルのように続いている、それが音楽の描写にも表れて、陰鬱な色合いを醸すわけです。だからこそ、ようやく第三幕の半ばにいたって、ジークフリートが岩山のまわりに燃え盛る炎の海をくぐり抜け、山頂に姿を現すときの解放感は絶大なものがあります。「紺碧《こんぺき》の青空だけが視界に広がる」風景を「長いあいだ驚異の眼差しで見まわし」た彼は「(声をひそめて) 心をそそる山頂の／きよらかな寂寥《せきりよう》よ！」と感嘆の呟《つぶや》きを漏らします。ついで、武具に身を包んで眠るブリュンヒルデの姿を認めると、その顔に「つくづくと見とれて」言うのです。

きらめく雲が／波打ちながら／明るい天のみずうみを縁どり／光輝く太陽の／はればれとした顔《かんばせ》が／波立つ雲間から光彩を放っている！

先立つ三つの場面とは逆に、ここでは太陽のイメージにブリュンヒルデの光輝く顔を重ね合わせることで、二重に明るさと広がりが強調されるわけですね。

このように並べると、この作品のもつ「闇から光へ」というドラマの展開がみえてきます。言い換えるならば、ジークフリートは闇をくぐり抜けて光の世界に達するわけで、垂直軸でみても、彼の歩みは地中の穴ぐらのような場所から山の高みへという上昇線を描いています。これは全体が、少年の成長物語であるという性質にもとづいているのですが、もうひとつ、ジークフリート自身に強烈な向日性といいますか、太陽への親近性が宿っていることも見逃せません。目覚めたブリュンヒルデはいみじくも彼を「生命を呼びさまし／闇に打ち勝つ光明よ！」と呼ぶのですから。

ブリュンヒルデがジークフリートに与えたこの形容は、たんに彼の潑剌《はつらつ》として颯爽《さつそう》たる外見や天真爛漫《らんまん》な性格を表すばかりではなく、もう少し深い象徴性を宿していると思います。というのも、『オペラとドラマ』のなかで、ワーグナーは古代の民衆の想像力のなかで、ジークフリートをめぐる伝説が形成されてゆく過程を次のように説明しているからです。

ここで私たちが目にするのは、昼と夜、日の出と日没といった自然現象が、行動し、行動のゆえに讃えられたり恐れられたりする人物へと空想を介して凝縮されるさまである。これらの人物は、最後には人間に似たものとして想定された神々から現実の人間の姿をした英雄に作り変えられたが、この英雄たちはかつて実在したものとされ、現存の氏族や部族は自分たちが彼らと血のつながった末裔であることを誇りにしたのであった。

（『オペラとドラマ』杉谷恭一訳）

その結果、ジークフリートはギリシャの太陽神アポロンにも比せられる光の子として、日の出の表象に重ね合わされることになるのです。このような考えにもとづき、ワーグナーは劇中でもあちこちにイメージの伏線を張りめぐらしています。たとえば、第二幕でも、「夜が明けそめるとともに」ジークフリートが登場し、あたりは「明るく太陽に照らされてゆく」。そして第三幕、ブリュンヒルデの岩山にたどりつくところでは、舞台の背後から「はじめ上半身だけ姿を現し、……長いあいだ、その姿勢のまま」立ちつくすことで、彼自身の姿が水平線からぬっと顔を出す太陽のイメージに重ねられるのです。また、まだ先のことですが、《神々の黄昏》第三幕でハーゲンの槍《やり》に背中を刺されたジークフリートが息絶えるとともに「宵闇が迫る」のも象徴的ですね。

いまいましい光だ！

ここでさらに注目したいのは、こうした光の子ジークフリートに対して、ミーメおよび彼の一族が闇のイメージで描かれていることです。早くも草稿『ニーベルンゲン神話』の書き出しに次の一節がみつかります。

夜と死のふところから生まれ出た一族がある。ニーベルハイムと呼ばれる地底の陰惨なはざまと洞穴を棲家とし、その名をニーベルング族という彼らは、落ち着きなく、うまずたゆまず（屍体をむしばむ虫たちのように）大地のはらわたを縦横にえぐって、硬い金属を灼熱し、精錬し、加工する。

（『ニーベルンゲン神話』高辻知義訳）

《ジークフリート》第一幕第二場で、さすらい人はミーメに向かって、相手の兄を「暗闇のアルベリヒ」と呼び、自分のことを暗に指して「光明界のアルベリヒともいうべきヴォータン」と言います。もちろん彼の血を引くジークフリートも、この光明界に属しているわけで、いっぽうは光と生、他方は「夜と死」、もともと住んでいる世界の違う二つの種族は相容れようがないわけです。

実際、地底世界のニーベルハイムでもぐらのような生活を送っていたミーメには、光に対する恐怖感が刷り込まれているかのようです。彼は第一幕第二場で、さすらい人との謎かけ問答に敗れ、賭けの代償に命を失いかけるのですが、さすらい人は「いずれ怖れを知らぬ者の手にかかることになる」まで、その首は「取っておくがいい」と予言めいた台詞を残して去ってゆきます。ひとり残されたミーメが恐怖にとらわれるくだりを、少し長くなりますが、そのまま引用しましょう。

(目をこらして日の光に照らし出された森の奥を見つめていたが――一時《いつとき》の沈黙のあとで――しだいに瘧《おこり》がついたように激しく震え出し）いまいましい光だ！／大気がちらちらするのはどうしたわけだ？／めらめらと燃え／唸《うな》りを発しながら燐《きら》めいている――／浮動しながら／いちめんに揺らめき、／灼熱の日ざしを浴びて／きらきら光っている！／ざわざわと／ざわめいているのはなんの音だ？／おどろおどろしい音を立て／木々をへし折りながら／木立を押しわけ／こちらをめがけてやって来る！／(驚愕のあまり棒立ちになる）おそろしい口を／ぱっくり開いて／このわしをひと呑《の》みにするつもりだ、／(ジークフリート、森の茂みから、突然、姿を現す）ファーフナーだ、ファーフナーだ！（ミーメ、悲鳴とともに鉄床《かなとこ》の背後にくずおれる）

さすらい人が去ってからジークフリートが現れるまでは時間にしてわずか一分。さほど目立たない移行部でありながら、《ジークフリート》のなかでも、次に引用するくだりとならんで、もっとも斬新な音楽がここにあります。すでに二十世紀の無調音楽にも通じているというべきでしょうか、アルバン・ベルクの《ヴォツェック》には主人公が野原にちらつく光の筋を目にして恐怖に襲われる場面がありますが、《ジークフリート》のこのパッセージをその先駆として挙げる研究者もいます[*]。

* Kiem, Eckehard: Angstmusik—Mime und Wozzeck, eine Lanze für Siegfried I., in: Richard Klein (Hg.), Narben des Gesamtkunstwerks, München 2001, S.237-245.

実際、ミーメの台詞はほとんど旋律をもたないシュプレヒシュティンメ（直訳すると「話し声」。音節の高低とリズムのみを指定した歌唱パートで、新ウィーン楽派のベルクや師のシェーンベルクが多用した）に近く、オーケストラは歌を伴奏するのではなく、独特の光彩を放ちながら、眩い響きでその声を呑みこんでしまうかのようです。まとまったライトモチーフとしては木管楽器群（とくにピッコロの甲高い音）の吹く〈ローゲの動機〉と、バス・テューバが低音で執拗に繰り返しながら、ミーメの「ファーフナー！」という叫びに向けて膨れあがってゆく〈ファーフナーの動機〉が挙げられますが、何よりも耳について離れないのは弦楽器の響きでしょう。三声に分かれたヴァイオリンが三十二分音符のきわめて細かい動きでチラチラと波打つ。まさに目のいっぱい詰まった絨毯《じゅうたん》のような細緻を尽くした音の織物です。弦楽器のこの音型は《ヴァルキューレ》終幕の〈魔の炎の音楽〉ですでに耳に入っていると思いますが（つまり、これも火の神ローゲと関連づけられたモチーフということになります）、前作では明るい全音階の動きであったものが、こちらでは半音階に変わることで、ちょっと不気味といいますか、聴く者の神経を刺激し、苛立たせるような響きが生まれるわけです。

こうした響きが光への反応ともども、ミーメの錯乱しつつある精神状態を表していると考えることもできるでしょう。指環への欲望と死への恐怖の両方にとり憑かれた彼はどうしてよいかわからず、身動きがとれなくなっているのです。

その点で、次のパッセージも注目すべきでしょう。このあと、さすらい人の予言した「怖れを知らぬ者」がはたしてジークフリートを指すのか、探りを入れようとして、ミーメが「怖れ」とはどういうものかを彼に説明するくだりです。

> これまでにこんな思いをしたことはないかな？／日の暮れかかった／陰気な森の／うす暗がりのなかを／ざわざわと／ざわめきながら／おどろおどろしく／近づいてくる――眩しい光が／いり乱れ／ごうごうという物音が／おまえの身辺に迫ってくる――／（ふるえながら）そんなとき身の毛がよだち／ぞくぞくするような思いにとらわれたことはないかね？／背筋が寒くなって／体じゅうががたがた震え、／心臓は胸のなかで早鐘を打って／いまにも張り裂けんばかり、／これまでそういう思いをしたことがないのなら／おまえは怖れというものに縁がなかったんだよ。

ふつう私たちは暗闇そのものを怖いと思うわけですが、ミーメはどうやら少し違って、闇ではなく「眩しい光」を怖がるのです。ここでは弦楽器の三十二分音符による目の詰まった炎の音型（譜例18）は前のパッセージとは逆に厚みのあるチェロやヴィオラの低音から始まって、ヴァイオリンへと広がってゆくのですが、やがてそのなかから低弦と木管楽器が、岩山に眠るブリュンヒルデを表す〈まどろみの動機〉を短調で炙《あぶ》りだしてゆきます。そして引用部分のミーメの台詞が終わった瞬間、同じ動機がとつぜんほんらいの長調に変わり、「dolcissimo＝甘美のかぎりを尽くして」と指定されたホルン独奏で浮かびあがると、ジークフリートが「さぞかしいい気持ちなんだろうな、／俺もそんな気分になってみたい！」と呟くのです。たしかに今現在、遠い岩山の上でブリュンヒルデがまどろんでおり、まだ「怖れ」を知らぬジークフリートはあと一日二日のうちに彼女に出会って、怖れを覚えることになる――舞台上の本人たちが知らぬことを聴き手に伝える印象深いライトモチーフの用法がここにあります。

狼少年

精神が錯乱しつつあるミーメの神経症的な言

［譜例 18］炎の音型（オーケストラ）

動は以上の音楽に描きつくされています。このような病的人間は健康優良児ジークフリートと相容れるわけがなく、ゆえに彼はミーメを嫌悪するのですが、彼が苛立つ理由はほかにもあるでしょう。

ミーメは第一幕で「必要とあれば／適切な助言を与え、／わしの知嚢《ちのう》を傾けて／知恵を授けた」と言っています。たしかにジークフリートも「おまえはいろいろと教えてくれた」と認めるように、鍛冶の技術のほか、さまざまなことをミーメは彼に教えようとしたのでしょう。しかし、ジークフリートには実の父親と母親がいること、両親がどういう人であったのか、など肝心なことは何ひとつ教えず、隠し通してきたのもまた事実です。同じ幕のなかで肝癪《かんしゃく》をおこしたジークフリートは（ミーメにとびかかり、喉元をつかんで）、こうも言います。

おまえから聞き出すには／こうするしか手がないんだ。／下手《したて》に出たのでは／何も教えてくれない！／これまでだって／何もかもおまえから捥《も》ぎ取った。／言葉を使うことだって／悪党のおまえに無理強いして／掠（かす）めとるようにして／覚えたんだ！

知性と感性を育み、社会的な人としての営みを成り立たせるもっとも重要なツールである言葉を意図的に与えないというのは、現代でしたら幼児虐待と解釈されて、処罰の対象となるはずです。物心がつき、周囲の大人からさまざまな言葉を吸収して言語能力を健全に発展させてゆくべき二歳から四歳ぐらいの時期に、あえていっさいの言葉から疎外された状況を思い浮かべるとよいかもしれません。

人間が言語を獲得する能力はその頃がピークで、十二、三歳を過ぎると、完全な習得は難しくなります。みなさんも狼少年、狼少女の話はご存知ですよね。ワーグナーが生きた十九世紀から二十世紀にかけて、インドをはじめとするアジア、ユーラシアの各地で、狼と行動をともにする野生の男の子や女の子が発見されたという報告がいくつもあるのですが、彼らの多くはその後も言葉を完全に身につけることはできず、人間社会への適合も困難であったと伝えられています。

もちろん、ジークフリートは今現在、ふつうに話したり聞いたりができるわけですが、言葉を覚える時期は平均に較べてかなり遅かったのではないでしょうか。彼が何かというと暴力に訴えるのも、じつはそうした育ち方に原因があるのかもしれません。コミュニケーションの媒体である言語が奪われた状態の幼児にとって、暴力は唯一の感情表現の手段だったのです。こうして育てた子どもが大きくなって、ミーメは自分がほどこしたいびつな教育のつけを払わされているとみることもできるでしょう。

これも突飛な連想ですが、ジークフリートの状態は幼い頃のヘレン・ケラーにちょっと似ているともいえますね。目が見えない、耳が聞こえない、自分を表現するための言葉も話せないという三重苦の状態にあった彼女は、とうぜんですが、手のつけられない乱暴でわがままな子どもだったようです。その彼女がサリヴァン先生に出会い、指文字を介して水の触感をW・A・T・E・Rという綴《つづ》りに結びつけたことがきっかけで、世界を徐々に把握できるようになるのです。ジークフリートにとっては、このあと出会うことになるブリュンヒルデこそが、彼を世界に媒介する「水」であり、サリヴァン先生だったのではないか？　そんなことを、ふと考えます。

ミーメの嘘

さて、ジークフリートに脅されたミーメはここではじめて、自分が実の親ではないことを白状し、彼を引きとることになった経緯を次のように語ります。

あるとき、荒れ放題の森の中に／ひとりの女が呻《うめ》きながら倒れていた。／わしは女を助け起こし、ここに連れてきて／暖かい炉ばたで温めてやった。／女は身重だったが／可哀そうにここで出産した。／七転八倒の苦しみだったが／わしもおよばずながら介抱してやった。／ともかくたいへんな苦しみだったな、あげくに／女は死んだが、ジークフリート、おまえのほうは助かった。

この台詞の前後の「女はおまえをわしの手に委ねた」「とにかく可哀そうだから／ここにかくまってやった」という発言とあわせて読むならば、見知らぬ女性の死を看取《みと》り、残された子を引きとってひとりで育てた親切で実直な男の姿が思い浮かぶでしょう。

しかし、はたしてミーメの言葉をそのままに受けとってよいのか？　そのような疑念が湧いてくるのは、このあと、彼の嘘や隠し事がジークフリートの知らぬところで、次々とあらわになるからです。

たとえば、ジークフリートが母親の名を訊くと、最初は空とぼけて忘れたふりをよそおったあげく、もういちど脅されて、「たしかジークリンデとかいったな」と白状し、次に父親の名を問われると、「会ったこともない」「なんでもぶち殺されたとか／それ以上のことは何も聞いてない」と答えます。しかし、これがすべて嘘であることは、続く第一幕第二場で、さすらい人に「ヴォータンがかつてむごい仕打ちを加えながらも／心のうちでは鍾愛《しょうあい》している種族」の名を訊《き》かれると、得意になって、ジークムントとジークリンデの話を聞かせるところで明らかになります。しかも、彼はヴォータンが名剣ノートゥングをフンディングの屋敷のトネリコの幹に突き刺し、それをジークムントが引き抜いた経緯まで詳しく語れるほどの事情通なのです（ミーメはこのとき、《ヴァルキューレ》の第一幕第三場で、ジークリンデがジークムントに語った台詞をそのまま繰り返すようなかたちで、さすらい人の問いに答えます。不思議といえば、不思議ですね。死にぎわのジークリンデがそのような話をミーメに伝えたのか、それともすでにヴェルズングの物語は説話のレベルとなって、世に伝えられているのか）。

このノートゥングにかんしても、じつはミーメは嘘をついています。両親にかんする彼の話をいまだ信用できないジークフリートが目に見える証拠を求めると、ミーメは真っ二つに折れた剣の破片を取り出してきて、次のように述べます。

おまえの母親にもらったんだ、／食事とか、介抱とか、いろいろと手がかかった、／そのしるしばかりの礼というわけよ。

ところがそのあと、やはり第二場でさすらい人に「名剣の破片をつないで／ノートゥングを鍛え直すのは、いったいだれだね？」と訊かれると、答に窮したミーメはこう独りごちるのです。

あんないまいましい剣など／盗むんじゃなかった！／あの剣のおかげで苦労はたえず／がんじがらめの身の上だ！

ミーメがジークリンデの出産と死について語る場面に話を戻しますと、トーキョー・リングのウォーナー演出ではここでミーメが証拠の品として、彼女の下着を取り出すのですが、そのうち無意識になのか、これを両手で抱きしめるように握りしめ、あげくに強く首を絞めるような動作を繰り返すのです。しかも、この下着には腰のあたりに血糊《ちのり》が付着している。もちろん、出産のさいに流れた血であるとふつうは考えられるでしょうが、ミーメの動作といっしょに目に入るため、別のことに激しく想像をかきたてられます。

ミーメは彼女をやさしく介抱するどころか、実際にはレイプして殺していたのではないか?!　そんなことを示唆するまことにショッキングな演出ですが、テクストの内部にそうした事実を裏づける台詞やト書があるわけではありません。しかし、ミーメがドラマのなかで重ねる嘘をみるかぎり、その可能性を完全に否定し去ることはできないでしょう。ジークフリート自身もはっきりとではないが、無意識のどこかで、ミーメが母親にたいしてなした悪行を本能的に感じとっていた、そう考えると第二幕のミーメ殺しも納得しやすくなります。

反転した教養小説

ジークフリートが知らないのは両親のことだけではありませんし、彼に何かを隠しているのはミーメひとりでもありません。

一九三頁の場面構成表をもういちどみていただきましょう。＊の印が付いているところはジークフリートが登場せず、多くはほかの人物どうしが対話を交わす場面です。主人公である少年の成長を追う物語のなかに、こうした大人たちの対話がところどころ差しはさまれる構成になっているわけですね。彼らの対話の多くはジークフリートの、とりわけ指環の獲得にかかわる行動をあれこれと議論するというかたちをとっているわけですが、もちろん彼自身は周囲にミーメのみならずヴォータンやアルベリヒが徘徊《はいかい》して、自分が何をするかをじっと窺っているということは知りません。しかし、ひょっとして変な気配のようなものには感づいているのかもしれない。

ドイツには古くからビルドゥングス・ロマンと呼ばれる文学のジャンルがあります。日本語で教養小説、発展小説などと訳されることもあるのですが、むしろ自己形成小説とでもいったほうがわかりやすいでしょう。要はいまだ完全な大人ではない少年ないしは青年を主人公として、その彼がさまざまな体験をとおして、人間的に成長してゆく軌跡を追う長編小説を指します。《ジークフリート》はこうした文学の下敷にのっとった音楽劇であるいっぽうで、その本来の構図を大きく引っくり返している部分もあると思います。というのも、自己形成小説の多くにおいては、若者の成長をうながし、導く年長者が登場します。しかもひとりだけとはかぎらず、ゲーテの『ヴィルヘルム・マイスターの修業時代』および『(同)遍歴時代』などが代表的な例ですが、複数の大人たちが自分の正体を明かさず、主人公には気づかれないようなかたちで、その成長を傍らからじっと見守ったり、ときには援助したりするのです。《ジークフリート》においては、ひょっとしたらさすらい人をこうした年長者に数えてもいいのかもしれませんが、でもその存在はどこか不気味で底知れないところもあるし、ほかの大人たちにかんしては、主人公の成長を暖かく見守るというにはほど遠いでしょう。

森を出て、広い世界へ

「闇」とは、このようにしてジークフリートを取り囲む世界、ひいてはそこに囚われた彼の心理状態の比喩だとも考えられます。その意味で、象徴的なのは大蛇を倒したあと、息絶え絶えとなったファーフナーと彼が交わす対話です。

ファーフナー：(弱々しい声で) 雄々しい男の子よ、この胸を／刺し貫いたおまえは何者だ？／年端のゆかぬおまえを唆《そその》かし／このわしを仕とめるように仕向けたのは何者だ？／大それたことをしでかしたものだが／おまえがその頭で考え出したことではあるまい。
ジークフリート：知らないことがいっぱいあるんだ。自分が何者かもまだわかっていないし——

だけどここで死闘を演じたのは／おまえが先に挑んだからだよ。……

ファーフナー：だが血気盛んな若者よ／ゆめゆめ油断するなよ、／何も知らないおまえをけしかけたやつが／いまおまえの死を念じて謀《はかりごと》をめぐらせている!……

ジークフリート：死ぬまえに／俺の素性を教えておくれ、／荒くれ者のおまえも／死にぎわのいまは賢そうだもの、／俺の名で見当をつけてくれ、／俺の名はジークフリートというのだ。

この直後、ファーフナーは「ジークフリートか!」と呟《つぶや》いて息絶え、少年は求める答を得られないまま、ひとりとり残されるのです。己が何者であるか、だれから生まれてどこへ行くのかがわからず、ただ自分を取り巻く陰謀や罠《わな》の存在を感じていなければならない……いわばジークフリートは、曇りガラスのような壁で周囲を塞がれた状態にあるともいえるでしょう。これこそが彼を包む「闇」なのであり、さらにいえば、視界の効かない鬱蒼《うっそう》たる森はそうした彼の心象風景でもあると考えられます。間接証拠を挙げましょう。第一幕第一場の最後、ジークフリートは父親の形見である真っ二つに折れた剣を元どおりに鍛《きた》え直すようミーメに命じ、「その剣で何をする気なんだ?」と訊《き》かれると、こう答えるのです。

森を出て／広い世の中に出て行くのだ、／もう二度と戻ってこない!／俺はうれしくって仕方がないのさ、／自由の身になって／この身を縛るものは何ひとつない!／おまえが父親でないこともわかったし／俺の棲み家は遠くにあるのだ。／おまえの竈《かまど》のあるところに俺の家はない、／同じ屋根の下に住むことはないのさ。／……森を吹きぬける風のように／あちらのほうに吹きぬけて／ミーメ、おまえにおさらばするのさ！（森のほうに猛然と駆け出していく）

最初の二行に注目してください。ドイツ語原文で「森」はWald、「広い世の中」と訳された部分も一語で、世界を意味するWeltです。カタカナで書くと「ヴァルト（森）」と「ヴェルト（世界）」というWの音のたたみかけ、つまり、頭韻を用いた一行目と二行目の組み合わせによって森と世界が対置されるわけです。

＊初稿『若きジークフリート』においては完成台本以上に、この二つの言葉はセットで繰り返され、その対比が強調されます。ミーメの台詞から二つほど例を挙げておきましょう。「森なら勝手知ったるところだろうが／世の中では、お前の目などすぐに眩《くら》まされてしまうぞ」「愚かな少年／馬鹿な子どもよ、／森にとどまり／世間など忘れるがいい！」

でも、よくよく考えるとおかしいですよね。森は通常ならば、すでに世界の一部分を成しているはずです。なのに、ジークフリートはそうは考えない。彼にとっては森の外にこそ、ほんらいの世界が広がっているのです。自分の育った環境に飽き足りない若者が海の向こうの広い世界に出て行きたいと憧れる、現代に置き換えるならばそんな感覚でしょうか。

ジークフリートはそれまで育ってきた狭い空間から広い世界へ今まさに飛び出したいと感じている。その心境はある意味で、誕生前の胎児の感覚になぞらえることもできるでしょう。私たちはみな、外界の光がいまだ及ばぬ母親の胎内で育まれ、機が熟すと、狭いトンネルのような膣《ちつ》道を通り抜けて、光の世界へと出てゆきます。母の胎内ははじめのうちは安らかで居心地のよい空間ですが、胎児は大きくなるにつれ、しだいにその場所を狭すぎると感じるようになるのです。

フロイトによれば、ドイツ語で不安を意味するAngstは、もともとは「狭い」という形容詞の最上級であるengstから派生した言葉であり、生まれる直前の赤子が母親の膣をくぐり抜けるときの、息が吸えない閉塞感のイメージを言い表したものなのだといいます（『精神分析学入門』第25講「不安」、世界の名著第六十巻『フロイト』、懸田克躬責任編集、四七四頁）。同じような閉塞感を、ジークフリートも洞窟の壁に囲われたミーメの塒《ねぐら》、さらには小暗き周囲の森そのものにも感じていたのだと考えられるでしょう。

作曲理論としてのノートゥング再生

男声のみの三つの対話で構成された、ゆえにいささか単調な第一幕のクライマックスをなすのは、いよいよジークフリート自身が父親の形見の剣を鍛《きた》え直す場面です。曇天《どんてん》にようやく晴れ間がさすといいますか、それまでの展開に辛抱を重ねてきた聴き手は、ここで「待ってました！」と快哉《かいさい》を叫ぶかもしれません。ジークフリートが鑢《やすり》ですりつぶした剣の破片を坩堝《るつぼ》におさめ、ふいごで炎をかきたてて、刃金を溶かす〈溶解の歌〉（四分の三拍子の重々しいリズムが、ふいごで大きな風を送る力強い動作をなぞり描きます）、坩堝の中味を鋳型《いがた》に注いだあと、剣をそこから取り出して、鎚《つち》で鍛《きた》える〈鍛冶の歌〉

(四分の四拍子の歯切れよい規則的なリズムに、聴く者の身体も思わず動き出しそうです)――ヘルデン(＝英雄的)テノールのなかでもひときわ圧倒的な声量とスタミナが要求されるこの役に人を得たならば、あとは重工業機械のような管弦楽をも突き抜ける超人的な声の快感に、聴き手は身を委ねればいいだけで、このようにポピュラーな聴きどころについては、私からあえて解説を加える必要もないでしょう。ただ、ここでは台本を手がかりに、この場面に読みとれる象徴的な意味合いについて、二点のみ短くお話ししたいと思います。

まず注目したいのは、ジークフリートが剣を再生する工程がミーメの教えた鍛冶《かじ》の技術とはまったく違う独自の発想にもとづいている点です。

ミーメ：身を入れて／鍛冶の技を磨いておけば／それがいま役に立ったのにさ。／おまえはいつも／修業をなまけていたからな、／いまさらまともな仕事ができるものかね。
ジークフリート：弟子にしたって／いつも師匠の言いなりになっていたら／師匠のやれないことを、やれるわけがないだろ？

ジークフリートのこの台詞には、作者自身の芸術創造に対する姿勢の投影をみることができるかもしれません。もちろんワーグナーは師匠について物を習うという経験をけっしておろそかに考えていたわけではなく、逆に自身、修業時代にライプツィヒの聖トーマス教会カントル、テオドール・ヴァインリヒからたたきこまれた作曲法の基礎を大切に育み、のちの創作に活かしたのですが[*]、オペラというジャンルの伝統や慣習に視点をかぎった場合、彼の反逆児的な側面もみえてくるでしょう。彼は既製のやり方や決まりごとにとらわれず、自由な発想で新たな音楽劇のかたちを自ら作り上げたのです。

＊ワーグナーの自伝『わが生涯』によれば、ヴァインリヒはワーグナーに対し、ひたすらフーガとカノンの課題（ひとつの主題をフーガに仕立て上げる）を繰り返すことで対位法を学び取るという厳しい特訓を二カ月間おこなったあとで、とつぜん、「私から教えることはもう何もない」という一言で卒業の認可を与え、餞《はなむけ》のようにこう述べたといいます。「おそらく、これから先、あなたがフーガやカノンを作曲することは一度もないでしょう。しかし、あなたはこのレッスンをとおして、ひとり立ちする力を身に付けたのです。あなたはいまや自分の足で立っており、必要とあらば、技巧のかぎりを凝らした曲も書くことができると自覚しているのですから」。

しかし、ジークフリートと作者の共通点はそれだけにとどまりません。ミーメは二つに折れたものをたんに糊《のり》でつなぎ合わせようとして失敗しましたが、ジークフリートは鑢《やすり》を使って、材料を元のかたちをとどめぬ粉にまで分解することから始めようとする、その根本的なやり方がワーグナー自身の作曲法を思わせるのです。第四講でライトモチーフの変容能力ということについて述べましたが、動機を自由に変容させ組み合わせて、全曲を作り上げてゆくやり方をワーグナーが開発するにあたって、

【one point trivia】

◉ **カントル**

カントルとは教会の礼拝用音楽を総括し、指導・演奏する総責任者であり、ライプツィヒの聖トーマス教会カントルはあのヨハン・セバスティアン・バッハが長年にわたり務めたことでも有名です。写真はライプツィヒの聖トーマス教会。

ヒントになったのはオペラではなく器楽の技法でした。これについてワーグナーは『オペラとドラマ』のなかで、こう書いています。

器楽は舞踏や歌謡の和声的旋律をしだいに極小の部分にまで分解し、これらを多種多様な方法で新たに接合したり、拡張や短縮を繰り返してひとつの特別な語法に形成する能力を獲得していた。

続いて、ワーグナーは自らが範と仰ぐベートーヴェンを例にとり、次のように述べます。

彼は窮屈な形式をはじめから破壊していただけなのである。彼はその形式を構成要素に砕き、それを有機的創造をとおして結合して一個の新たな全体を形づくろうとした。しかもこれはさまざまな旋律の構成要素を次から次に接触させるという方法でなされ、さながら外見はひどく異なったこれらの構成要素相互間の有機的親縁性、したがってこれらの相違した旋律自体の根源的親縁性を明らかにしようとするかのようにみえた。

（『オペラとドラマ』杉谷恭一訳）

ちょっと難しいかもしれませんが、私なりの解釈で単純化して説明しましょう。器楽でも声楽でも、ヨーロッパの伝統的な音楽形式の基本を成すのはペリオーデ（大楽節）と呼ばれるもので、ひとつの旋律を二の倍数である四小節、八小節、十六小節単位で区切りつつ、展開させながら、完結させる楽節構造を指します。この形式は日本の唱歌や流行歌など、私たちが日ごろから耳にしたり口ずさんだりする多くの曲にも浸透していますので、最先端のポップスはどうか知りませんが、みんながよく知っている曲をアトランダムに採りあげれば、だいたいペリオーデで構成されていることがみえてくるのではないでしょうか。

たとえば、滝廉太郎作曲の《花》。歌詞は四行で一節になっていますが、この各行がそのまま、音楽の四小節分に対応しています。「春のうららの隅田川」、これを旋律の一単位として、四分の四拍子で区切ると四小節になります。「のぼりくだりの舟人が」で、もう四小節。「櫂《かい》のしずくも花と散る」、これがまた四小節。そして「眺めを何にたとうべき」の四小節が大楽節を完結させるわけです。ついでにいうならば、この曲にみられるように、第一楽節と第二楽節はほぼ似たような対をなし、第三楽節で別の曲想が展開し、第四楽節でもとの曲想に戻って完結するという構成もペリオーデの多くに共通するものです。

ほかにいくらでも例は挙げられますが、こうみると、この構造は日本語における七五調のリズムなどと同様、私たちの身体感覚のなかにあらかじめ埋め込まれているといってもよい、きわめて自然なものであることが感じられます。ですからベートーヴェンもワーグナーもあるていど、この形式にのっとって曲作りをしているのですが（たとえば、第九交響曲第四楽章の、いわゆる〈歓びの歌〉を同じやり方で区切ってみるとわかります）、そのいっぽうで、必ずしもこの枠組みにとらわれず、ワーグナーの場合でしたら、歌詞の意味するところやドラマの流れにしたがって、自由に楽節を区切り直してゆく。そして何よりも、曲想やライトモチーフの展開にとって大きいのは、二小節、四小節の長さの旋律を最小単位とはみなさないという考え方です。極端にいうと、長い旋律のなかの、たった二つの連続する音の音程関係に着目し、それを一個の動機として、独自に展開したり、そこから新たな旋律を作ったりしてゆくわけです。《ジークフリート》の、いま話題にしている場面でも、たとえば〈溶解の歌〉でオーケストラが繰り返す、ゆっくりした三拍子の伴奏音型［譜例20］は、その前の場面から何度も聞こえた〈ジークフリートの角笛の動機〉［譜例21］の最初の三つの音を土台に、和声やリズムを変えてできたものにほかなりません。また〈溶解の歌〉の後半では三拍子のリズムでジークフリートが「ホーホー、ホーホー、ホーハイ」と叫びますが、〈鍛冶の歌〉［譜例22］は

［譜例 20］〈溶解の歌〉前奏

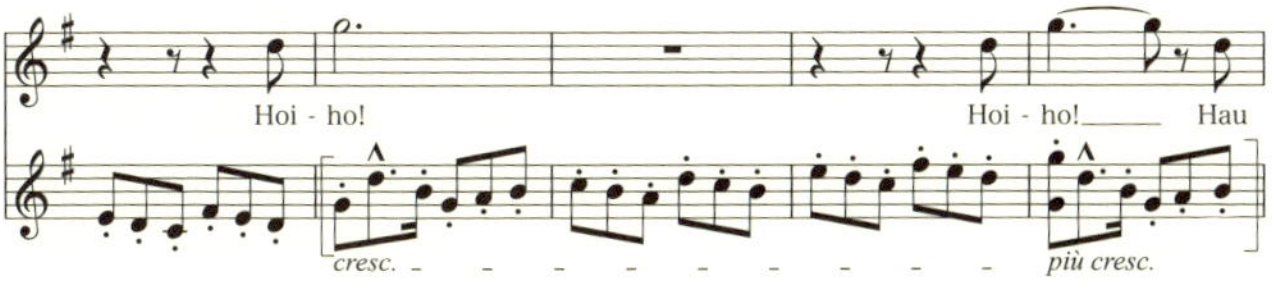

［譜例 21］ジークフリートの角笛の動機

［譜例 22］〈鍛冶の歌〉掛け声

この掛け声を、音程関係はほぼそのままに、リズムを速くて息の短い四拍子に変えて、発展させたものなのです。

さて、ここでもういちどジークフリートのノートゥング再生の工程に立ち戻り、二つに折れた剣の破片を二つの旋律AおよびBと見立てるとしましょう。ミーメはこの二つをそのまま継ぎ合わせることしか考えられなかったのですが、これをジークフリートは「構成要素に砕き」「極小の部分にまで分解」することで、けっして折れないほどの強度と柔軟性をもつものにつくりあげたということになります。けっしてあからさまとはいえませんが、やはりこの場面には、作曲家ワーグナーが自ら切り開きつつあった方法論が投影されているのではないでしょうか。

性愛論としてのノートゥング再生

以上、この場面は芸術創造の比喩としてみることができるわけですが、そのいっぽうで性愛の象徴的イニシエーションと考えることも可能です。ジークフリートはいま、まさに思春期のまっただなか、「性に目覚めるころ」にあります。自分の出生について疑問を抱いたのも、彼の成長過程における自然な成り行きでしょうし、ミーメへの暴力も部分的には、女性の存在さえ知らず、行き場のない思春期のエネルギーが発散の場所を求めているがゆえと考えられるでしょう。その彼が自ら剣を鍛《きた》えあげることで独り立ちをし、第三幕では生身の女性を知ることになるのです。剣の尖《とが》った形状がつとに男性性器を連想させてきたことについては、フロイトをもちだすまでもないでしょう。さらにいうならば、鍛冶《かじ》場の傍らに置かれた桶《おけ》は、容れ物という形と機能からしても、また硬い固体に対して、中に張った水の液体という性質からしても、女性性器の象徴です。ジークフリートはこの水桶に何度か剣を突っ込み、冷やして固めるのです。

(中味のつまった鋳型を水桶に突っ込むと蒸気が立ち上り、冷却にともなうジューッという音がする)水に流れ込んだ／炎の流れが／怒りをぶちまけて／唸《うな》りを発した！／すさまじい勢いで流れていたが／水の中では／流れがとまった。／堅くこり固まって／威力のそなわる刃金となった。／熱い血に塗られるのも／遠い先のことではないぞ！

たしかにジークフリートが予感するように、この剣の刃は第二幕で大蛇ファーフナーさらにはミーメの「熱い血に塗られる」ことになるのですが、それだけではなく、第三幕では少年の身体の象徴的剣が処女の血に塗られるでしょう。作曲工程の話ともども、突飛な連想ではありますが、第一幕幕切れでジークフリートが「剣の切れ味はこのとおり！」と叫びながら鉄床を一刀両断する胸のすくようなくだりには、創作時に四十代半ばに達して芸術家としても男性としてもいよいよ円熟の時を迎えたワーグナー自身の自信と意欲がこだましているように思えるのです。

第八講《ジークフリート》（二）——森と世界のトポロジー

森の番人

第二幕の舞台となるナイトヘーレ＝妬《ねた》みの洞窟ですが、幕が開くとその前に陣取り、「夜闇にまぎれて身をひそめ、／耳をそばだて／瞳をこらして／ナイトヘーレの見張り番」をしているアルベリヒをどう考えるべきか。彼が洞窟の前で様子を窺っているのは、もちろんファーフナーが守る指環が目当てなわけですが、彼自身はそれを自分で手に入れるだけの力があるわけではない。そこで、だれかが大蛇を倒してくれるのを待っているわけです。大蛇を退治した者も洞窟の中に財宝があることは知らないかもしれない。そうしたらその者が立ち去ったあと、自ら洞窟に潜り、指環をせしめればよいという、まあ他力本願のハイエナのような魂胆といってもよいでしょう。

以上のように彼の意図は説明がつくのですが、それでは彼がいつからここで見張りをしているのかは解釈の分かれるところだと思います。名剣ノートゥングを自ら鍛《きた》えた英雄ジークフリートが大蛇退治にやってくるという情報を聞きつけ、いよいよ天下分け目の戦いが始まるのだと期待して、いち早くこの場所に駆けつけた——そのように考える人もひょっとしているかもしれませんが、おそらくそれはありえないでしょう。弟のミーメと彼はどちらも指環を狙うライバルどうしであり、敵対する弟から情報を仕入れることは考えられません。また、彼がたまたまこの場に居合わせたというような偶然の重なりによってドラマを構成してゆくのも安易な作劇法であり、ワーグナーにおいては考えにくいものです。

アルベリヒはかなり長い歳月をこの洞窟の前で待ち続けてきたのではないか。《ラインの黄金》幕切れで、ファーフナーは神々の見ている前で兄を殺し、ニーベルングの財宝を独り占めにして、下界に降りてゆきました。その彼が隠れ頭巾を使って大蛇に変身し、この洞窟に引きこもってからはきわめて長い時間が経っています。そのあいだのすべてとはいわないまでも、アルベリヒは果てしなくも思える時を待つことに費やしてきたのではないか。「果てしない」というのは物理的な時間ではなく、とくに心理的なものを指します。大蛇を倒す者は今すぐ現れるかもしれないし、あるいは永遠に現れないかもしれない。「いつ」ということがはっきりわからない状況が時間をことさら長いものに感じさせるのです。同じ第一場の最後、彼は去ってゆくさすらい人の姿を見ながら、こう呟きます。

黄金が光を浴びて／輝くかぎり、／ぬかりなくこの目を光らせ／意地を張り通しておまえたちを陥れてやる！

「ぬかりなくこの目を光らせ」の部分のドイツ語は直訳すると、「事情（神々の末期）を知るひとりの男が見張りを続けるぞ」。「黄金が光を浴びて／輝くかぎり」というのは、「この世が存続するかぎり」というのに等しいですから、これからだけでなく今までもずっとここで見張ってきたというニュアンスが入っています。アルベリヒがここで過ごしてきた時間の長さともども、彼の執念の強さが感じられる台詞でしょう。

妬みの洞窟

もうひとつ、間接証拠を挙げましょう。同じ第二幕第一場のなかで、今までその意味がはっきり説き明かされてこなかった謎めいた台詞があります。さすらい人の姿を認めたアルベリヒが相手の正体を見破って罵倒するくだりです。

ここにはとどまらないで／さっさと消えるがいい！／この場所はこれまで／まやかしの苦汁をたっぷり飲まされてきた。／いいか、恥知らずめ、／だからここは立ち退くのだ！

「この場所はこれまで／まやかしの苦汁をたっぷり飲まされてきた」とはどういうことなのか。「この場所」が「飲まされる」の主語になっていること自体、奇異な感じを受けますが、これは別に「この場所では」のミスプリというわけではありません。原文は “Genug des Truges tränkte die Stätte mit Not.” 直訳すると、「じゅうぶんすぎるほどの Trug（まやかし、裏切り）がこの場所を Not（苦境）でもって浸してきた」となるでしょうか。

まず、この台詞から最低限推測できるのは、洞窟の前ではこれまでにさまざまな出来事がおきており、アルベリヒ自身がその経緯について多く見聞しているということです。それにしても、いったいどういうことが実際におきたのか。Trug（まやかし。辞書には「迷妄、錯覚、ごまかし」などの訳語が記載されていますが、ワーグナーがしばしば用いる古語的な意味合いにおいては「裏切り（行為）」をも指します）、Not（苦境）とは具体的に何を指すのか。

これを考える手がかりがじつは第一幕、ミーメのジークフリートにたいする台詞にあります。

> わしが道案内するから／ついて来るがいい。／世にもおそろしい大蛇《おろち》がいて／これまで大勢の者がその餌食になった。／わしのあとについてその塒《ねぐら》に行き／この大蛇から怖れというものを教わるがよい。

「餌食になった」のは、たまたま通りかかったところを襲われたというようにもとれますが、もうひとつの可能性のほうが大きいでしょう。ジークフリートよりも前に、大蛇を退治しようとこの洞窟を訪れた者がおそらく何人もいたということです。

そう考える理由はいくつもあります。まず、この場所の名が「ナイトヘーレ」つまりは「妬みの洞窟」であること。この言葉が作中ではじめて出てくるのは、右に引用した台詞のあとに続くミーメの説明「大蛇の塒は／ナイトヘーレと呼ばれている」ですが、ドイツ語も受動態を取っていて、だれがそのように名付けたかは明示されず、世間ではそう呼ばれているという程度の意味にとれます。ミーメやアルベリヒやヴォータンだけが知っているのではなく、世にも怖れられる有名な場所ということになるでしょうか。しかも、なぜそう呼ばれるのか。《指環》全体のなかで、Neid（妬み、羨望、憎しみ）が愛＝Liebeと対置される重要な概念であることは第二講ですでに述べました。ファーフナーが指環を隠すナイトヘーレとはいわば、世の人々の羨望＝妬み心を引き寄せる磁力を秘めたNeidの集約点なのであり、指環をめぐって、仁義なき（ということは、先ほどの言葉でいえばTrugに満ちた）戦いが果てしなくおこなわれてきた場所なのです。

もうひとつの理由は、多くの人が達成しようとしてできなかったことを成し遂げるのが、世に英雄と認められるためのいちばんの条件であるという考えです。神話や伝説の英雄譚にひとつのパターンとして、力自慢の腕較べがよく出てくるのも、同じ理由によるでしょう。作中でも《ヴァルキューレ》第一幕第三場で、ヴェルゼ＝ヴォータンがトネリコの幹に突き刺したノートゥングをめぐって、「入れかわりたちかわり／腕に覚えのある人はみな、柄を引き抜こうとした」（ジークリンデ）という挿話が語られますし、ホメロスの『オデュッセイア』には、主人公の妻ペネロペイアが夫の弓矢を持ち出し、求婚者たちがその弦を引こうと腕を競う場面があります。いっぽう、『オイディプス王』におけるスフィンクスの挿話やプッチーニのオペラになったトゥーランドット姫の伝説は、挑戦者がある場所に赴き、命を賭けて謎解きに挑むというパターンを踏んでいます。

土に染み込む血の匂い

この状況を考える手がかりとして私が連想するのは、前に紹介したジェイムズ・フレイザーの『金枝篇』です。この著作は世界中の神話や伝説、古今の諸民族の習俗を縦横にめぐって、「生贄《いけにえ》」や「宗教」の意味と起源を考察するものですが、壮大な探求の旅の出発点と帰着点をなすのが、ローマ近郊のネミの森の祭司をめぐる古代の伝承です。

この聖なる森にはある一本の樹が茂っており、そのまわりをもの凄い人影が昼間はもとより、多分は夜もおそくまで徘徊するのが見うけられた。手には抜き身の剣をたずさえ、いつなんどき敵襲を受けるか知れないという様子で、油断なくあたりをにらんでいるのであった。

この人物は森に祀《まつ》られる女神ダイアナの祭司であり、「森の王」とも呼ばれますが、新たな者がやってきて、聖なる樫《かし》に生える宿り木の枝を折りとって、彼に闘いを申し込むと、その挑戦を受けなければなりません。そして殺されると挑戦者が新たに王の称号を得て、その地位は次の挑戦者に倒されるまで続くのです。つまり「王」の役目とは絶え間なく死の不安にさらされながら、聖なる場所を守護することにあるわけです。

彼にもまして不安定な夜をすごし、あるいは更に怖ろしい悪夢にさいなまれた王は、たしかにいまだかつていなかったであろう。来る年も往く年も、夏といわず冬といわず、照る日くもる日、彼はこの淋しい見張りを続けなければならず、しばしの寝ごこちわるいまどろみにも、その生命はたちまち危険に瀕することになる。警戒のいささかの弛みも、その腕の力その剣の腕前のちょっとした衰えも、たちまち彼を危険におとし入れる。白髪こそは彼の死刑執行令状を封印するものであった。

（フレイザー『金枝篇』第一巻、岩波文庫、三八頁、永橋卓介訳）

「妬《ねた》みの洞窟」で惰眠をむさぼるファーフナーも、その立場においてはネミの森の祭司と変わらないといえるでしょう。そして、洞窟の様子を窺《うかが》うアルベリヒほど、その事情をよく知る者もいないのです。《ラインの黄金》第四場で、彼はヴォータンに奪われた指環に死の呪いをかけて、こう言います。

指環を持つ者は／不安に身を灼《や》かれ／持たぬ者はわがものにせんと悶《もだ》え、妬み心に苦しむ。／だれもが／身を焦がすが、／わがものにして／身を利する者などいない。／指環を手にする者が招くのは／富ではなくて死の手さき、／死神の虜となって／恐怖のあまり震え出す。／生きているあいだも／欲に喘《あえ》いで、ひたすら身も細りゆく。

先行研究ではファーフナーについて、指環獲得後、鈍重な大蛇に姿を変え、指環を利用することもなく、ただ安逸に眠り続けているというイメージでしばしば語られてきました。しかし、ナイトヘーレはその実、泰平と安楽の地というにはほど遠く、その土には血がこびりつき、死臭が染み込んでいると考えてよいでしょう。

アルベリヒはまさに、そうした歴史の生き証人でもあるわけです。そこでもういちど、はじめに引用した彼の台詞「十分すぎるほどの Trug（まやかし、裏切り）がこの場所を Not（苦境）でもって浸してきた」に立ち戻って、これをどう解釈すべきか考えてみますと、鍵となるのはやはり Trug という言葉でしょう。これは人々が指環にたいして抱く欲望、それを手に入れることができるのではないかという一縷《いちる》の望みを表している。ところがその望みはあくまでも幻影として裏切られ、望みを抱いた側が殺されるはめになるのです。*　その顚末《てんまつ》が Not ＝苦境という一語に集約されている。そのことを念頭に、あえて大きく意訳するなら、「これまでにもじゅうぶんに多くの者が徒《あだ》な望みに騙《だま》されて、この場所を訪れ、自らの血をその地面に漱《すす》いできた」とでもなるでしょうか。この場合、Trug（まやかし）に引き寄せられるのは大蛇に挑む挑戦者ということになりますが、いっぽうでアルベリヒの抱く「徒な望み」、さらには Not をこの望みが裏切られた彼自身の苦しみを表す言葉とも解釈できるでしょう。こちらは「俺はこれまでもさんざん徒な望みを抱いたが、裏切られ、苦しみばかりが増すこととなった」と表現できますが、おそらくその二つの意味合いがこの一行にはこめられているのではないかと思います。

＊やはり、この点は構造的にもトゥーランドット伝説とよく似てますね。プッチーニ作曲の同名のオペラで、三人の宮廷役人ピン、パン、ポンは次のようにカラフに警告します。「おまえが目にしているあの顔は幻影にすぎない。／おま

えに輝くあの光は不吉なものだ。／おまえは自らの破滅と戯れ、／自らの首を弄《もてあそ》んでいるのだ。……命を粗末にしてはならぬ」

トーキョー・リングの《ジークフリート》第二幕は演出という次元において、この場所の特殊な性格や背景にまで想像を届かせた、数少ない例として挙げられるでしょう（上図参照）。舞台の中心には人の顔のような幹の大木があって、両手を大きく広げたような形状の枝から、何人もの人間の身体が吊《つ》るされているのです。昔、三十年戦争（一六一八～四八年）の時代などに、敵方の兵などを見せしめのために樹に吊るして、殺した例があったようです。それと同じく、ファーフナーは自分に挑戦して命を落とした者たちを次々と樹に吊るし、タイトル保持者が獲得するトロフィーのように、外に並べて誇示している。と同時に、これは新たな挑戦者への脅しにもなるわけです。

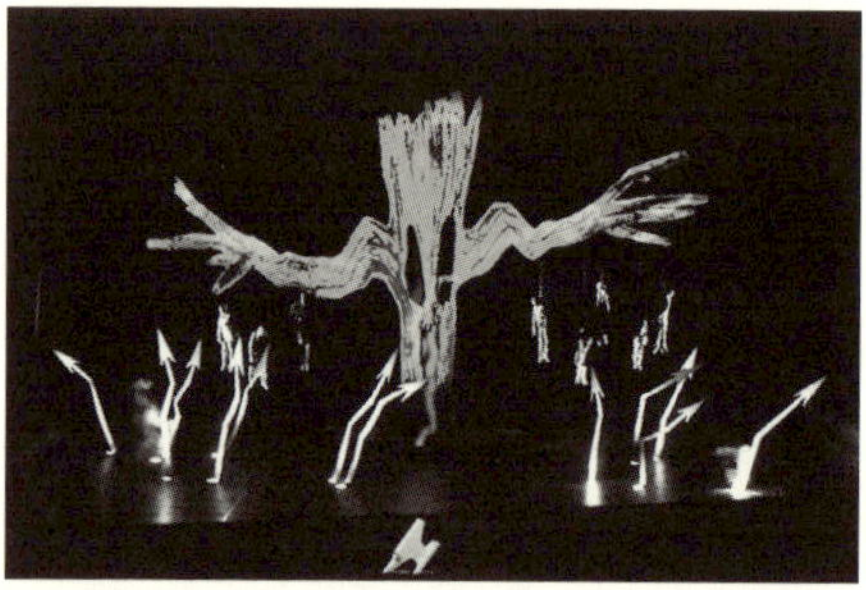
キース・ウォーナー演出の《ジークフリート》第2幕
2010年新国立劇場公演より　撮影：三枝近志　提供：新国立劇場

三十年戦争時の虐殺を描いたジャック・カロの版画（1632年）

　トーキョー・リングでさらに驚いたのは、ジークフリートの角笛に起こされたファーフナーが唸《うな》り声をあげると同時に、人体を吊るしあげた縄がスルスルと地面に落ち、生き返った男たちがジークフリートに襲いかかっていったことです。つまり、かつての挑戦者たちはたんに死んだわけではなく、再生されて、今度は新たな挑戦者に対しファーフナーを守る護衛部隊として機能するのです。敵を味方に変換するこの構造は、ワーグナー後年の作《パルジファル》で魔法の花園の乙女たちに籠絡《ろうらく》されたかつての聖杯騎士がクリングゾルの手兵となって、主人公に襲いかかってゆくのと同じもので、その点でもよく考えられた演出だと感心したしだいです。

森、世界、岩山

ここで、森を中心にした《ニーベルングの指環》の空間を想像上の地図に描いてみたいと思います。まずミーメとジークフリートが向かう「妬みの洞窟」つまりはファーフナーの眠るナイトヘーレがどこにあるか。

ミーメ：大蛇の塒《ねぐら》は／ナイトヘーレと呼ばれているがね、／東の方角、この森のはずれの見当だ。
ジークフリート：そうすると、そこから世間は遠くないな？
ミーメ：ナイトヘーレは世間と目と鼻のところだよ。
ジークフリート：だったらそこへ連れて行っておくれ。／怖れというものを学んだら／広い世の中へ出て行くんだ！

ミーメの洞窟からははるか東にあって、その先は森が切れ、そこから「世間＝Welt」すなわち世界が広がっているということになりますね。つまりナイトヘーレこそが森と世界の境界をなしているわけで、森の奥深くに立ち入ることのない世の人々がその存在を知っており、そこに引き寄せられてしまうことからも、このロケーションは理にかなっています。

さて、第二幕で大蛇を倒したジークフリートはそのあと、森の小鳥の導きで、森を出て、ブリュンヒルデの眠る岩山へ向かうわけです。そうなると、ブリュンヒルデの岩山も森の東に位置しているような印象を受けますが、本当のところは果たしてどうなのか。これについては《ヴァルキューレ》第三幕に戻って、ヴォータンに追われたジークリンデをどこに逃がすべきかを話し合う戦乙女たちの会話をみてみましょう。

ジークリンデ：どちらの方角に逃げたらいいの？
ブリュンヒルデ：あなたたちのなかで／東へ行った人はいる？
ジークルーネ：東には深々とした／森が広がっているわ、／ニーベルンゲンの宝を／ファーフナーがそこに運んだの。
シュヴェルトライテ：獰猛《どうもう》な巨人が／大蛇に化けて／洞窟でアルベリヒの指環を／守っているわ。
グリムゲルデ：寄る辺のない女の身には／とても住めたものではない。
ブリュンヒルデ：けれど森が、ヴォータンの怒りから／彼女を守ってくれる。／さすがの父もあ

そこだけは敬遠しているもの。

《ヴァルキューレ》第三幕の舞台はいうまでもなく、ブリュンヒルデがそこで眠りにつくことになる岩山です。その東に深い森が広がっている。図に書くと上図のようになりますが、あれ？　ちょっと不思議ですね。ジークフリートは森を突っ切って、東の端から飛び出した。しかしブリュンヒルデの岩山はその東ではなく、森よりもさらに西に位置しているのです。彼はもういちど、広大な森をまるごと迂回《うかい》するようにして、逆側に出たのか？

目くらましの次元変容

もちろん、今まで述べてきたように、《ジークフリート》における森は主人公が感じる閉塞感の象徴であり、彼がそこから抜け出してゆくプロセスそのものが重要なので、厳密な地理にこだわる必要はないのかもしれません。とはいえ、ここでおこなっている比較にはそれなりの生産的な意味があると私は考えます。むしろ、この位置関係が作品の内部で矛盾をきたし、ねじれを生じている点こそがおもしろいのではないか。これはもちろん作者が計算違いをおかしている可能性もありますが、逆にひょっとしたらワーグナー自身が意図的に、作品内の空間をこのようにねじれたものにつくりあげているのかもしれません。ジークフリートが森を出て、世界に飛び出す第二幕幕切れのト書をみてください。

（鳥は舞い上がってジークフリートの頭上を旋回し、彼を先導するようにゆるゆると飛んで行く）
（［ジークフリートは］鳥のあとを追って走る。鳥はからかうようにしばらく四方八方に飛んで彼を迷わせたが、やがて方角を定めて背景をさして飛び、彼もそのあとを追う――幕）

不思議な動きをする小鳥は作品世界の物理的位置関係を故意に曖昧なものにし、ここからは物語の次元が別の段階に入るのを告げているかのようです。たとえば、西瓜《すいか》割りなどで、目隠しをされたまま何度もグルグル回されると、西瓜がどこにあるのか、方角がわからなくなりますよね。いわば、ジークフリートは「旋回し」「四方八方に飛ぶ」小鳥から同じ操作を受けて、自分がどちらの方角に向かって進んでいるのかわからなくなるのです。

このとき方向感覚だけでなく、時の流れも攪乱《かくらん》され、全体として時空の次元がより抽象的なものへと変容してゆくのだとも考えられるでしょうか。これはとくにさすらい人とエルダが対話を交わす第一場についていえることですが、第三幕前半の舞台となる「荒涼たる岩山の麓」はミーメの洞窟や森の中と違い、どこか現実離れした不思議な雰囲気を漂わせています。時は雷鳴が轟《とどろ》き稲妻の走る嵐の夜。第二幕幕切れは「正午」で「明るい空」が頭上に広がり、「脳天にじりじりと照りつける」太陽が中天にかかっていました。いったいそれと同じ日なのか。ジークフリートが森を出て、どれほどの時間が経ち、どれほどの距離を歩いてきたのか。もちろんドラマのつくりのなかで、《ジークフリート》全体は一日(ないしは二日)の出来事であると説明したほうが合理的ですが、第二幕と第三幕のあいだに次元の隔たりが感じられるのもたしかなのです。

この隔たりは作品の成立事情とからめて考えることも可能でしょう。ワーグナーは一八五七年八月、《ジークフリート》を第二幕の全体草稿まで作曲したあと中断し、《トリスタンとイゾルデ》の創作に取りかかりました。《指環》一挙上演のめどが立たない状況のなか、簡単に上演できる単独作品を先に完成しようという計算のほか、一八五四年のショーペンハウアー哲学との邂逅《かいこう》以降、《ジークフリート》の楽天的で牧歌的な雰囲気が自分の気分にあまりそぐわなくなっていたことなど、さまざまな要因が考えられますが、ここではそのことには立ち入りません。いずれにせよ、その後、《マイスタージンガー》の創作を経て、ワーグナーが《ジークフリート》第三幕に本格的に着手するのは一八六九年になりました。ジークフリートが森を出て、荒涼たる岩山の麓に現れるまでを数時間と考えたとしても、第二幕と第三幕の創作の時期にはじつに十二年の隔たりがあるのです。

第三幕幕開けの、先立つ二つの幕との雰囲気の変化にはもうひとつの理由も考えられます。ワーグナーは第三幕の二つの場面をとりわけ重要視していました。第一場ではさすらい人がエルダを前に、彼女が象徴する母権制の終焉《しゅうえん》と若者たちの新たな世の到来を宣言し、続く第二場ではジークフリートの剣がヴォータンの槍《やり》を打ち砕くことで、世代の交代が象徴されるのです。これらの場面がもつ大きな意味を、ワーグナーはルートヴィヒ二世宛の手紙で次のように述べています。

> いまここで《ジークフリート》についてご報告するためには、第三幕の世界に足を踏み入れるたびに私の覚えた崇高なおののきにも似た、暗くおそろしい感情についてお話ししなければなりますまい。私たちはここで蒸気を吹くデルポイの地割れの中に佇む古代ギリシャ人のように、大きな世界悲劇の中心に行き着いているのです。世界の滅亡がさし迫っています。ヴォータンは世界の再生に心を悩ましている。なぜなら、彼は世界生成の意志そのものである。ここではすべてが荘厳なおののきの気を帯びていて、謎を用いて表わすほかはないのです。
>
> （一八六九年二月二三／二四日付、ルートヴィヒ二世宛、三光長治訳）

前にも述べましたように、ワーグナーが《ニーベルングの指環》を創作するにあたってひとつのモデルとしたのは神話を素材とした古代ギリシャの悲劇です。その意味で「世界悲劇の中心」とは神話世界の最奥部という意味にほかならないでしょう。いわば私たちは、森から世界へ飛び出してゆくジークフリートの足どりに導かれるように、第二幕までの森を舞台としたメルヘン的空間から《指環》本来の中心舞台となる、より広大な北欧神話の世界にふたたび足を踏み入れるというわけですが、その前にもういちど、第二幕から注目すべき場面をいくつか拾っておきましょう。

大立ちまわりはつまらない？

第二幕において中心となる出来事はもちろん主人公による大蛇退治です。ワーグナー自身、ジークフリートとファーフナーの対決をこの幕いちばんの見どころにしようと考えたのだと思いますが、闘いの場面は時間にしてわずか数分、じつにあっけなく決着がつきますし、音楽的にもとくにおもしろいところではありません（むしろその直前、大蛇が目を覚まして現れるきっかけとなるジークフリートの角笛の音を模したホルン独奏の超絶技巧による〈角笛の動機〉が聴きものです）。

どうもドラマというのは矛盾を孕《はら》んだジャンルで、スペクタクルな場面こそドラマをドラマたらしめる精髄であろうと考えると、たいていは期待を裏切られます。「劇的」という言葉はおのずと華やかなアクションを連想させるのですが、じつは正反対で、にぎやかな活劇はかえって本当のドラマになりにくい。戦闘シーンはとくにそうです。歌舞伎の『忠臣蔵』なんかでも、はじめて観る人がいちばん期待するであろう討ち入りの段がじつはいちばんつまらなかったりしますよね。

ということで《ジークフリート》第二幕に話を戻しますと、見どころ・聴きどころは大蛇退治とは別のところにあります。

音楽的に有名なのは〈森のささやき〉ですね。第二場のはじめ、ミーメに連れられてナイトヘーレの前にやってきたジークフリートが、ひとりで菩提樹《ぼだいじゅ》の木陰の下に身を横たえ、物思いに耽《ふけ》るモノローグです。彩り豊かなオーケストラのパレットによって描き出される爽やかな朝の風、木々のさざめき、鳥たちの声といった自然の情景と、亡き母親の姿を想像して思慕の情を募らせる主人公の心象が感応しあいながら高まってゆく、抒情のきわみのような音楽です。このくだりを聴けば、表向きは乱暴な少年の内側に――硬い外皮の下に熟しつつある柔らかな果肉のような――繊細で優しい心が隠されていることが実感できるでしょう。

ホルテンの演出では、ここでジークフリートがスケッチ帳を取り出して、絵を描き始めるのですが、これも主人公のこうした側面を強調したものでしょう。

ジークフリートはけっして残酷で乱暴な英雄ではなく、彼自身が犠牲者なのです。あなたの目には青にしか見えないのに、それをだれかがあなたに「これは赤だ」と教えたら、あなたは自分の頭がおかしいのではと途方に暮れ、いったい、どうなっているんだ?と考えるでしょう。彼の心のうちには、こうした疑念が渦巻いているのです。……第二幕では、ジークフリートのうちに芸術家魂（詩情）が目覚め、腰をおろして絵を描きます。彼は本来は詩人なのに、ほかの者たちの手によって、殺人マシーンに仕立て上げられ、竜退治を強要されるのです。本当の彼を理解してくれる者がいなかったからです。（コペンハーゲン王立歌劇場《ニーベルングの指環》DVD所収、デンマークのマーガレット女王との対談における演出家の発言より）

二枚舌か錯乱か――両義性のドラマトゥルギー

いっぽう、演劇的な見どころとしては大蛇を倒したあとのジークフリートとミーメのやりとりが挙げられるでしょう。ここでミーメは眠り薬の入った飲み物を飲ませ、相手を殺してしまおうと、本心を隠して少年に近づくのですが、「おもねるような仕草で歓迎の意をあらわし」「親愛の情をこめて」「楽しい約束事でもするような調子で」「彼のためなら命を投げ出してもいいと言わんばかりに」しながらも、ミーメの口から出るのはことごとく、殺意をあからさまに示す台詞なのです。

これについては二とおりの解釈が可能です。ひとつには、森の小鳥がいうように、ジークフリートは「ミーメが心のなかで何を考えているか／大蛇の血をすすったから、聞きわけられる」ようになっているということ。つまり、ジークフリートの耳にはミーメが実際に発した言葉ではなく、その裏に隠した本心のほうが聞こえる、聴衆もここではその彼の耳をとおして、ミーメの言葉を聞きとっているということになるでしょう。しかし、そのいっぽうで、指環への欲望と自分が「怖れを知らぬ者」に殺されるという恐怖の両方に取り憑《つ》かれたミーメ自身が一種の精神錯乱をきたしており、それが一貫性を欠いたジークフリートへの態度に表れてしまっているという解釈もまた否定はできません。「ようやくの思いで本心を包み隠していることがありありとみてとれる」「ふたたび親愛の情を示すが、無理している様子がありありとみえる」などのト書は、もはや彼自身が自らの感情と言葉をコントロールしきれなくなっていることの証でしょう。

本音が思わず漏れたのか、ジークフリートと私たちだけがミーメの言葉の裏を聞きとっているのか

——そのいずれともとれる両義性こそが、この場の興趣を高めているのです。

ジークフリート：寝ている間に俺を殺そうというわけだな？

ミーメ：（怒り狂って）わしが何をするだって？　そんなこと言ったか？／（とびきりやさしい声音を出すようにつとめながら）わしが望んでいるのは／（はっきり物を言うように最大限に気くばりしながら）この餓鬼《がき》の首を切り落とすことだけだよ！／（ジークフリートの健康を心から気づかっているような表情を装って）それというのもわしはおまえを憎みぬいているが、／それだけではない、／またこの身に受けた嘲弄《ちょうろう》や、言うにいわれぬ苦労に対して／たっぷりお返しをしなければならんが／それだけでもない、／ともかくおまえを片づけるのが先決で／一刻も猶予がならないのだ。……（嫌みたっぷりに強要するような身ぶりで角杯をジークフリートに突きつけながら）さあ、ヴェルズングの勇士、／狼の子よ！／ぐっと飲んで、悶《もだ》え死にするがいい、／これがおまえの今生の飲みおさめよ！

ヒヒヒ！

猫撫《な》で声のような歌い口と馴れ馴れしくまとわりつくような身振り、それに対する憎悪と殺意をあらわにした台詞とのギャップ。所作や表情や口調で二つの異なる感情を同時に表現し、とっさに正反対の調子に切り替えたりしなければならないこの場のミーメには、まさに演じるという行為の究極が求められます（ちなみにミーメとは英語でいうなら、身ぶり・所作を表わすパントマイムのマイムにあたる言葉で、ドイツ語では「俳優」を指す普通名詞です）。第一幕でも舞台上にずっと居続けるのはミーメひとりですし、《ジークフリート》前半がおもしろくなるかどうかは、ひとえにこの役の演唱にかかっているといってもよいでしょう。

茫然自失

この直後、ジークフリートが「むかつくような嫌悪の念に襲われた様子で、一太刀浴びせかける」と、ミーメは「どうと地面に倒れて絶命」します。じつは〈森のささやき〉やミーメとジークフリートの対話にも増して、私が第二幕で重要視したいのは、ここから幕切れまでの約十分間です。少年の成長というビルドゥングス・ロマンの視点に立った場合、この幕の核心をなすいちばんの事件は大蛇退治ではなく、育ての親を殺害したことにほかならないからです。この出来事が彼の心情にどのような影響を及ぼし、彼がその経験をどう乗り越えるのか？

早くもミーメが絶命した直後、ジークフリートが「地面に横たわるミーメを見下ろしながら、剣をしずかに元どおり剣帯に吊《つる》す」ときの音楽の表情が、彼の心の衝撃を語っているようです。

　憎しみのつけは／ノートゥングが払った、／この剣を鍛《きた》えた甲斐《かい》があったのだ。

剣を「しずかに（＝落ち着いて）」剣帯に吊るすというト書とあわせ、この台詞をみるかぎり、彼は自分のやったことに納得しているようにもとれるのですが、このくだりの空虚で不協和な音楽の響きが表現しているのは、むしろ歌い手の茫然《ぼうぜん》自失たる表情であり、ノートゥングを鍛えたのはミーメを殺すためだったのか、という自分の運命への問いかけではないでしょうか。

楽譜をみると、この歌のフレーズについては表情や強弱の指定がとくに付されてはいません。つまり、これをどのように表現するかは歌手および指揮者の解釈によって違ってくるということです。ここを一種の勝利宣言とみなして、英雄らしい張りのある声で毅然と歌うこともできますし、ソット・ヴォーチェ（＝柔らかく優しい声）を効かせて、悔いや驚きや哀しみを表わすこともできるのです。

＊たとえば往年の名テノール、ヴォルフガング・ヴィントガッセンの見栄を切ったような歌い方による怒りと憎しみの表出（ゲオルク・ショルティ指揮のスタジオ録音等）と、現代の代表的ジークフリート歌手シュテファン・グールドの茫然自失の表情（マレク・ヤノフスキー指揮の新しい録音）を較べるだけでも、大きな表現の違いが感じられるでしょう。

のっぴきならぬ問題

このあと死体を片づけたジークフリートはあらためて自分が天涯孤独の身であることを痛感し、仲間と楽しそうに飛びまわる森の小鳥に呼びかけて、こう言います。

ところがこの俺ときたら――独りぼっちで、／兄弟も姉妹もいないんだものな。／母親は行方が知れないし／父親は戦で死んだ。／俺は息子なのに二人とも会ったことがないんだよ。／ひとり

だけ相棒がいたが／見るもけがらわしい小人でね。／好きになろうとしても／どうしても好きに
なれなかった。／おまけにやつは抜け目がないものだから／この俺に陰険な罠《わな》を仕掛けてさ、／
とうとうやつを殺すような破目になった。（悲痛な思いにとらわれて、ふたたび枝のほうを見上げる）

さほど有名なくだりではありませんが、森の小鳥から眠れる美女の存在を告げられて、ジークフリートが岩山に旅立つこの幕切れは、いよいよ第三幕への気分を準備する隠れた聴きどころといえるでしょう。とりわけ「悲痛な思いにとらわれて」というト書をなぞる弦楽器の抒情的フレーズからは、この少年の心の芯に隠された優しさと寂しさが思わず迸《ほとばし》り出るかのようです。ミーメを殺してしまったのは彼の本意ではなく、まさに「殺すような破目に」追い込まれたことに「悲痛な思い」を抱いている、そのことで私たちも救われたような気持ちになるのですが、と同時に、引用したくだりはよくよく考えると、のっぴきならぬ問題を含んでもいるのです。

生まれてこのかた、ずっと一緒に暮らしてきた「相棒」、というよりはまさに育ての親を彼は「見るもけがらわしい」と感じている、そして「好きになろうとしても／どうしても好きになれなかった」。この部分ですが、原文のドイツ語“Güte zwang uns nie zu Liebe”を直訳すると、「善意（Güte）をもってしても、私たちを互いへの愛へと縛りつけることはできなかった」となるでしょうか。つまり、「好きになろうとして、好きになれなかった」のは自分だけでなく、相手も同じであり、しかも互いの心には「善良さ」（Güte）すなわち相手によくしてあげたいという気持ちが潜在していたということです。

にもかかわらず、互いを好きになれなかったという事実に、この問題の根深さがあるのでしょう。

これはけっして英雄と小人という神話のなかの特殊な問題ではありません。まさに、この二人は人種が違っている、その人種の違いを乗り越えて愛し合うことはできないという絶望的な認識がここで語られているのであり、だとすれば、これは現代の私たちにとっても切実に考えなければならない問題です。

ワーグナーの反ユダヤ主義――断罪も免罪もすべきではない

すでに述べたようにワーグナーは反ユダヤ主義者でした。彼の反ユダヤ主義は作品にはなんら反映していないと唱える研究者がいるいっぽうで、作品に現れる反ユダヤ的傾向を執拗に掘り起こそうとする研究者もいて、とりわけ《指環》ではアルベリヒ、ミーメ、ハーゲンなどのニーベルング族、そのほかの作品では《マイスタージンガー》のベックメッサー、《パルジファル》のクンドリーとクリングゾルにユダヤ人の戯画をみてとる説もあります。私自身の考えを述べますと、あまりに多くの登場人物に、ワーグナーの反ユダヤ主義という物差しをあてはめることには賛成できないのですが、ただミーメそして部分的にはベックメッサーにかんしては、この説は適用しうるし、作品解釈のうえでも生産的な読みを導きうるのではと思います。

引用したくだりは、その何よりの証拠になるでしょう。というのも、ワーグナーが《指環》構想時に匿名で著した論文『音楽におけるユダヤ性』のなかに、このジークフリートの台詞を彷彿《ほうふつ》とさせるような記述がみつかるからです。

われわれはユダヤ人の気質や人柄から受ける抑えがたい不快感を正直に告白し、いくら自覚的に努力しても拭い切れないほど根強いことがわかっているこの本能的な嫌悪をありのままに認めるようにしなければならない。こうした自然な反ユダヤ感情を公言することをタブー視したり、不謹慎呼ばわりしなければならないと今なお信じている人は、故意に自分を騙《だま》していることになる。

日常の生活の場でまず目につくのは彼らの容貌であり、ヨーロッパのどの国の人がみても、自国の気風には馴染まない不快な部分をユダヤ人の顔立ちに認めて、そんな顔つきの人間とはかかわり合いになりたくないとつい思ってしまうのだ。（池上純一訳）

読んだだけで、こちらの気持ちも暗澹《あんたん》としてきますね。

ワーグナーの心に反ユダヤ的感情の種が蒔《ま》かれたのは若いころ、パリ滞在の時期であり、しかもその出発点は第一講でお話ししたように、彼が「近代文明の心臓」であるこの大都会において、「さまざまな事象の真の相貌を的確にみきわめるようになった」ことにありました。ひとことでいえば、金銭が至上の価値とされ、人間性を疎外する資本主義的な社会への批判です。

ユダヤ人の地位はもう解放を必要とするどころの話ではない。彼等こそが支配者であり、金力の前に人間のあらゆる営みが膝を屈するかぎり、ユダヤ人の支配は続くであろう。（同右）

しかも、ワーグナーの場合、このような社会への義憤が、ひとりの先輩作曲家への私怨《しえん》と結びつくのです。パリ時代、ワーグナーは自分の作品をオペラ座で上演してもらおうと、大御所マイヤーベーアに伝手《つて》を求め、取り入ろうとしました。けっきょく、オペラ座での上演は実現しなかったのですが、そのことへの恨みというよりは、マイヤーベーアの存在そのものが、心にもないことを言った自分の過去の恥と汚辱を思い出させるというところに怨恨《えんこん》の原因があったようです。しかも時が経つにつれ、ワーグナーの胸中で、このユダヤ人作曲家は、芸術性よりも金と人脈がものをいう堕落したオペラ業界の象徴へと高められていったのです。さらにいうならば、芸術家として新たな境地を開きつつあったワーグナーにとって、因習的なオペラというジャンルの限界を集約したようなマイヤーベーアを批判し、攻撃することは、その影から完全に自分を切り離すための本能的欲求であったとも考えられます。

以上、さまざまな要因がからまりあい、一八四〇年代の終わりから五〇年代の初めにかけて、ワーグナーの革命への関与と《指環》という作品の構想は二つながらに、彼の反ユダヤ主義が顕在化する過程と密接に結びついてゆくのです。

それにしても、こうした社会への憤懣《ふんまん》や芸術上の信念が一民族の外貌《がいぼう》その他への生理的嫌悪に凝縮するとなると、問題の根は深いといわざるをえません。ことここにいたっては、人類みな兄弟という楽天的なヒューマニズムを振りかざしても、当事者には通じませんし、だからといってもちろん、それを唱える人物への共感に身を任せて、排外的民族主義に同調するなど、もってのほかです。現代社会に通じる一般論として考えても、この問題の困難さが感じられますが、過去のワーグナーにかんしても、私たちは彼を断罪も免罪もすべきではないと思います。全面的な肯定か全面的な否定か――どちらにせよ、このいっけん対照的な二つの態度に共通するのは、私たちが安易でわかりやすい説明を求めることで自分自身を納得させ、そして自らをその明快な世界観のなかで正義の側に置くことで、よい気分に浸りたいという本能ではないでしょうか。そして、そのような思考のメカニズムにとって、諸悪の根源としての仮想敵は絶好のヴィークル（＝乗り物、媒体）になるのです。ワーグナーにとっての、そして何より、ナチス時代のドイツにとってのユダヤ人がそうであったように。

ワーグナーの場合、そして彼に向き合う私たちにとって、唯一の救いは彼の芸術作品でしょう。とはいえ、それは芸術が作者の政治的信条や社会的態度と無縁に存在する、美しい世界を描いたものだからということではありません。むしろ、そうした外界の要素は芸術作品のなかにもいろいろなかたちで表れている、ただし、その表れ方が単純に割り切れるようなストレートなものではなく、いろいろなねじれや矛盾を孕んでいるという事実が救いとなるのです。これはどういうことか。

『音楽におけるユダヤ性』の引用文からもわかるように、この問題にかんしてワーグナーの日々の発言は断固として明快です。しかし、攻撃的な態度や言説は彼自身の心の、意識せざる内奥をどこか傷つけ、蝕《むしば》んでいたのではないか。言い換えるならば、ワーグナー自身もそのような自らの憎しみや嫌悪感をもてあまし、心のどこかで苦しみつづけていたのではないか。こうした無意識のレベルが、さまざまなかたちをとって芸術作品のなかに映し出されているというのが私の観方です。この方面における作者の絶望や苦悩は何よりも、この先ご紹介する《指環》の第四部、《神々の黄昏》の凄まじい展開のうちにみてとれると思いますが、たとえば、《ジークフリート》においても、第二幕の幕切れ近くで弦のフレーズから迸《ほとばし》るジークフリートの「悲痛な思い」はまさにワーグナーその人の気持ちでもあるのではないか。このくだりを聴くと、淡い哀しみとともにそんなことまで感じるのです。

＊ワーグナーの反ユダヤ主義について詳しく論じた日本語の信頼に足る文献としては、次の著書を挙げておきましょう。鈴木淳子『ヴァーグナーと反ユダヤ主義「未来の芸術作品」と十九世紀後半のドイツ精神』（アルテスパブリッシング）

デルポイの地割れ

いよいよ第三幕です。ここでもういちど、先ほど引用したワーグナーのルートヴィヒ二世宛の手紙の一節、「私たちは蒸気を吹くデルポイの地割れの中に佇《たたず》む古代ギリシャ人のように、大きな世界悲劇の中心に行き着いている」を思い出しておきましょう。読み手の想像をも刺激してやまない印象的な一文ですが、「大きな世界悲劇の中心」とは言い換えるならば、歴史の流れの結節点にして転換点でもあるということになるでしょうか。《ヴァルキューレ》の幕切れ、ヴォータンは「娘に妻問《つまど》うのは／父たる神よりも自由な男」という言葉で、自らの退位を象徴的に宣言しましたが、当《ジークフリート》第三幕では、ブリュンヒルデがついにジークフリートの妻となるばかりでなく、ヴォータンの槍がジークフリートの揮《ふる》うノートゥングによって真っ二つに断ち切られることで、神の治世の終焉《しゅうえん》と自由な人間への王権移譲が完遂するのです。

ヴォータンとジークフリートがはじめて直接に相まみえるこの第二場、そしてこれに先立つ第一場のヴォータンとエルダの再会はまさに一期一会という表現がふさわしい、歴史のなかの特権的な時間です。暗い夜の嵐の情景もそのような雰囲気を盛り上げます。モーツァルトの歌劇《魔笛》のなかで、夜の女王の娘パミーナが王子タミーノに魔法の笛の由来を語るくだりがあります（「この笛は千載一遇の神秘の時間に／樹齢千年の巨大な樫《かし》の根から／私の父が掘り出したもの、／稲光と雷鳴の嵐の晩のことよ」）。第三幕前半の二つの場面はまさしくこの台詞に通じる「千載一遇の神秘の時間」といってもよいでしょう。

この嵐の場を導く前奏曲も、先立つ二つの幕の前奏曲に較べて格段に力強く、聴き映えのするもので、塞がっていた視界がここでいっきに開けてくるような爽快感があります。先ほど述べましたように、ワーグナーが第二幕のオーケストラ・スケッチを完成させてから、この幕に着手するまでには十二年間の中断がありました。彼自身、《指環》の作品世界にもういちどうまく入り込んでゆけるか、少々心配だったということを同じ手紙のなかでルートヴィヒ二世に書いていますが、休養じゅうぶんのエース・ピッチャー（中十二年！）がいきなり快速球をびゅんびゅん打者の胸元に投げ込むようなこの幕開けを聴くと、長い中断がかえって幸いしたのではないかとも思えてきますね。

ところで、ワーグナーはルートヴィヒ二世に宛てて《ジークフリート》第三幕を形容したのと似たような表現を、バイロイト祝祭劇場のオーケストラ・ピットについて用いたことがあります。作曲者自らが強烈な信念にもとづいて建てたこの祝祭劇場は、神託を授けるギリシャのデルポイにも較ぶべきワーグナー上演の聖地となりました。彼自身もそのようなヴィジョンをもっていたのでしょう。扇状に広がった客席の並びも、古代ギリシャの半円劇場をイメージしたものです。こうしたワーグナーのこだわりのなかでもとりわけユニークな発明として、オーケストラ・ピットの構造が挙げられます。ふつうの歌劇場ではピットから漏れる灯りや、指揮者と奏者の姿がいやでも観客の目に入るのですが、ワーグナーは観客が舞台上のドラマのみに集中できるよう、ここに蓋《ふた》をかぶせたのです（左図参照）。

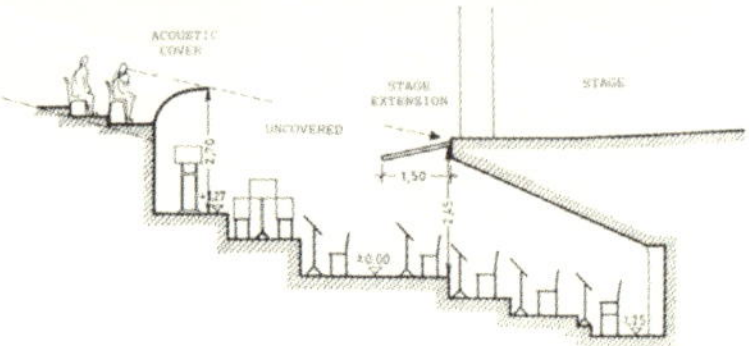

以上、この独特の構造は視覚的な理由から考え出されたものですが、「見えないオーケストラ」は結果として、それ以上の聴覚的・感覚的な作用を観客に及ぼすことになりました。すべての楽器が混然一体となって立ち上り、フォルティッシモでは客席の床を共鳴によって轟《とどろ》かすその不思議な音響——ワーグナーはこれを「神秘の奈落」と名づけ、「そこから鳴り響く幽玄の調べは聖なるガイアの胎《ふところ》からピュティアの御座《みくら》に立ち上る蒸気のごとく、すべてを見透す陶酔の境地に観客を導く」と形容したのです（『バイロイトの祝祭劇場』、一八七三年）。

第三幕の前奏曲に続く幕開きの場面の音楽をバイロイトで聴くと、まさに客席と舞台のあいだの割れ目から蒙気が立ち込める趣があります。ちなみに「ガイア」とはギリシャ神話の大地の女神であり、北欧・ゲルマン神話にもとづく《指環》の世界ではまさにエルダに対応しますから、やはりこの場面のイメージにピッタリですね。

場面構成のシンメトリー

この前奏曲と幕開きの場面に導かれた第三幕全体も、円熟の境地に踏み入った作曲家ワーグナーの技法と、緊密な構成によって見事なクライマックスを築き上げる作劇法・ドラマの流れがうまく相乗し、全編がそのまま見どころ聴きどころとなっています。じっさい、ジークフリートとブリュンヒルデが結ばれるこの幕は筋立てのうえからも、《指環》全体の頂点といってよいでしょう。第一幕から長い時間を聴きとおしてきた観客はそれまでの苦労がじゅうぶんに報われ、お釣りがきたという満足

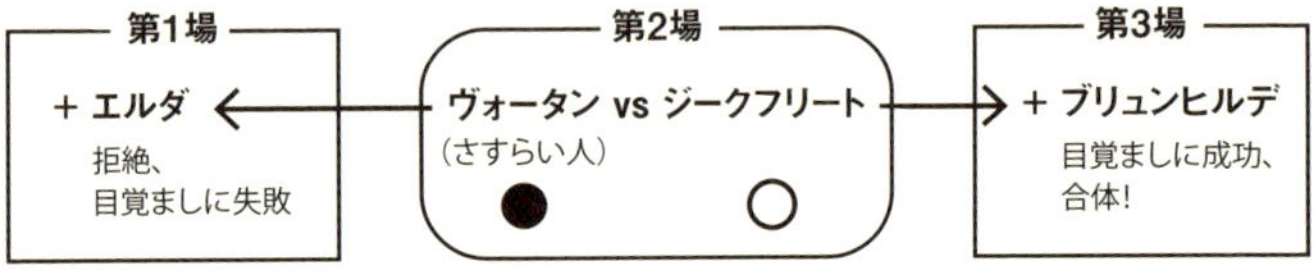

感を味わうことができるでしょうし、演奏会などでこの幕を単独で取り上げても、大きな効果が上がると思います（残念ながら、《ヴァルキューレ》第一幕に較べると、その機会はきわめて少ないのですが）。したがって、第一幕や第二幕ほど詳しい解説を加える必要はもはやないでしょう。ここでは第三幕全体の流れをつかむうえで有益と私が考える視点を二つに絞って、お話しします。

まずは、三つの場面で構成されたこの幕に、上図のような隠れた対称構造があることに注目したいと思います。

世代交代による王権委譲のドラマの中心となる第二場、さすらい人（＝ヴォータン）とジークフリートの対決を全体の結節点とみた場合、その両端をなす二つの場面はともに男女の出会いを描いていること、しかも男の側が眠れる女性を呼び起こそうと試みる点において、みごとに対をなしているのです。しかも、さすらい人とジークフリートの努力の結果がそれぞれ失敗と成功にくっきりと分かれることで、これらの場面は直接対決の結果を象徴の次元でなぞりつつ、両者の資質の違いを明らかにして、老人の敗北と若者の勝利をより強く印象づけることになります。

その成り行きをもう少し具体的にみてみましょう。第一場ではさすらい人の呼びかけに反応して、エルダはいったん「物思いにふける眠り」から目覚め、「穴の奥から迫り出し」て、姿を現すのですが、「ころがり出した（註：運命の）車輪をどうやって止めるか」助言を求める彼の問いに答えることもなく、ふたたび姿を消してしまいます。卑俗な言い方をすれば、エルダはかつてヴォータンと関係を結んだ愛人ですが、「わたしを起こすまでもなく／わたしがそなたとの間に儲けた／あの子に助言を求めればよかったのに」と皮肉るように、おそらくもう二度と彼に会う気はなかった。「何をいまさら」というのが本音でしょう。「わたしのまどろみを覚ます（原語の動詞はscheuchenで、「脅して追い払う」の意）のはだれ？」「目を覚ましてみると／すべてが混沌としている。／この世は軌道を外れ／千々に乱れている！」「わたしをまた地の底へ戻らせて！／この身にそなわる知恵は眠りのなかに封じ込めます！」といった台詞には、心地よい眠りから暴力的に自分を揺り起した相手への非難が読みとれます。

そもそも、《ヴァルキューレ》第三幕で娘ブリュンヒルデの目を口づけで閉ざし、岩山の上の眠りに呪縛したくだりが暗示するように、ヴォータンが得意とするのはどうやら死と没落をなぞる催眠の術のほうであり、誕生と繁栄に結びつく覚醒の術は苦手のようです。その証拠に第二幕でも、彼の呼びかけに起こされたファーフナーが「俺の眠りを妨げるのはだれだ？」と不平を呟《つぶや》いたあげく、すぐに「（欠伸《あくび》をしながら）邪魔しないで眠らせてくれ」と引っ込んでしまいます。

いっぽう、ジークフリートはどうか。彼が太陽神の系譜に連なる「光の申し子」である所以《ゆえん》についてはすでに詳しくお話ししましたが、太陽の到来＝「日の出」はとうぜんながら「目覚め」をもたらすものでもあります。第一場と第三場でヴォータンと彼はそれぞれ母親と娘を相手に選び、互いに「目覚ましの技」を競うわけですが、その勝負はすでに最初からついていたというべきでしょう（強引な神と天真爛漫《らんまん》な英雄の対比は、イソップ寓話の「北風と太陽」をもちょっと連想させますね）。また、だからこそ、ヴォータンはこの若者が「ブリュンヒルデの眠りを覚ます」ことを早くから見越して、「いまでは無双の英雄ジークフリートに／わたしの跡目を継がせるつもりだ」とエルダに宣言するのです。ルートヴィヒ二世宛の手紙にあるように、このとき「世界の滅亡がさし迫っ」た状況のなかで、「ヴォータンは世界の再生に心を悩ましている」。「再生」とは比喩的にいえば、仮死状態にある世界をもういちど目覚ますことですから、それをなしうるのは、まさにジークフリートをおいてほかにはいないということになるでしょう。

にもかかわらず、続く第三場でヴォータンはジークフリートの行く手に立ちはだかり、最後は憤怒《ふんぬ》に駆られたように、相手に向かって「槍《やり》を突き出す」。いっけん矛盾したヴォータンの言動は自分の力が衰え、我が世がすでに過去のものとなった事実を自分自身に対して納得させ、己が時代への幕引きをするための手続きとして説明できるでしょう。と同時に、二人の対決の場面は、作者ワーグナーがもっとも思い入れの深い登場人物ヴォータンのために用意した最高の花道でもあります。哀愁を漂わせたさすらい人の最後の台詞をト書とともに引用しておきましょう。

（ジークフリートはさすらい人と切り結び、相手の手にした槍に一撃を加えて真っ二つにする。すさまじい落雷。落雷とともに一条の稲妻が岩山の頂に向かって走ると、それまでほのかだった頂の輝きが火焔となって燃え上がり、しだいに明るさを増していく。落雷とともに轟《とどろ》いた大きな雷鳴は急速におとろえる。槍は真っ二つに折れてその足もとにころがったが、さすらい人は悠然《ゆうぜん》とそれを拾い上げる）

さすらい人：（後ずざりながら）行くがいい！／おまえを押しとどめることはできぬ！

（たちまち暗闇の中に姿を消す）

いびつなシンメトリー、破格の二重唱

ジークフリートが燃え盛る炎をくぐって、岩山の頂に姿を現すと、いよいよ最終場となります。いきなり前言を翻すようですが、象徴的筋立ての上では第一場と対をなしていると指摘したこの第三場は、時間にして第三幕の半分以上を占めており、少なくとも長さのうえでは対称のバランスをとるにはあまりにいびつです。

ジークフリートがブリュンヒルデを起こすまでに十分あまり。そこまではまあよいとしましても、彼女が目覚めてから、二人が愛を唱和する幕切れまでが長い。一緒に歓びを謳《うた》ったあと、ブリュンヒルデは目の前の相手の胸にそのまま飛び込むことをせず、自分が戦乙女《いくさおとめ》であった過去の時代を懐かしみ、未練や迷いや怖れ・戦きなど、諸々の複雑な思いに襲われ、愛を求めて迫る相手に抵抗し、幕切れの大団円をじつに四十分も遅延させるのです。そうしたドラマの流れと並行するように、光に満ち溢《あふ》れたはずの音楽にも、濁りやら翳《かげ》りが混入し、輝かしさが戻ってくるまでに多くの紆余曲折を経ることになります。これはいったい何なのか？

このようなドラマと音楽のつくり方に、ワーグナーならではの長大さへの志向、あえてネガティヴな言い方をするならば、くどさやしつこさを感じる向きもあるでしょう。いっぽうで、こうした成り行きに、もともと人生経験の大きく異なる二人、すなわち叡智ある女性と単純素朴な少年の不釣り合いに起因するすれ違いを認め、ここにすでに《神々の黄昏》における——必然の帰結としての——破局が予告されていると指摘する研究者もいます。

その点も否定するわけにはゆきませんが、私がここで強調したいのは、前講『《ジークフリート》(一)——逆説だらけの牧歌』で指摘した、通常の英雄冒険譚《たん》とは似て非なるこの作品の非メルヘン的性格です。

典型的な英雄譚においては怪物退治と高貴で美しいお姫さまの獲得は分かちがたく結びついています。言い換えるならば、美女の獲得ないしは身分高き女性との結婚は皆を困らせていた魔物を退治するという英雄的行為の褒美としておのずともたらされるものなのです。たとえば、「悪者や怪物のもとに囚われの身となっている娘を救い出してくれれば、その娘を嫁にやろう」と、王である父親が主人公に約束する、さらには、怪物をも恐れぬ若者の勇ましさが美女のハートを射止め、自分を救い出してくれたことへの感謝が彼女の胸に愛を呼び起こすというのは古今東西の神話や伝説、昔話の多くに共通してみられる普遍的な筋立てです。

このような下敷に則った英雄冒険譚を書こうと考えたのなら、いくらワーグナーでも、第三幕の後半は現行のかたちのように長大なものにはならなかったでしょう。主人公が眠れる美女を口づけによって目覚ます。そしてひと目で互いを見初めた二人、出会うべくして出会った理想のカップルが歓喜の叫びをあげ、愛を唱和して幕が下りる。まさに絵に描いたようなハッピーエンドですっきりと終わったはずです。

しかし、《ジークフリート》においては大蛇を退治する、美女と結ばれるという二つの行為が――少なくとも、表層においては――純然と切り離され、相関性が薄くなっているのです。美女の獲得はほかの英雄的行為の結果ではなく、それ自体が多くの困難と試練をともなう英雄的な行為である、とも考えられるでしょう。加えて、その内実そのものが、さらに複雑な構造を孕《はら》んでいます。それはどういうことか。

まず美女の眠る岩山を燃えさかる炎が取り囲んでおり、火の海を越えなければならないという人並ならぬ勇気と超人的能力の求められる第一段階があり、美女の眠りの呪縛をどのように解くかという問いが第二段階として用意されている。しかも接吻によって相手を目覚ますという解答を見出したあと、さらにその先、愛による合一を遂げるまでの最終的なプロセスにこそ、主人公が克服しなければならない最大の試練が待ち受けているのです。

ワーグナーが描きたかったのは、最後に最大の褒美《ほうび》として美女を獲得するという英雄の単純なサクセス・ストーリーではなく、自己と他者が向き合う愛の内実、言い換えるなら、女性という存在の神秘と男女の心の機微にほかならなかったということでしょう。その意味で、ドラマの原型となった童話や伝説に較べ、彼の関心のありようはきわめて近代的です。ビルドゥングス・ロマンという視点に立ち戻って考えても、男性の成長、発展、人格形成にとって大事なのは、女性をものとして獲得することではなく、相手を自分とは違う感情をもち、ゆえに自分の意のままにはならぬ他者として認識したうえで、その前提に立って、相手とのコミュニケーションを確立し、関係を築き上げ、そして同意の上での合一にいたる、一朝一夕というわけにはゆかぬなんとも面倒くさい（笑）プロセスにほかならないのです。

ジークフリートはこの場面ではじめて、ミーメや大蛇や動物たちとは違う、自分と対等の、相似形をなすような相手を見出しました。しかし、この異性は同じ人間の種族として自分ときわめて似ていながら、自分と正反対の感じ方をする、自分には理解できない「他者」でもあり、今までのような膂力《りょりょく》をもって克服しうる存在ではない。もちろん無理やりレイプするという手は考えられますが、ことはそのような肉体的な次元で解決する問題ではありません。愛という相手の心の領域は、自分本位の男らしさや勇ましさだけではどうすることもかなわないのです。ジークフリートが女性に出会ってはじめて「怖れ」を知るという筋立ては、得体の知れぬ他者と自分を隔てるこの深淵を前にしたときの、眩暈《めまい》のような気持ちを象徴的に表すものと考えられるでしょう。

第九講　《神々の黄昏》（一）――末世の諸相

〈あらすじ〉

永遠の愛を誓った恋人たちの行く手に指環奪還をめざすアルベリヒの息子ハーゲンの陰謀が立ちはだかる。忘却の魔酒を飲まされたジークフリートはたちまちギービヒ家の娘グートルーネの魅力の虜となり、彼女の兄グンターの願いを受けて、ブリュンヒルデを岩山から拉致してくる。ジークフリートの裏切りに憤ったブリュンヒルデは彼の唯一の急所をハーゲンに教えてしまう。ハーゲンの槍《やり》に背中を衝かれて倒れるジークフリート。事の真相を悟ったブリュンヒルデは呪いのかかった指環をラインの流れに戻し、永遠の愛を歌い上げて、夫の亡骸を焼く炎のなかに身を投じる。

ワーグナー晩年の三部作？

《ジークフリート》で終われば《ニーベルングの指環》はハッピーエンドということになりますが、《神々の黄昏》になると様相が一変して、ジークフリートとブリュンヒルデの行く手に暗雲が立ち込めます。いわば《指環》の最終作である第四部は、永遠の愛を誓った夫婦の仲が、ある者の陰謀を発端として引き裂かれ、憎しみに変容して、殺人をもたらす、そのような陰惨で凄まじい憎悪のドラマであるといえるでしょう。

そこでまずは、ワーグナーの作品全体における《神々の黄昏》の位置づけを考えてみたいと思います。ワーグナーの作品は通常、前期と後期に分けられます。前に述べましたように、ドレスデン革命とスイスへの亡命を区切りに、それまでに書かれた《ローエングリン》以前の作品が前期、それ以降の《トリスタンとイゾルデ》《ニュルンベルクのマイスタージンガー》《指環》四部作、そして最晩年の《パルジファル》まで七つの作品を後期というわけです。後期をさらに《指環》とそれ以外の独立した三作品に分ける考え方もあります。ただ、私が最近感じているのは、作曲された順番をもとにしながら、《マイスタージンガー》《神々の黄昏》《パルジファル》という晩年に完成した三つの作品をひとつのまとまりとして、それ以前の作品と区別する、そういう分類ができるのではないかということです（ついでにいうならば、十二年間の大きな中断ののち、《マイスタージンガー》のあとに作曲された《ジークフリート》第三幕も、こちらのグループに含めることができるでしょう）。

ワーグナーの作品全体を貫く共通点に「救済」というテーマがあるとよくいわれます。前期の《さまよえるオランダ人》や《タンホイザー》あたりが典型的だと思うのですが、要はまわりの世界から疎外された孤独な男性の満たされぬ魂が女性の自己犠牲的な愛によって救われるというのが基本的プロットです。救済を求める男性対救済を授ける女性というこの構図は後期になると、多少変化もあるのですが、《トリスタンとイゾルデ》にせよ《ヴァルキューレ》にせよ、社会とは折り合うことのできない個人がどう救われるのかということがテーマとなっていることには変わりがありません。とりわけ《トリスタン》において、こうした個人の魂をめぐる問題は徹底して突き詰められ、究極の表現にまで高められました。

だからこそ、そのあとワーグナーは一八〇度方向性を変えた《マイスタージンガー》を書くことができたのでしょう。いわば彼はおのが心の深淵に降り立ったあと、この新たな作品で、社会復帰を果たすのです。言い換えるならば、内面の問題を究めたあとに、もういちど、外界に目を向け、今度は共同体全体の運命と救済の問題を考えるようになっていった。こうしてできたのが《マイスタージンガー》以降の三作であり、作風にさらなる円熟をもたらす結果になったのではないかと思います。

個人の魂の救済から世界救済へという視野の拡大によって、人間心理の洞察も鋭さを増します。しかも、それは一種の悲観主義、自分を取り巻く同時代への絶望とも重なって、人間の心の暗部というものを拡大して抉《えぐ》り出すような、そういう描写を晩年の三作にもたらすのです（一般に喜劇とみなされる《マイスタージンガー》においても、人間を衝き動かす「迷妄」という主題が明朗なコメディーに苦みを添えています）。

こうした側面は何よりも音楽の響きのうちに極められています。たとえば《神々の黄昏》では心の暗部と精神の病理を描くため、ライトモチーフの使用法がより精密になり、研ぎ澄まされた響きは二十世紀の表現主義の芸術にまで近づいてゆくのです。

物理的なスケールの大きさという点でも、晩年の三作は共通しています。何より、この三作はワーグナーのほかの作品と較べても、全曲の時間が長いのです。そうした印象をさらに強める原因があります。というのも、ワーグナーの舞台作品のほとんどは三幕仕立てであり、晩年の三作もいちおうは同じつくりにのっとっているのですが、実際は四幕仕立てと考えられるからです。

《神々の黄昏》がいちばんわかりやすい例ですが、第一幕の前には序幕が置かれ、両者を連続して演奏すると通常の二幕分、二時間以上もかかるわけです。同じ視点で《マイスタージンガー》や《パルジファル》を眺めてみますと、やはりどちらでも、全三幕のなかのひとつの幕が突出して長く、二幕の構成になっていることに気づきます。《マイスタージンガー》の場合は第三幕が、前半は「ザックスの仕事場」という私的で狭い空間、後半が「祝祭の広場」という公共の開放的な空間に分けられ、全体で二時間かかりますし、《パルジファル》ではこれも二時間を要する第一幕が場面転換を区切りに、二つに分けられています。

近未来の黙示録

ここでもう一回《神々の黄昏》を《指環》四部作のなかに戻して考えてみたいと思います。《神々の黄昏》はどのような世界を描いているのか？　ト書の指示とはまた別の、象徴的な意味での舞台設定ということですね。

《ラインの黄金》は神話世界を舞台にしながら、ワーグナーの生きた十九世紀をそこに透かしだしている面が強いという話をしました。いっぽう《ヴァルキューレ》では、人間社会が生まれた古代を舞台にしながら、そこに中世から近現代にいたる人権の確立をめぐっての人類の苦闘の歴史が、ジー

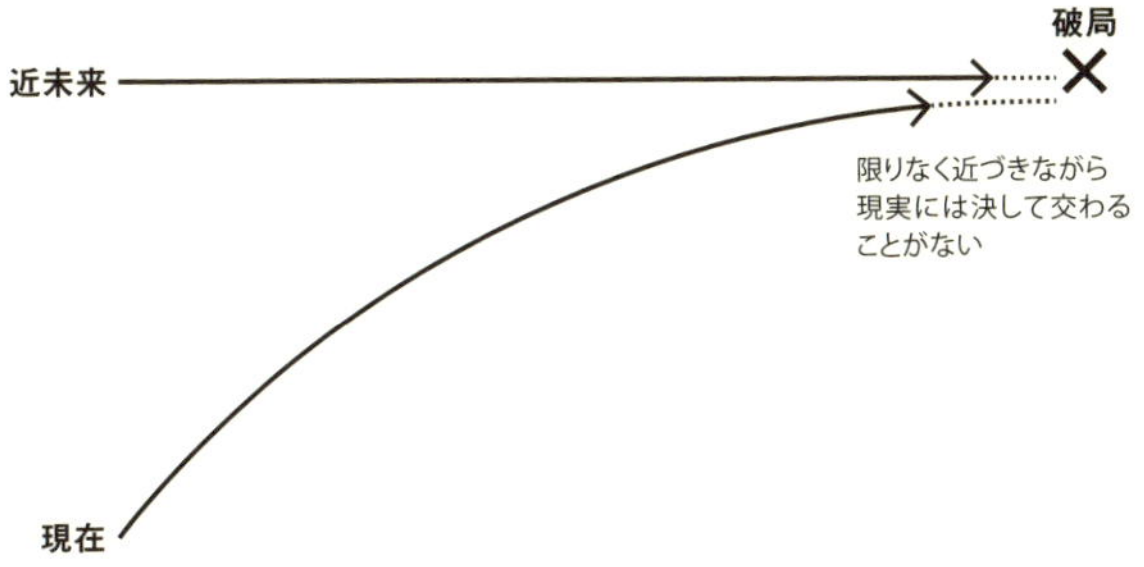

クムントおよびジークリンデの人生に刻まれているという話をしました。そして《ジークフリート》は表向きは非歴史的メルヘンの枠組にのっとりながら、そこに文化人類学の要素をもちりばめたブラックコメディーです。

こう並べてきて、それでは《神々の黄昏》をどうみるべきかというと、こちらは「近未来」を描いた小説に喩えられるのではないかと思います。「近未来」とは、ありうるやもしれぬ未来でありながら、現実そのものではない。たとえば一九八三年における近未来は一九八四年ではありません。一九八四年に実際おきた出来事はすでに歴史に属するわけで、近未来は村上春樹の小説のタイトルを借りるならば、「一Q八四」年ということになります。

このように、実際にその出来事がおきるかどうかとはまた別に、ありうるやもしれぬ物事を私たちはそのつど想定してゆくわけです。図で書くと、上図のようなイメージになるでしょうか。

だいたい近未来が問題になるときは、物事はどちらかというとネガティヴな方向に進んでゆくというニュアンスがあるように思います。第三次世界大戦でもよいし、あるいは大規模な原発事故のような致命的環境破壊でもよい、人によってイメージはさまざまでしょうが、近未来における破局の臨界点を上部の直線で表しています。それに対して、下のラインは絶え間ない現在の時間の流れを表しますが、こちらは一種の微分曲線であって、極点にかぎりなく近づくけど、現実に達することはありません。いや、いつかは達するかもしれませんが、そのときは私たち人類も周囲の世界ごと破滅して存在しなくなるので、そのときを現実の歴史のうちに描くことはできなくなるということです。ただし、イメージのうちにはそうした事態を思い描くことは可能なわけで、それが「近未来」を表す芸術です。

多くの神話や宗教にみられる終末論あるいは終末観も、このような「近未来」の表象としてとらえることができるでしょう。そもそも《神々の黄昏》というタイトルは、北欧神話で世界終末の日を意味する「ラグナレク」に由来するものなのです。ヘブライズムにもハルマゲドンという表象がありますね。新約聖書の『ヨハネの黙示録』が代表的ですけれども、世界が悪い方向に突き進んでいって、やがて破局がおとずれる。しかし、このカタストロフはキリスト教においては一種の浄化をも意味していて、旧世界の破滅のあとにメシヤが現れ、逆説的に救済がもたらされるのです。

ただ、キリスト教の終末観においては破滅にせよ、救済にせよ、それがおとずれる具体的な時間を特定することはしません。それは明日のことかもしれないし、千年先あるいはもっと長く果てしない時間を経てのことかもしれない。ただ神の時間のなかでは、人間の歴史的時間は無化されるのであって、これを信じる人々は未来の究極点として、破滅と救済を想定しながら、現実の時間を歩んでゆくわけです。

それでは次に、作品の内実とのかかわりにおいて、《神々の黄昏》の近未来的現代性を考えてみましょう。

神は死んだ

ニーチェの「神は死んだ」という有名な言葉に集約されるように、現代は中世以来の宗教や道徳による絶対的な規範が崩れつつある時代です。絶対的な価値の喪失により、虚無的な考え方すなわちニヒリズムが蔓延《まんえん》します。

こうした時代の様相を描き出すためには、リアリズムだけでは届かないところがある。というのも、虚無的な登場人物をひとり出せばそれですむという問題ではなく、世界を束ねる箍《たが》がどこか外れてしまっているような、そういう全体の描き方が必要になるからです。《ラインの黄金》がバルザックの小説になぞらえられるとすれば、《神々の黄昏》に描かれる世界はむしろそれどころか、やはりワーグナーの同時代人であったドストエフスキーの小説のような、そういう趣がある。作品内部の世界が捻《ねじ》じれたり歪んだりしており、その影響を被って登場人物の心理にも乱れが生じているのです。

【one point trivia】

◉ニーチェ(1844-1890)

若き日のニーチェはワーグナーの楽劇に魅せられ、作曲家本人とも親交を結びました。処女作『悲劇の誕生』はワーグナー礼賛の書と言ってもいいほどですが、後年は離反し、『ワーグナーの場合』『ニーチェ対ワーグナー』などの著書で舌鋒鋭く、批判を展開します。仲違いの原因についてはいろいろな説がありますが、ワーグナーの芸術への心酔とその批判的克服が、ニーチェ自身の思想的成熟にとって、避けては通れぬ必然的道筋であったことはたしかでしょう。

それだけではありません。この作品を聴く私たちの意識も、登場人物と同じように撹乱《かくらん》されてゆく感があります。アドルノは「《神々の黄昏》は、そのとてつもなく長大な時間によって聴き手を一種の航海へと連れ去り、全世界を音楽の洪水で覆うかのようだ」(『ワーグナー試論』)と述べています。私たちの感覚を麻痺《まひ》させるような《神々の黄昏》の音楽の力を言い表した一節ですが、私なりに付け加えるなら、この航海は聴き手に「船酔い」をもたらすものだといえるでしょう。

これも、すなわち「内なる自然」ですね。現代は心の病の時代でありまして、絶対的な規範の喪失もそのことに関係していますし、精神分析や心理学が発展したのも十九世紀末からです。いわば、「外なる自然」だけではなくて「内なる自然」が呻《うめ》きをあげている。《神々の黄昏》はそんな現代の様相を暗示的に描き、予告している作品だと思います。

そのことを四つの視点から詳しくみてゆきましょう。第一に序幕におけるノルンの語り。そのなかで、いままで私たちの知らなかった《ニーベルングの指環》の原初の出来事が明らかにされます。第二に、捻れと歪みを表すドラマのなかの時間と空間の構造をみてゆきます。第三に音楽ですね。先ほど述べましたように、《神々の黄昏》ではライトモチーフの用法が精緻になり、世にも不思議な響きを醸し出してゆくのです。そして第四に、この点が何より重要ですが、作品のなかの人物像。とりわけ、陰ですべてを操るアルベリヒの息子ハーゲンに焦点をあてます。以上の四点から作品に迫りたいと思います。

〈序幕（プロローグ）あらすじ〉
一．運命の女神ノルンの語り
始原の記憶（宇宙樹の枝から契約の槍《やり》を伐《き》りだして、世界を支配したヴォータンの原初の罪）と終末の予感（天上の城の大広間に鎮座して滅亡の時を待つ神々の姿）
二．ブリュンヒルデに永遠の愛の徴《しるし》として指環を贈り、ひとり地上に旅立つジークフリート

往古の調べ

《神々の黄昏》は現代に通じる近未来劇だといったばかりですが、序幕の前半は永劫の彼方に広がる古《いにしえ》を思わせるような、きわめて神話的な世界が現出します。この神話世界と欲望が渦巻く生々しい人間世界の空間および時間における圧倒的な隔たりこそが、《神々の黄昏》の舞台に測り知れないスケールと奥行を与えるのです。

この場面に登場するのはエルダの娘にあたる運命の女神、三人のノルンです。彼女たちは運命の綱をあざないながら、はるかな過去から現在にいたる出来事を語り、さらには未来の出来事をも予言するのですが、ここではまずいちばん年長で声域ももっとも低いアルトの第一のノルンによる語りを引用しましょう。

《ニーベルングの指環》はラインの河底の場面で幕を開けました。清らかな流れのなか、水の精たちの前にアルベリヒが現れ、愛を呪って黄金を奪う、そこから長大なドラマの時間が動き出したわけ

です。しかし、この《神々の黄昏》序幕にいたってはじめて、じつはアルベリヒのあの行為が物事の発端ではない、それに先立って別の重大な事件がおきていたことが明らかにされます。

その上《かみ》、世界樹のトネリコにかけて／運命の綱をあざなっていた時のこと。／樹の幹から、神々しい緑の大枝が／亭々《ていてい》と張り出し、／鬱蒼《うっそう》と葉を繁らせていた。／涼しい樹陰には／泉がこんこんと湧き出し、／叡智の秘めごとを囁《ささや》きながら／せせらぎとなって流れていた。／あのころ、私の歌には聖なる意味がこもっていた。／そこへ畏《おそ》れを知らぬ神がやってきて、／泉に近づいて水を飲み／とこしえの知恵を得た代価に／片方の目を差し出した。／この雄々しい神ヴォータンは／世界樹から大枝を伐り取り、／ひとふりの槍の柄を／削り出した。／長の月日を経るにつれ、／その傷が鬱蒼と繁る大樹をいためた。／葉は黄ばんで落ち、／幹は乾からびて枯れた。／あわれ／泉の水も涸《か》れ、／私の歌のこころにも／翳《かげ》りが生じた。／いまでは、世界樹にかけて／あざなうこともかなわぬこの身。

『旧約聖書』を題材にしたトーマス・マン最大の長編小説『ヨゼフとその兄弟』は、「過去という泉は深い」という印象的な書き出しで始まりますが、この文言を連想させるほどに、第一のノルンに付された音楽は語りの内容と言葉の孕《はら》む叙事的イメージともども、雄大かつ神秘的に滔々《とうとう》と流れて、人類がもつ集合的記憶の深みに聴き手の意識を引きずりこんでゆく力があります。そういえば、マンもこのくだりがお気に入りだったらしく、ワーグナーの楽劇の本質はドラマよりも叙事詩であり、舞台上の派手な立ちまわりなどよりも、このノルンの語りのほうがはるかに想像力に訴えかけ、印象に残るということを述べています（トーマス・マン全集第十巻所収『演劇試論』、森川俊夫訳、二五頁）。ともあれ、ノルンの情景の音楽は第一幕以降で展開される、黒々とした響きの陰惨かつ現代的な音楽とは異質であり、そのコントラストによってほかの部分をよりいっそう際立たせるとともに、作品が内包する世界の広大さを音楽面から印象づけるものなのです（第一講で引用したワーグナーの言葉「私の新しい作品――そこには世界の始原と没落が包摂されているのです！」を思い出してください）。

文明の起源

語りの内容をみてみましょう。「世界樹のトネリコ」とは北欧神話で「ユグドラシル」と呼ばれますが、世界全体を支える軸というか柱のように中心に立つ巨木であり、叡智の泉もその根元にある「ミーミルの泉」を指します（次頁図版参照）。

要は北欧古代人の宇宙観を集約したような構図です。「秘めごとを囁《ささや》く」とありますから、叡智の泉は同時に禁断の泉でもあったということでしょう。あるとき、そこに、覇気を漲らせた「雄々しい神」ヴォータンが現れた。「畏《おそ》れを知らぬ」彼は怖気づくこともなく、その泉の水を飲もうと願ったが、それには代償を払う必要がありました。そこで自らの片目を抉《えぐ》りとって、泉に差し出した、つまりは水の中に放り込んだというわけです。

泉の水が彼に教えた禁断の知恵とは何か？「世界樹から大枝を伐《き》り取り、／ひとふりの槍《やり》の柄を／削り出した」とあります。この槍が作品全体を通してヴォータンとほとんど一心同体といってもよい象徴物であり、《ラインの黄金》でファーゾルトがいうように、その槍に「刻まれた取り決めの証文」すなわち契約の呪文こそが、ヴォータンに世界の支配を保証していたことを、ここでもういちど思い出しておきましょう。その事情が、この先の第二のノルンの語りにはこう述べられています。

話し合いのすえ取り決めた／契約のルーネの文字を／ヴォータンは／槍の柄に刻みつけ、／その槍を、世界を統《す》べるよすがとした。

泉の水は彼に、契約による世界支配の術を教えたのです。

神話的な幻想味にあふれたこの泉の光景は、同時に、

【one point trivia】

◉ 世界樹のトネリコ

9つの世界を包含するトネリコの巨木で、3つの根がそれぞれヨーツンヘイム（巨人の国）、ニーフルヘイム（《指環》のニーベルハイムに相当）、アースガルド（神々の国）に通じており、叡知の泉ミーミルはヨーツンヘイムに通じる根の下に湧き出ているとされます。また木のてっぺんに座す1羽の鷲（その両目のあいだに鷹）、幹を上り下りして情報を伝える栗鼠、根をかじる大蛇など、多くの動物たちもこの木のイメージには付きものです。

文明ないしは国家の成立とその結果として引き起こされた環境破壊の成り行きをも象徴的に語るものです。第二講で、ヴォータンの支配権の内実にからめて、ルソーら近代思想家の唱える社会契約説に言い及びましたが、世界樹の下で繰り広げられるこの光景はまさに、身分差なき原始社会からやがて支配／被支配の関係が生まれ、王権が成立する過程を集約的・象徴的に語っていると解釈できます。

文明の起源においては、人々を支配することと、自然を征服することが表裏一体の関係にあります。鬱蒼《うっそう》と繁る森を伐《き》り出し、開発して、人間の住める場所を広げてゆくこと、またことあるごとに氾濫《はんらん》を繰り返す大河を制御し、農耕や運搬に水を利用して、食糧確保の役に立てること——いわば「土木」や「治水」の事業には多数の人々の労働力を結集しなければならず、そのために強大な王権による支配と強制が必要になるわけです。泉の水を飲み、世界樹から大枝を伐り取ったヴォータンの行為は文明によるこのような自然支配をも同時に象徴するものです。

その結果、何がおきたか？「長の月日を経るにつれ」枝を伐り取った傷が大樹を蝕《むしば》み、鬱蒼と繁った葉が枯れ落ち、幹は朽ちて、泉の水も干上がってしまった。まさに劫初《ごうしょ》の昔、ヴォータンがなした「畏《おそ》れを知らぬ」行為が発端となって、世界を支える自然が死んでいった、その果ての様相が《神々の黄昏》の舞台となるわけです。

ところで「外なる自然」を侵犯し、環境を破壊したヴォータンの「罪」は、第二講で詳しく論じたアルベリヒの「罪」と対をなしています。アルベリヒが愛を呪って断念した行為は「外なる自然」に対する自分の「内なる自然」の抹殺であり、その呪いが蔓延《まんえん》してゆく状況が人間の心の歪みと病をもたらすからです。ヴォータンは《神々の黄昏》ではもはや語られるだけの存在となって、舞台に登場しませんし、第二幕冒頭で息子の前に姿を現すアルベリヒのほうも、もはや現実の肉体を欠き、半ば夢魔の幻のような趣があります。しかしながら、二人がはるかな昔、それぞれ外なる自然と内なる自然に対して犯した「原初の罪」は、取り返しのつかぬ影響を周囲に及ぼし、「神々の黄昏」が近づく今このときに、世界全体を破滅の危機に陥れているのです。

終末のヴィジョン

第一のノルンの語りに続いて、第二のノルン（メゾソプラノ）が近過去から現在にいたる出来事を語り、第三のノルン（ソプラノ）はさらに近未来にまで話を及ぼします。第一のノルンが物語の始原を語ったとすれば、この二人が語るのはすでに現在の目の前に迫りくる終末の様相といえるでしょう。《ジークフリート》の第三幕で、ヴォータンの槍《やり》はジークフリートによって真っ二つに折られました。世を支配する術を完全に失ったヴォータンは、第二のノルンが語るところによると、枯れた世界樹の幹から「割り木を作らせ」、自らの末期を準備するのです。これに続く第三のノルンによる語りを引用しましょう。

巨人の建てた城が／堂々と聳《そび》えている。／その大広間には／ヴォータンが神々や勇士など／眷族《けんぞく》一同を引きつれて座し、／城のぐるりには／うずたかく／薪《たきぎ》の山が／積み上げられている。／これぞあの世界樹の末路！／この薪に火がつき／あかあかと燃え熾《さか》れば／炎熱が壮麗な大広間を焦がし／焼き尽くすは必定。／至高の神々の終末が／ここに始まるのです。

言葉だけを読んでも、じつに鮮やかで壮大なヴィジョンというべきでしょう。第二、第三のノルンの語りでは音楽も、悠久の深い泉に引き込まれるがごとき第一のノルンの語りと対照的です。それぞれ「ヴォータン」という言葉に向けて上昇を重ねるオーケストラの音型〈槍《やり》／契約の動機〉の下行音型を逆にしたかたち）とともに、聴き手の視点も垂直軸をたどって天上世界に導かれ、屹立《きつりつ》する神々の城と薪《たきぎ》の山を眼前に見上げる感があります。

ノルンの語りはこのように、始原の光景と終末の幻想を二つながらに音楽のうちに呼び起して、これから先の生々しくも慌ただしい展開の背後にひかえる神話世界の存在を聴き手の私たちの意識のうちに、刻みつけるのです。

＊ドラマの奥に控える神話世界を開示する場面としてはもう一カ所、第一幕第三場の〈ヴァルトラウテの語り〉が挙げられます。ヴァルハルの大広間に座して、滅びの時を待つ神々と英雄の姿を描き伝える点では第二第三のノルンの語りとも重複しますが、けっしてたんなる繰り返しではありません。ヴァルトラウテは神々の滅亡を救うため、ライン河に指環を戻すよう姉ブリュンヒルデを説得するという重要なドラマ上の役割を担っているのであり、その点でノルンの叙事的な描写とは違い、口調にも自ずと悲愴感と切迫感が増しています。さらに、この場面は愛の徴《しるし》としての指環に固執し、妹の説得を拒否するブリュンヒルデの反応を対比させることで、変装したジークフリート自身に指環を奪われてしまうというその後の場面における悲劇的皮肉を際立たせるのです。

二つの世界

このあと運命の綱が断ち切れ、ノルンたちは大地の母なるエルダのもとへ姿を消します。三人声をそろえて、「永遠の知も、もはやこれまで！／巫女の私たちも／世に告げることは、もはやない」と宣言するように、ここから先の世界の成り行きは運命を紡ぐ女神たちにとっても制御不可能になりました。いわばこれを境に、だれの手によっても止められぬまま、運命の車輪が転がりはじめ、滅びに向けて、歴史の時間が動き出すのです。

したがって、オーケストラの間奏曲による〈夜明けの音楽〉とともに「朝焼けが広がり」、ジークフリートとブリュンヒルデが「岩室から」姿を現わすとき、場面転換の指示はまったくないにもかかわらず、すでに舞台上の時間も空間もまったく別の次元に変容したような印象があります。とはいえ、ここで別れの挨拶を交わしながら、永遠の愛を互いに誓う二人の世界は、このあとジークフリートがひとり赴く先の世界とはまた様相が違うことも確かなのです。

これを機に、《神々の黄昏》の時間と空間の構造を考えてみましょう。まず場面がどのように移り変わってゆくか、その設定を整理しておきます。

序幕　ブリュンヒルデの岩山

第一幕　ギービヒ家の館～ブリュンヒルデの岩山

第二幕　ギービヒ家の館

第三幕　森（ギービヒ家の領内？　水の精が現われる半神話的な空間）～ギービヒ家の館（終幕には遥か彼方に炎上する神々の城が見えて、人間の文明空間と神話世界が融合）

主な舞台は二つ、ブリュンヒルデの岩山とギービヒ家の館です。「ブリュンヒルデの岩山」と便宜的に呼びますが、要は彼女が眠りに呪縛され、ジークフリートの接吻を得て目覚め、《神々の黄昏》幕開きの時点では二人の愛の住処になっている岩山の頂上で、他者が侵入できないように、おそらく今も炎が周囲に燃え盛っています。

いっぽう、ギービヒ家はグンター、グートルーネらの父親ギービヒを初代とする一族で、ライン河流域一帯を治めています。《ヴァルキューレ》第一幕ではフンディングの屋敷が出てきました。こちらを氏族間の争いが繰り広げられる半原始的社会だとすると、《神々の黄昏》における人間世界は文明化がそれなりのレベルまで進んでおり、ギービヒ一族は王家であると考えられます。そのような印象は、ギービヒの一族が「夏の盛りのように隆盛を誇っている」（第一幕第一場、ハーゲン）、「神々の恵みに浴して、／いまこそ、繁栄の／頂点をきわめるのだ」（第二幕第四場、グンター）など、登場人物の台詞のほか、《指環》のなかで、はじめて合唱が使われ、ギービヒ家の家臣や女たちが群集として登場することによっても、裏づけられるでしょう。

いわば、ブリュンヒルデの岩山はノルンたちの語りに表されたような神話的な空間に属しており、それに対してギービヒ家は人間たちの文明世界ということになります。ジークフリートとブリュンヒルデの二人は次元の異なる二つの世界を行き来するわけです。

二つの世界の質的な違いはたとえば第二幕、ギービヒの館の前にフリッカ、ヴォータン、ドンナーをそれぞれ祀《まつ》った大きな石の祭壇が並べられているところにも表れています（同第三場では、ハーゲンが家臣たちに、結婚の祝いのため、これらの祭壇に捧げ物をするよう命じることで、この設定がさらに強調されます）。つまり、ノルンたちがあれほどの具体性をもって生き生きと語った神々、ブリュンヒルデの記憶にもそのようなものとしてとどめられている神々が、文明世界ではもはや生身の肉体をもたぬ偶像と化し、宗教的崇拝の対象となっているわけです。

さらに、炎に囲まれた岩山の上に住まう美女や大蛇を倒した英雄の話も、ギービヒ家ではすでに伝説として語られている感があります。そこに生身のジークフリートとブリュンヒルデが現れること自体、不思議というか、なんともチグハグした感じがあり、その異和感をこの作品を観る者も最後まで引きずってゆくのです。

たとえば、第一幕第一場でハーゲンがジークフリートについて、グンターとグートルーネにこう語ります。


ヴェルズング族のもうけたジークフリート、／彼こそ最強無敵の勇士です。／愛につき動かされた／双生児の兄妹、／ジークムントとジークリンデが／純血の一粒種を拵《こしら》えました。／たくましく成長したこの森の子を／グートルーネの夫に迎えたらいかがでしょう。

もちろん私たちは、《ヴァルキューレ》で「双生児の兄妹が愛につき動かされ」る様子を、《ジークフリート》では「森の子がたくましく成長」する様子をつぶさにみてきました。ジークフリートとハーゲンが時を前後して、ほぼ同じ時期に誕生していることも、《ヴァルキューレ》の筋立てからわかっています。そうなると、この二人とさらにハーゲンの異父兄妹にあたるグンター、グートルーネは作品内の時間的な論理にしたがえば、ほぼ同年代ということになるでしょう。つまり、論理的にはグンターとグートルーネは《ヴァルキューレ》第一幕でジークムントとジークリンデが愛を交わしたのとほぼ同時期に、ギービヒと母親グリームヒルトのあいだに生まれ、ジークフリートが森の中でミーメに育てられて大きくなったのと同時期に、ギービヒの館で家臣たちに囲まれて成長したということになります。しかし、私たちの感覚はそのような同時間性を自明のものとして受け入れてはいないはずです。《ヴァルキューレ》に現れる氏族社会と《神々の黄昏》に描かれる王族の世界には建物の造りひとつとっても、――フンディングの屋敷がトネリコの木を中心に据えた原始的な木造建築であるのに対し、ギービヒ家の城館はト書も石造りの印象を表に打ち出している、というように――大きな時代の差が認められるからです。

そう考えると、《ニーベルングの指環》の作品世界は最初からその内部に矛盾を宿しているということになります。しかしながら、これをワーグナーの作劇構成の破綻であり、台本上の弱点であると感じる人は少ないのではないでしょうか。むしろ《ヴァルキューレ》と《ジークフリート》にはそれぞれ独自の世界が存在し、《神々の黄昏》とは質を異にする時間が流れ、空間が広がっていること、さらにいえば四部作の各作品にこのような質の違いがみられるという事実こそが、《指環》全編の豊饒《ほうじょう》を保証しているのです。加えて、作品間の時空に生じたこのギャップは、《神々の黄昏》という作品の内部において、むしろ積極的・生産的な意味合いを与えられているように思われます。それはひとことでいえば、この時空の不整合が登場人物および鑑賞者を幻惑し、混乱させる、その幻惑感がこのドラマの内実と本質的に結びついているということです。

異界への旅

ひとつの例として、序幕から第一幕を橋渡しする有名なオーケストラの間奏曲を挙げましょう。作曲家自身が〈ジークフリートのラインへの旅〉という名をつけたこともあり、この曲はジークフリートが馬に乗ってライン河沿いに旅してゆく様子を描写した、一種の標題音楽であると考えられています。

一般のイメージにしたがってジークフリートの行路を描くと、次頁の図のようになるのではないでしょうか。ブリュンヒルデの岩山から地上に下り、馬に乗りながら、森を横切って、ラインの畔《あぜ》に到着する、そこで船に乗ってライン河を遡《さかのぼ》り、向こう岸のギービヒの王国にやってくるという感じです。

しかし、どこか違うのではないかというのが、この曲を聴いた私の印象です。前半はたしかに旅を描写する音楽になっています。へ長調（♭ひとつ）の四分の三拍子による快速調の音楽で、中心になるのは〈ジークフリートの角笛の動機〉［譜例23］。「角笛」ですからもともとはホルンが吹きますが、こ

のモチーフがオーボエに受け継がれ、ピッツィカートで跳ねるように三拍子のリズムを刻む弦、グロッケンシュピールやピッコロも加わって、軽やかで陽気な響きがあふれます。

ちなみに「馬で旅する」といいましたが、この音楽、聴き方によっては馬のパカパカという足取りより、むしろ波間を滑るように進む小舟を思い浮かべる人もいるかもしれません。それどころか、私はこの音楽が作曲されたのと同じ時代に発達した鉄道、すなわち機関車が汽笛を鳴らしながら線路をシュッシュッポッポと走ってゆく、そんなリズムがここに織り込まれているような感じさえ受けるのです。いずれにせよ、「ライン騎行」と訳されることもあるこの曲、「騎行」に意味を限定するなら、ドイツ

［譜例 23］ラインへの旅（角笛）

語ではRheinrittとなるはずですが、ワーグナーの指定はRheinfahrtで、乗り物全般を表しています。

ところが、この快速調の音楽は最後までは続きません。調性がとつぜん遠くイ長調（♯三つ）へと飛び、トランペットやトロンボーンなどの金管楽器を中心にした〈ライン河の動機〉の雄大な響きに洗い流されてしまうのです。この息の長い曲想はさらに変ホ長調（♭三つ）に切り替わり、〈詠嘆の動機〉（〈苦痛の動機〉）の最強奏（*fff*）に呑《の》みこまれてしまいます。その後、調性はハ短調に変わり、水の流れが淀むようにテンポも落ちて、〈呪いの動機〉が鈍い響きを放つと、第一幕の幕が開きます。三宅幸夫氏は、この曲の後半を「《ラインの黄金》の音楽を再現し、いわば世界史のパノラマを提供する」ものと解釈します。私なりの言葉とイメージに置き換えるならば、ジークフリートという個人の生が避けられぬ巨大な時間の流れ、ないしは世界全体の運命に呑み込まれてゆくような感じです。いずれにせよ前半の躍動感にあふれる描写音楽とは大きく質を異にしているのはたしかでしょう。

そう考えたとき、ジークフリートの旅路のイメージも先ほどのものとは違ってきます（次頁図参照）。つまり、音楽上の断絶は、二つの世界の次元の違いを表してもいるのではないかということです。

ブリュンヒルデの岩山とギービヒの王国の間にライン河が流れている。ジークフリートはここをたんに舟などで横切るのではなくて、この流れは中央のあたりで、どこかにぽっかりと亀裂が生じて、その先からは真っ暗なトンネルないしは真空管を通るように、違う次元の世界に入ってゆく。つまりジークフリートは不思議な回路を通って、向こう岸に姿を現すのです（わずか数分の音楽ですが、ブリュンヒルデの岩山を出たジークフリートがギービヒの館にたどりつくまでには、実際には彼が広い世界で勇名を馳《は》せるま

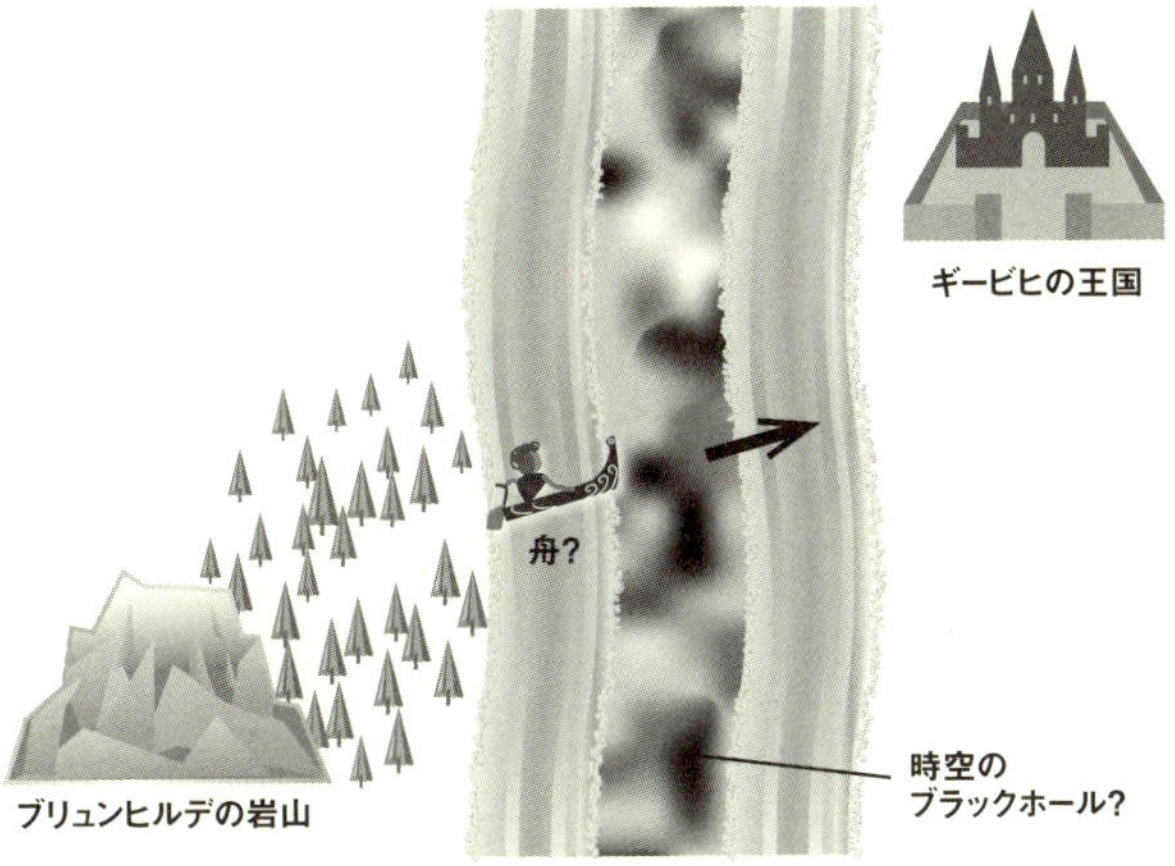

での長い時間が経過しているとも考えられます。その意味では音楽の表す次元の違いを「タイムスリップ」ととらえる見方も成り立つでしょう)。

〈第一幕　あらすじ〉

第一場　ハーゲンがギービヒ家の兄妹(グンター+グートルーネ)に、結婚相手としてそれぞれブリュンヒルデとジークフリートを勧める。

第二場　ギービヒの王国にやってきたジークフリートは忘却の魔酒を飲まされ、たちまちグートルーネの虜となって彼女に求婚。グンターの妻としてブリュンヒルデを獲得すべく、岩山へ旅立つ。

第三場　①ヴァルキューレのひとりヴァルトラウテがブリュンヒルデを訪問。神々の窮状を訴え、指環をライン河に戻すよう説得するが、ブリュンヒルデは取り合わない。

②隠れ頭巾を用いてグンターに化けたジークフリートが岩山に現れ、抵抗するブリュンヒルデを組み伏せ、指環を奪う。

眩暈《めまい》

ギービヒの館を訪れたジークフリートは忘却の魔酒を飲まされ、ブリュンヒルデにかんする記憶を失ってしまいます。忘れ薬というと現実にはほとんどありえない荒唐無稽《こうとうむけい》な道具立てですが、これも二つの世界の次元の違いによって登場人物の感覚に乱れが生じるさまを象徴的に表すものとは考えられないでしょうか。

ある人がいままで暮らしていたのとはまったく別の世界にやってきたとします。価値観や風習が違うだけでなく、異次元の世界といいますか、物の単位も違えば、時間の刻み方も違うし、あるいはふつうは直線であるべきものがすべて曲線にみえている。こうなると、異常な感覚に襲われて、自分の五感や悟性のほうが信じられなくなってしまいますよね。

もっと卑近な例を出しますと、公園の遊び場に置かれている回転遊具。平面の円盤だったり、球形でジャングルジムのかたちになっていたり、ヴァリエーションが数種類あったと思いますが、とにかく子どものころ、何人かであれをグルグル廻《まわ》しながら、その上に乗って遊んだりしました。そのあと、グルグルした感覚を引きずったまま地上に降り立つと、逆に安定した地面のほうが揺れているように感じます。人によっては、軽い眩暈をおこしたりもする。そんな感じを思い浮かべていただければよいでしょうか。

このあと第二幕で、ブリュンヒルデは岩山の頂上から、このギービヒ家の館に拉致されてきます。すると、目の前にどういうわけかジークフリートがいて、しかも自分とは別の女性といっしょになっている。このとき、彼女は「気を失いそうになりながら」「よろめき、危うく倒れそうになる」のですが、この反応は同時に、異次元空間に足を踏み入れたことに原因がある、いわば心理的なショックと生理的な身体反応（＝眩暈）が一緒になっているとも考えられるでしょう。

忘却の魔酒——感覚の変容

こうした感覚の乱れをワーグナーの音楽は絶妙に表わしています。忘却の魔酒をめぐるくだりで必ずといってよいほど現れる〈隠れ頭巾の動機〉に注目しましょう。

隠れ頭巾とは、アルベリヒがミーメに作らせた魔法の道具です。このモチーフがなぜその名で呼ばれるかというと、《ラインの黄金》で、アルベリヒが大蛇に化けるシーンで登場するからです［譜例24］。

ただ、このときはまだ四本の弱音器付きホルンだけで奏される単純な響きなのですが、《神々の黄昏》ではほかのモチーフと結びつき、楽器法も和声も複雑になり、エロティックでもあり不気味でもある、そういう響きに

［譜例 24］隠れ頭巾の動機

変わっているのです。気持ち悪いというか、聴き手の感覚をも揺るがせ、麻痺《まひ》させるような効果があります。

　この動機が最初に出てくるのは第一幕第一場、まだジークフリートが到着するまえ、ハーゲンがグートルーネに忘却の魔酒についてほのめかすくだりです［譜例25］。

（馴れ馴れしく、グートルーネのほうに身を傾け）櫃（ひつ）の中にある媚薬を覚えているでしょう（声をひそめ）／あの薬を手に入れた私の言い分を信じなさい。／あなたの憧れの英雄は／あの薬さえ飲めば、あなたに首ったけになる。（卓の傍らに戻ったグンターは、卓にもたれて聞き耳を立てている）／ここにジークフリートが入ってきて／ひと口、あのかぐわしい酒を口に含めば／前に出会った女性の面影

［譜例 25］ 忘却の動機（魔酒）

も、／そもそも女性と近づきになったことも、／けろりと忘れてしまうはず。

最初の台詞に注意してください。ハーゲンは自分が新たに手に入れた、とっておきの薬をここではじめて得意げに紹介するわけではありません。「覚えているでしょう」と訊《き》くことはつまり、グートルーネもその薬の存在を目にしていた、つまりこれが以前、ジークフリート以外の人間に使われたこともあったという可能性を示唆するものです。そう考えると、ト書もじつに意味ありげです。ハーゲンは「馴れ馴れしく、グートルーネのほうに身を傾け」、おそらくは二人だけが知っているこの秘密を「声をひそめて」語り、しかもグンターが脇で「聞き耳を立てている」。ギービヒ家の兄妹、ハーゲン、グンター、グートルーネの三人の間に以前何があったのか、彼らの少年時代にまで想像を誘われるようなくだりです。

隠れ頭巾——人格の変容

このあと、ジークフリートが到着して、実際にこの薬を飲むことになります。すると心のうちに乱れが生じて、ブリュンヒルデにまつわる記憶がスーッと彼の意識から消えてゆくのです。ここでも同じモチーフが使われますが、テンポやアクセントの置き方が前とは違っています〔譜例26〕。

ここで飲まれる飲み物の名と結びつけて、〈忘却の魔酒の動機〉ないしはそれが及ぼす作用と結びつけて〈忘却の動機〉という別の名前で、一般には区別されます。ただ名称は前に申し上げたとおり、あくまでも便宜的なものなので、ここから先の話も、私たち聴き手の意識にどう響くかというモチーフの作用のほうに注目してゆきたいと思います。
次に、このモチーフが出てくるのは、薬の魔力でグートルーネの虜になったジークフリートが、彼女の兄であるグンターに助力を申し出るところです。ここでグンターはブリュンヒルデについて語ります、意中の女性がいるが、自分には手が届かないのだと。そこからの二人のやりとりを引用します。

グンター：女の住まいは高く聳《そび》える岩山の上、
ジークフリート：（虚をつかれて、とうの昔に忘れた何ごとかを思い起こそうとするかのように、鸚鵡返しに小声で繰り返す）
――「住まいは高く聳える岩山の上……？」
グンター：女の岩室を囲んで火が燃え熾《お》り、
ジークフリート：――「岩室を囲んで火が燃え熾り……？」
グンター：その炎の壁を突き破る者だけが、
ジークフリート：（何かの記憶をつなぎとめようと懸命になる）
――「炎の壁を突き破る者だけが……？」
グンター：――この女、ブリュンヒルデに求婚できる。

［譜例 26］忘却の魔酒（ジークフリート）

（ジークフリートの身振りから、ブリュンヒルデの名前を聞いても記憶が完全に欠落していることがわかる）

ジークフリートがグンターの言葉をそのまま繰り返すのは、そこに何か気にかかるところがあるからでしょう。つまり、ブリュンヒルデの記憶がまだ完全に消滅したわけではなく、無意識のどこかに残っていて、「燃え熾る火に囲まれて、高く聳える岩山の上」に住まう女性について、自分は何か知っている気がする。その思いが彼の意識をつつくわけです。ところが最後、ブリュンヒルデの名が出されるとともに、浮かび上がりかけた記憶がズブズブと忘却の淵に沈んでいってしまう。〈炎の動機〉を中心とするこのくだりの音楽も精緻を極めていますが、この最後の部分に〈忘却の動機〉が現れて、ジー

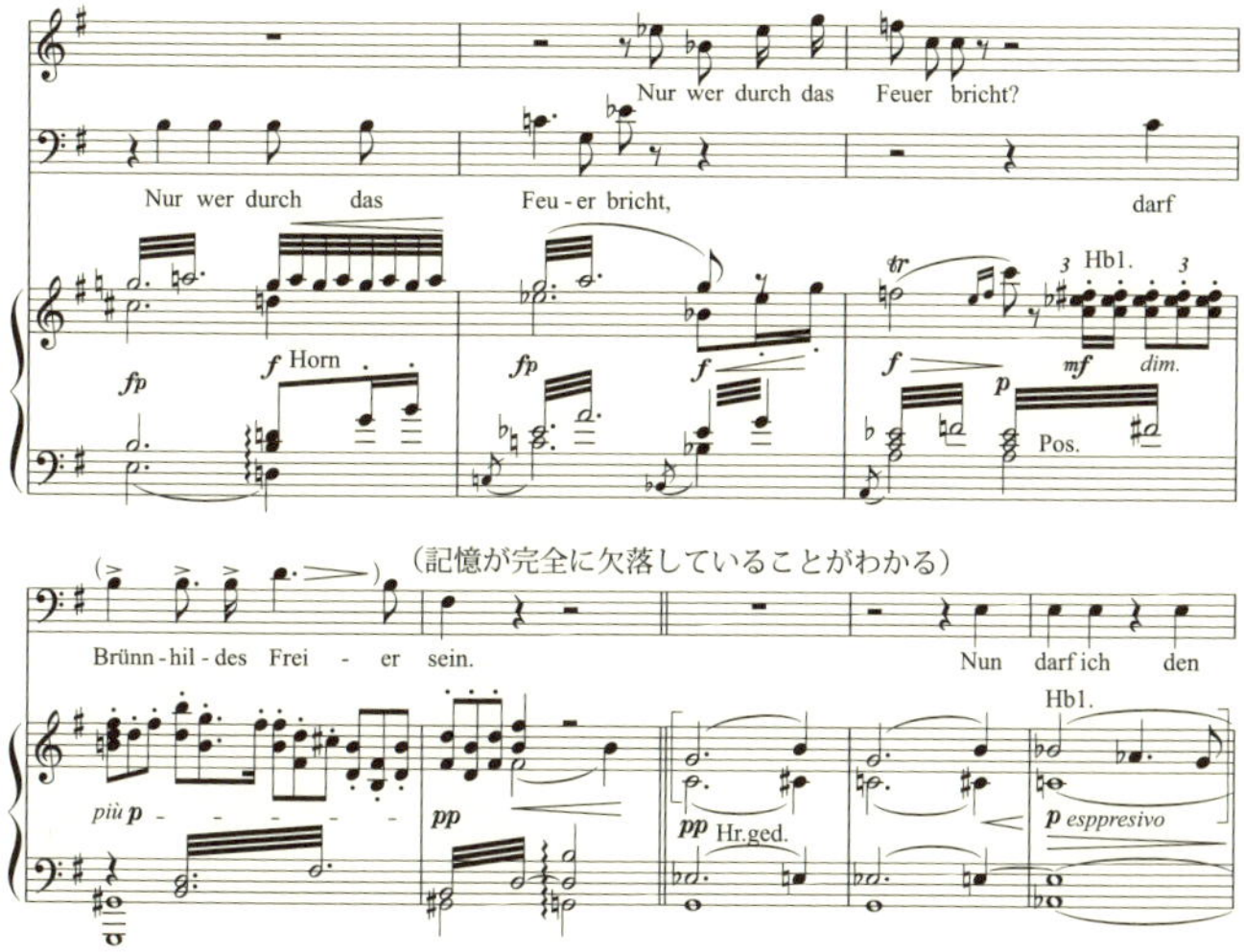

［譜例 27］忘却の動機（岩山の美女）

クフリートの記憶を封印するのです［譜例27］。

「隠れ頭巾」は変身のための道具ですが、それを表すモチーフは《神々の黄昏》になると、「忘却」をはじめ、さまざまな方向に意味合いを広げてゆきます。この動機が働きかける相手のたんに姿を変えるだけでなく、意識を乱し、その人格を変容させてしまう。〈変容の動機〉と名付けたいほどです。

《指環》のなかのブラックホール

このあとジークフリートは隠れ頭巾を使ってグンターに化け、ブリュンヒルデを地上に拉《らっ》し去るため、彼女の前に姿を表します。〈隠れ頭巾の動機〉〈忘却の動機〉とともに、岩山に押し入ってきたジークフリートは、姿かたちはもちろん、その口調からしても、まさに「人が変わったよう」です。

炎に怯《ひる》まぬ男が／妻問《つまど》いに来たぞ！／逆らわずに／私の妻になれ！

私はギービヒ家の者、／グンターと名乗る勇士だ。／女よ、さあ、いうことを聞いてもらうぞ。

ここでは単語と単語の間にことごとく休符が挿《はさ》まれ、すべての言葉が切れ切れに聞こえてきます。その結果、ぶっきらぼうで強《こわ》ばった印象が強められるのです。もちろん、これには「変装」という事情がかかわっているのでしょう。自分が自分であることが相手にバレてはならないのですから。

しかし、あまりに不自然な口調はほかの人間に成り変わったというよりは、人を人たらしめている感情というものが抜け落ちてしまっているかのようです。喩えるならば、仮面をかぶるにしても、その仮面はある特定の他人の顔に似せてつくってあるのではなく、そもそもが「のっぺらぼう」のような、顔を欠いた仮面になっているのです。

加えて、「逆らわずに」「いうことを聞いてもらう」という脅し文句が自己紹介の言葉とともにまず口を衝いて出るのはやはり、求愛の手続きとしていささか常軌を逸しているのではないでしょうか。《ジークフリート》第三幕で、同じ青年がはじめて見る女性の姿におののきを覚えながら、詩情を尽くした言葉と抒情をきわめた繊細な調べで、相手の唇にそっと口をつけた場面を思い起こすにつけ、場所と人物を同じくする二つの情景の落差に愕然とせずにはいられません。

そんな男が凍りついた表情のまま、有無をいわさぬ暴力をもって、自分に迫ってくる。この世ならぬ恐怖をブリュンヒルデはこう表現しています。

ひらりとあの岩に降り立つなど、／妖怪変化に違いない！／私を八つ裂きにしようと／大鷲が飛んできたのだ！／物怪《もののけ》よ、おまえはいったい何者？／（長い沈黙）人間の血を享《う》けた者か？／それとも地獄の軍勢が／差し向けた者か？

この第一幕の幕切れはワーグナーの全舞台作品のなかでももっともおぞましい場面だと思います。もちろん、結果として陰惨な場面はほかにもたくさんあるでしょう。《指環》という作品自体、血の臭いに満ちているといってもよい。ファーゾルト、ジークムント、フンディング、ファーフナー、ミーメ……これまで多くの登場人物が私たちの目の前で倒れてゆきましたし、《神々の黄昏》ではこの先、「ジークフリートの死」がドラマ全編を収斂《しゅうれん》する帰結点としてひかえています。

それにたいして、この場面はどうか？　別にここで殺人がおきるわけではありません。ジークフリートがここでブリュンヒルデをレイプした可能性も――第二幕ではその可能性をめぐる言い争いこそがドラマの中心になるのですが――おそらくはない。にもかかわらず、ジークフリートが抵抗するブリュンヒルデから指環を奪う瞬間は、暴力の本質を表して余すところがありません。永遠の愛で結ばれたはずの男女がもはや相手をそうと認識できぬまま争うことで、人間疎外の状況があらわになるのです。

ここには人間をその行動に駆り立てる動機のようなものさえ、まったく窺《うかが》えません。怒りも憎しみも、欲望さえもここにはない。まさに感情そのものが「麻痺《まひ》」しているような状態で、暴力が個人性を欠いた抽象概念のように、しかも身体的な激しさと、結果としての苦痛をともないながら、剥き出しのかたちで現れるのです。

これはたとえば、個人対個人ではなく、国家間の戦争など、巨大で抽象的な単位に置き換えて考えると、わかりやすいかもしれません。ジークフリートの台詞はブリュンヒルデにたいして突きつけられた最後通牒《つうちょう》のようなものです。もちろん戦争だって、発端は国民のあいだに醸成された感情に由来しているのでしょうし、武器を操作するのも人間であることに変わりはないのですが、近代とりわけ第一次世界大戦以降の巨大化した戦争は、いったん始まってしまえば、あらゆる個人の感情など往々にして無化してしまいます。空から降ってくる爆弾の雨、向こうから押し寄せてくる戦車の列——それらは人間の顔が見えないがゆえに——それ自体が人格化されているようで——、よけいに怖ろしいのです。

オーケストラの激しい音楽は、その前後にはさまれた不自然に静かな男の表情とのコントラストによって、そのおぞましさをいやがうえにも際立たせます。ひたひたと迫り来るような弦のシンコペーション。指環が奪われて、女がけたたましい悲鳴をあげるくだりの金管のぎらついた轟《とどろ》き。絶望した女の一言にともなうバス・クラリネットの虚ろな響き……。ワーグナーの妻コジマの言葉を借りるなら、この場面には「四部作を支配するさまざまな主題が幾重にも織り合わされ、世界が予想だにしないひとつの言語が創造されつつある」(『コジマの日記』一八七〇年六月二日)のです。

ところでこの場面、暴力の被害者はいうまでもなくブリュンヒルデですが、私たちを遣る瀬ない気持ちにさせる原因は果たして彼女に対する同情に尽きるでしょうか。私自身についていえば、むしろ関心はジークフリートに向けられており、天真爛漫《らんまん》な少年がこれほどに変わり果ててしまったことへの恐怖、彼を核心で束ねる人格そのものが破壊されてしまったということへの哀しみが自分の感情の焦点にあります。

第二講でアルベリヒの愛の断念について論じるさい、人間だれの心にも美しい感情とおぞましい感情の両方が潜在しているといいました。他人に暴力を振るうということはいわば、自分という人格を覆う皮質の内奥に守られてある柔らかく繊細な心の芯を傷つけ、切り刻み、壊してしまうような行為にほかなりません。だからこそ、見ているほうも苦々しくもやりきれない気持ちになるのではないでしょうか。

〈第二幕　あらすじ〉
第一場　夜の見張りをするハーゲンの前に父親アルベリヒが現れ、指環奪還をうながす。
第二場　ジークフリートが帰館、ハーゲンとグートルーネにグンターの求婚が上首尾に運んだことを報告する。
第三場　ハーゲンが家臣を招集。
第四場　ジークフリートと入れ替わったグンターがブリュンヒルデを連れて帰館。それを迎えるハーゲンと家臣たち。グートルーネといっしょにいるジークフリートの指に指環を認めたブリュンヒルデは、彼の裏切りを皆の前で告発。記憶を失ったジークフリートは自らの潔白をハーゲンの差し出す槍《やり》の穂先にかけて誓う。
第五場　絶望に暮れるブリュンヒルデはハーゲンにジークフリート唯一の致命的急所を教えてしまう。

前代未聞のぺてん！

法廷劇の枠組も取り入れた第二幕はドラマの流れからすると全三幕の中心点といってよいでしょう。

筋の展開の中心になるのは第四場、グンターに伴われてギービヒの館に現れたブリュンヒルデがそこに別の女性といるジークフリートの姿を認め、怒りを爆発させる場面です。ジークフリートの指にはめられた指環の入手の経緯をめぐって、さらには二人がいっしょに岩山で過ごした一夜の出来事をめぐって、言い争いになり、証言の違いは周囲の者の疑念を集めつつ、けっきょく二人がそれぞれハーゲンの差し出した槍《やり》の穂先に手を当て、自らの主張の正しさを誓うことになります。その結果、ジークフリートは自分ではそれと知らぬまま偽誓をする羽目に追い込まれ、ブリュンヒルデのほうは続く第五場で憎悪に駆られて、ジークフリートを討てる唯一の急所をハーゲンに明かしてしまうことになるのです。

以上、息をのむような凄まじい場面の連続です。ただし、第一幕幕切れの暗澹《あんたん》たるおぞましさとは違い、観る者をゾクゾク、ワクワクさせるドラマティックな開放感があります。第一幕で思い切り煮つめられ、凝縮された劇的エネルギーがここにきて放電するというのでしょうか、このようなワーグナーのドラマの構成、観客の生理を知りつくした作劇術はじつにみごとです。したがって、私たちもここは自らの興味と感受性の向くままに、息もつかせぬドラマの展開に身をまかせてゆけばよいでしょう。

ただ、ブリュンヒルデとジークフリートの証言の食い違いは原因こそはっきりしているものの、二人の意識のレベルに降り立って考えた場合、やはりどこか、これまで述べてきた二つの空間の違いやそれによって揺さぶられる感覚の乱れという問題にかかわる要素があると思いますので、そこに焦点を当てて、言い争いの成り行きを追うことにしましょう。

ブリュンヒルデ：では、私から奪い取った指環は／いったいどこにやったの？（グンターは狼狽《ろうばい》のあまり沈黙。ここで思い当たったブリュンヒルデは、怒り心頭に発し）そうだ！――この男だったのね、／私から指環を捥《も》ぎ取ったのは！／ジークフリート、この嘘で固めた盗っ人めが！

ジークフリート：だいたい女から／俺の手に渡ったものではない。／ましてや女から／捥《も》ぎ取ったものでもない。はっきり覚えているが／この指環は「ナイトヘーレ」の前で／手強い大蛇と渡り合い、／仕とめたときの獲物だ。

指環についていえば、両者の言い分が食い違って、証言を求められるようになった原因は、ジークフリートが第一幕幕切れで、ブリュンヒルデの指から――あれほどの暴力を用いて！――指環を捥ぎ取ったにもかかわらず、その記憶が彼から欠落してしまっていることにあります。覚えていれば、彼はそれをすぐグンターに渡すか、あるいは少なくともブリュンヒルデの目に触れぬよう隠蔽《いんぺい》することもできたはずです。

いっぽう、ブリュンヒルデはこの指環を認めて、何に「思い当たった」のか。その手がかりはやはり第一幕の幕切れのト書にあります。ジークフリートに組み伏せられ、指環を奪われたブリュンヒルデが「けたたましい悲鳴をあげ」て、「へたへたと彼の腕のなかにくずおれるとき、彼女のうつろな目が一瞬ジークフリートの視線と交差する」、つまり一瞬だけ、しかも無意識のうちに（「うつろな」と訳されたドイツ語の bewußtlos はもともと「意識せずに」という意味です）、仮面のむこうのほんとうの顔を見てしまうわけです。第二幕で指環を目にとめた瞬間、この記憶が彼女の意識の表層に浮かびあがり、ブリュンヒルデは物事の不思議な連関を一挙に悟るのです（このあとの第五場で、彼女は復讐の助太刀を申し出るハーゲンにこう言います。「あの人の眼光はひときわ鋭いから、／人目を欺くために姿を変えていても、／すぐに私には彼だとわかった」）。

それまで受け身にまわり、ただ気を滅入らせてばかりだった彼女がここで一転、あまりに人間的な憎悪に駆られ、怒りを爆発させます。

（苦痛に胸を締め上げられ、絶叫）ぺてんだわ！　ぺてんだわ！

（声を振りしぼるたびに息絶え絶えになるが、それでもなんとか息を整えようと試みる）

前代未聞のぺてん！／裏切りだ！　裏切りだわ！／ただではすまさない。／……天上の神々、／世界を操る神々よ！／あなたがたは額を集めて／こんなことを取り決めたのですか？／だれも耐え忍んだことのないほどの／苦しみを私に課し、／決して癒すことのできないほどの恥辱を私に与えたのね！／ならば、天を揺るがすほどの／復讐の術を授け、／だれも鎮められないほどの／怒りの炎を、この胸にかきたてて！／たとえこの胸が／張り裂けようとも、／この私の手で／欺いた男を八つ裂きにさせて！

音楽学者クラウス=シュテッフェン・マーンコプフはこのくだりについて、次のように述べています。

音楽の歴史全体を見渡しても、これほど衝撃的で背筋に悪寒が走るようなくだりをほかに知らない。この音楽はたんに不安を表出するのではなく、聴く者のうちにも不安を呼び起すのだ。これを聴くと、来たるべきブリュンヒルデの復讐が自分自身に向けられているような感覚に襲われる。

(Mahnkopf, Claus-Steffen: Haß und Rache, Zum 2. Akt der Götterdämmerung, in: Richard Klein (Hg.), Narben des Gesamtkunstwerks, München 2001, S.234.)

たしかに彼がいうように、歌い出しの「ぺてん(Betrug)」という言葉にかかるオーケストラ、スフォルツァンドとクレッシェンドをともなった金管と木管の和音そして何より三連符のトレモロでザクザクと駆けあがるようなヴァイオリンの走句は聴く者に戦慄をかきたてるような効果があります。

嘘つきはどっちだ?!

こうして攻撃に転じたブリュンヒルデは自分の恥もかなぐり捨てて、ジークフリートを告発するのです。

ブリュンヒルデ：彼は私を手ごめにして／愛を貪《むさぼ》ったのです。
ジークフリート：おまえにとって／おのれの名誉はそんなに軽いものなのか？／……義兄弟の血の契りを／グンターと結んでいるこの俺だ。／その誓いの正しさは／名剣ノートゥングが証してくれる。／あのときこの鋭い刃が／世にも哀れなこの女から俺を隔てていた！
ブリュンヒルデ：（……）剣のことをもち出しても、／そんな言い抜けは通らない！／その剣のことなら、抜き身もようく知っている。／あなたが後生大事にしているノートゥングとやらは、／その持ち主が私を物にしたとき、／壁にかけられたまま、／ぴったりと鞘《さや》に収まりかえっていた！

証言のずれはもちろん、ふつうに考えるならば、問題となる夜についての前提が二人のあいだでまったく違っていることに起因しています。第一幕の幕切れで、ジークフリートは岩室にブリュンヒルデを「有無をいわせぬ身振りで追い立て」たあと、剣を振りかざし、「義兄弟の信義を守るため、／この身を彼の花嫁から隔ててくれ！」と言っています。その晩、彼はブリュンヒルデにいっさい手出ししなかったと考えて、まず間違いないでしょう。事実、第三幕の幕切れで、彼女自身がジークフリートの亡骸《なきがら》を見つめながら、こう呟《つぶや》くのです。

妻を欺きながら——友には誠を尽くし、／おのれの剣によって／かけがえのない女から／わが身を隔てた。

したがって、ブリュンヒルデが問題にするのはその一夜のことではなく、自分が永遠の愛を誓ってジークフリートの妻になった経緯であり、その愛が裏切られたからこそ、我慢がならず、彼女は故意に証言のポイントを――周囲にけっしてわからないよう――ずらして、ジークフリートに皆の疑惑を向けさせるわけです。ジークフリートは「妖魔の類がとんでもない／悪企みを仕掛けているに違いない」と言って、その場を去ってゆきます。あとに残ったブリュンヒルデのほうも、同じような言い方で、事の根本の原因を化け物の仕業に帰しているところに注目しましょう。

（じっと思いを凝らし）ここに潜んでいるのは／どんな妖魔の企みか？／こんなことになったのは／どんな魔物の仕業だろう？

彼女の怒りはやはり、第一幕で自分に対してふるわれた非人間的なまでの暴力に起因しているのであり、その結果、憎悪の塊のようになっている。このような憎悪の連鎖をもたらす妄執は――これも歪められ、噴出した内なる自然というべきでしょう――個人の理性によっては制御のできないもので、それをジークフリートもブリュンヒルデも「妖魔」「魔物」と言い換えるわけです。こうした事態に、周囲も右往左往し、「雷鳴を轟《とどろ》かし、この浅ましい不祥事にけりをつけてくれるよう」ドンナーに神頼みをおこなうのみですが、ここにただひとり、事態の真相を把握している人物がいます。それどころか、人々の妄執と憎悪を巧みに操る彼こそは「妖魔」の正体にほかならないとさえいえるでしょう。

全音階と半音階

　ここで《神々の黄昏》全体の音楽について、総括的に整理しておきましょう。ドラマの舞台は神話的世界である岩山と文明世界であるギービヒの王国を何度も行き来するわけですが、音楽がこの二つの世界をどう描き分けているかという問題です。

　かなり乱暴な言い方になるのを承知で、あえて大きく分けるならば、序幕におけるノルンの語り、ジークフリートとブリュンヒルデの旅立ちの二重唱、第一幕第三場のヴァルトラウテの語り、さらには第三幕第一場のラインの娘たちの情景など、舞台に神話的世界が顕現する場面では全音階の音楽が多く、それに対し、ギービヒ家の世界では半音階の不協和な響きが優勢になると考えることができるでしょう。とりわけ、前に紹介しました第一のノルンの歌い出しなど、往古の情景が懐古されるくだりでは、音楽的にも、黄金色の光を放つような全音階による長調の響きが印象的です。

　いっぽう、文明空間を特徴づけるのは半音階による、甲高く、ギラギラとけばけばしい響きであり、サイケデリックな音色が聴き手の大脳をも過度に刺激し、揺さぶりをかけてゆくのです。音楽の構成にしたがってドラマの流れを考えるなら、この半音階の響きがひたひたと神話的空間を侵食してゆく、それが第三幕になると逆転し、半音階の攻撃がしだいに鎮まり、その向こうに全音階の世界が（しばしば元の調性を取り戻すようなかたちで）ふたたび顕現するということになるでしょう。

　全音階の世界を半音階が脅かしてゆく典型的な例としては、第一幕第三場が挙げられるでしょう。岩山の頂上にふたたびジークフリートが姿を表す直前、〈角笛の動機〉が全音階で聞こえるまでの、メラメラと燃える炎を描写する、ささくれだった弦の響きはなんともまがまがしく、そのあとの災いを早くも聴き手に予感させます［譜例28］。もちろん、このあと展開するジークフリートとブリュンヒルデの場面が半音階中心となるのはいうまでもありません。

闇の怨念

ところで、この不協和な響きの拠ってくるところ、そのルーツを考えるに、ヒントとなるのは第二幕冒頭、アルベリヒがハーゲンの前に姿を現す場面です。ここでは先立つ第一幕の幕切れとは逆に、神話世界の形象が人間世界に侵入してくるの

［譜例 28］《神々の黄昏》第 1 幕〈炎〉

ですが、場面全体は半音階による不協和な響きの連続です。いや、もともとニーベルング族は、四部作最初の草案『ニーベルンゲン神話』の書き出しで「夜と死のふところから生まれた一族」(高辻知義訳)と形容されるところからしても、闇の領域に棲《す》んでおり、すでに《ラインの黄金》から、彼らが出てくるところは半音階の響きが優勢でした。《神々の黄昏》序幕、ノルンの場においても、アルベリヒの幻影が彼女たちの紡ぎ出す運命の行く手を脅かすと、不協和な響きが混入して、息の長い悠然たる語りは終止に導かれることなく、千々に乱れて断ち切られるのです。

第二のノルン：艱苦《かんく》と怨念を込めた指環の／不吉な影が蔽《おお》いかかり、／ニーベルングの復讐の呪いが／縄目を食いちぎってしまう。

そう考えると、文明世界において半音階が優勢なのは、ニーベルング族の世界が地上に浸食し、アルベリヒの呪いが人間たちの世界を脅かしているがゆえであると考えたくなります。

その点でも、シンコペーションを特徴とする〈怨念の動機〉は記憶にとどめておくべきでしょう[譜例29]。いや、《神々の黄昏》第一幕と第二幕でこれだけ繰り返ししつこく聞かされれば、いやでも耳について離れなくなるはずです。シンコペーションとは拍子を通常アクセントが置かれるべき拍の頭から少しずつ——基本的には半拍ぶん——ずらしてゆく手法です。この「ずらし」によって、旋律やリズムのあるべき輪郭は曖昧になり、歪み、聴き手の感覚にも船酔いに似た麻痺《まひ》と乱れが生じるのです。ひたひたと緩慢に満ちてくる潮のように、この音型が何度も繰り返され、いつまでも続くと、ついには不安が強迫観念のように意識に刷り込まれることになります。アルベリヒの怨念はかくも執拗で、けっして途絶えることがないということでしょう。

　半音階が神話世界を脅かすのに対し、すでに半音階に浸食されている文明世界では、全音階の旋律そのものが否定的な意味をともないます。たとえばグートルーネにまつわるモチーフ〈誘惑の動機〉〈グートルーネの動機〉はたんに明るく甘美であるだけでなく、優雅な曲想に何やら合成着色料のような人工的な響きが混入しています。喩えていえば、ジークフリートはこの響きの毒にあてられるのです。

　第一幕第二場〈血の義兄弟の誓い〉は、表面上は男たちが友情を誓いあう二重唱で、「友のため、信義の酒を酌《の》もう！」とテノール（ジークフリート）とバリトン（グンター）が三度音程で声を重ね合わせるくだりなど、ヴェルディ《ドン・カルロ》における外題役とロドリーゴの二重唱にも較べうるものですが、こうした耳に快く口当たりのよい響きは一瞬のものにすぎず、「義兄弟の盟約に幸あれか

［譜例 29］怨念の動機

し！」の最後の heut（今日）という言葉に早くも不協和な音程が侵入します。むろん、この友情は最初から欺瞞《ぎまん》にもとづくもので、しかも裏切ったほうは死をもって償うという血なまぐさい条件が裏に貼りついているからです。煽《あお》るようにマチズモを強調し、男たちの友情を謳歌するような長調の音楽に、短調の〈贖罪の動機〉が威圧的にのしかかり、不気味な影を落とすわけです。

影の仕掛人

同じ構造は第二幕第三場の〈ハーゲンによる家臣召集〉にもみてとることができます。ここは、第二幕後半の息もつかせぬ凄まじい展開の前に、聴き手にちょっとした息抜きを用意するための、開放感あふれる場面とみなすことも可能です。《指環》の舞台にはじめて群集コーラスが登場し、しかも男声合唱の圧倒的な大音量で胸のすくような情景を作り上げる。そのクライマックス、男たちが「けたたましく笑いだし」、声を合わせて「このラインの地に／大いなる幸の訪れだ！／仏頂面のハーゲンでさえ／こんなに愉快になるんだもの」と歌うくだりに横溢《おういつ》する陽気な気分は、まるでミュンヘンのビール祭「オクトーバーフェスト」が舞台上に現出したかのような感じさえ受けます。じっさい、バイエルンの民族衣装レーダーホーゼンを穿《は》いた男たちが長テーブルの上に立ち、ビア・ジョッキを片手に踊って歌う、そういう演出があってもおかしくないと思います。

ただし、こうした開放感はこの情景の一面にすぎません。陽気さの裏には暴力性が貼りついており、一転すると、そうした負の側面がまがまがしいかたちで噴出しかねないからです。そういえば、ナチスが計画した最初の大規模なクーデター、ミュンヘン一揆もビアホールを起点としたものでしたね。

そう考えて、この場面全体を追ってゆくと、群集を扇動するハーゲンのみごとな手口がみえてきます。そもそも家臣を召集するために、彼が吹き鳴らすのはシュティーアホルン。日本の法螺貝《ほらがい》にも似た原始的かつ威嚇《いかく》的な音色で、「お家の一大事」、王国の「危急存亡」を警告し、「合戦に備えて、研ぎすました」武器をとるよう叫ぶと、天敵の接近を感知した働き蜂が次々に巣穴から飛び出してくるように、闘争本能をかきたてられた男たちが続々と臨戦態勢で馳《は》せ参じます。もちろん召集の目的は合戦ではなく、当主グンターのお出迎えだというオチがついて、そのあとの陽気で賑やかな合唱に転じるわけですが、ハーゲンが彼らの高ぶった殺気をけっして鎮めるわけではなく、むしろ巧みに煽ってゆく点は見逃せません。結婚の祝いに牡牛、猪、牡山羊、羊を屠《ほふ》り、神々への捧げものとして生贄《いけにえ》の血を石碑に注げと指示し、「酔っぱらって、ぶっ倒れるまで／とことん飲むのさ」と無法な酒盛りへの期待を高める。そのあげく、「一部の家臣たちがいるところへ近づいて」、彼らの耳元に囁《ささや》き、次の場に向けて伏線を張るのです。

お妃《きさき》には忠勤を励み、／事があれば助太刀するのだ。／あの方にもしものことがあれば、／ただちに仕返しをするのだぞ!

こうした周到な準備の結果、グンターがブリュンヒルデを連れて現れるとき、男たちがものものしく大勢で周囲にひしめいて、「耳を聾《ろう》せんばかりに武器を打ち合わせ」、二人を出迎えることになります。しかし、このときにはすでにハーゲンの姿は「家来たちの輪の中に入り」、さらには「舞台奥手の隅にひかえて」まったく目立たなくなっている。ブリュンヒルデがジークフリートの手に指環を認めた瞬間に、はじめて彼は「奥手から家臣たちの間に進み出て」、こう叫ぶのです。「いいか、この女の訴えることを／とくと心に留めるのだ！」

ちなみにコペンハーゲンのホルテンによる演出では、第二幕第三場で男たちが何人かの女を連行してきて、目隠しをし、後頭部に銃をつきつけて、射殺します。冷戦時代の末期、ある社会主義国家で実際におこなわれた政治犯射殺の光景にヒントを得たというこの演出、見るに堪えないと感じる人も多いでしょうが、生贄《いけにえ》という行為に潜む嗜虐《しぎゃく》性を強調した表現としてはうなずけなくもありません（古代の社会、たとえばギリシャにおいては、動物のみならず人間〔とくに処女〕が神への生贄にされることがありました）。

以上のように、周囲を巧みに操作するハーゲンですが、音楽的には私たち聴き手の心理をも操ってゆく感があります。彼の「ホイホー」という叫び声における半音下行［譜例30］は以降、とくに金管パートに何度も繰り返し現れます。

前に紹介しました〈苦痛（詠嘆）の動機〉の最初の二音を構成するこの音型そのものが、もともと不気味な響きを内在させているのですが、しかし舞台上のドラマの展開とそのつど結びつくことで、これが鳴ると何か悪いことがおこる

［譜例 30］ホイホー（ハーゲン）

という災いの予感を聴き手の意識に刷り込んで、私たちはこの音型が聞こえるや条件反射的に身構えてしまうまでになるのです。

悪のヒーロー？

さて、ここでいよいよハーゲンという人物について、考えてみたいと思います。ワーグナー自身が「ハーゲンは民衆の人気者だ」というコメントを残していることもあって、彼は《指環》における悪のヒーローであるという言い方がよくなされます。たしかに黒々とした巨大なバスの声で舞台を圧し、ドラマの流れを一手に握って動かしてゆくハーゲンの存在感はきわだっており、英雄ジークフリートやヒロインのブリュンヒルデを差し置いて、彼をもっとも魅力的なキャラクターとして挙げる方が多いのも無理はありません。ただ、きわめて興味深い人物であることは私自身も否定しませんが、いっぽうで、舞台を盛り上げるために不可欠な、人気のある悪役のなかに彼を括《くく》ってしまうのにはいささか抵抗を覚えるのです。

劇を盛り上げるために敵役の存在は欠かせませんし、悪役を主人公とする作品も古今東西の劇や小説のうちに多くみつかります。西洋にはピカレスク・ロマン（悪漢を主人公にした小説）という小説の系譜がありますし、たとえばモーツァルトの《ドン・ジョヴァンニ》やそのモデルとなったモリエールらの劇にもピカレスク・ドラマというジャンル名を当てることができるでしょう。盗賊や人殺しを主人公にした歌舞伎もたくさんあります。権威や優等生的な建前の世界を否定する悪役の行動に、観客は自分たちの抑圧された願望の体現をみて、溜飲《りゅういん》を下げ、喝采を送るわけです。いっぽう、勧善懲悪を旨にした劇でも、退治されるべき悪人や怪物が正義の側に拮抗するだけの大きな存在感をもつことではじめて、大団円のカタルシスが保証されるのです。

しかし、《神々の黄昏》のハーゲンはこうした伝統的な悪役とは根本的に違う要素を宿しています。それは何か？　第一に、群衆操作の成り行きにもみてとれるように、彼が為す悪は概して表に現れる陽性のものではなく、裏で物事の糸を引きながら、人々のあいだに互いへの敵意や憎悪をかきたててゆく、ひとことでいうならば「陰謀家」の悪意です。もちろん同じような類型はシェイクスピアの『オセロ』におけるヤーゴをはじめ、さまざまな劇にみられるでしょう。ハーゲンがほかとの比較を絶しているのは、彼の抱える心の闇が登場人物たちのあいだに蔓延し、作品世界の内部を汚染してゆくばかりでなく、作品の外側にいる私たち自身の心の状態にもなんらかの病的な影響をもたらす点です。つまり、観客は彼の姿を見て、胸がすくような感じを受けるのとは逆に、暗澹《あんたん》とした、背筋が寒くなるような気分に陥るのです。

私個人の受ける感じをあまり普遍化していうのは乱暴ですね。もう少しかみくだいて、なぜかということを説明しましょう。

憎悪の連鎖を人々のあいだに伝播《でんぱ》させるハーゲンの言動をみて、私が感じるのは個人への怨恨を超えて世のすべてに向けられたかぎりない憎しみであり、第三幕でジークフリートの背に槍を突き立てる瞬間に集約される残酷さです。「偽誓《ぎせい》」を罰するという名目を殺人の正当化に利用しながらも、彼はそもそも人と人のあいだの「誓い」などになんの価値も置いていない、そんな虚無主義者でもあります。〈血の義兄弟の誓い〉で、「なぜあなたは誓いに加わらなかった？」とジークフリートに聞かれたとき、ハーゲンは「私の血が混じれば、誓いの酒が穢《けが》れます」と答える。これはもちろん、この誓いによって引き起こされる「血の償い」から自分の身を遠ざけるための方便にすぎないわけですが、もういっぽうから考えると、二人を暗にこの誓いの状況にまで誘導した彼自身の行動がはじめから嘘と裏切りにもとづくものであって、すでにこの時点で「友をたばかって」いるからです。

嗜虐と使嗾《しそう》

今回の話のはじめに、「近未来」を描く作家としてドストエフスキーの名を出しましたが、このような虚無主義にまで近づいた嗜虐性の表現はやはり彼の小説群に通じるものがあるでしょう。たとえば『罪と罰』のスヴィドリガイロフや『悪霊』のスタヴローギンによる幼女凌辱《りょうじょく》。あるいは『カラマーゾフの兄弟』に描かれる、イリューシャという少年が飢えたむく犬にピンを中に埋め込んだパンを喰わせるという挿話。このような嗜虐性はおそらくだれの心の奥にもあるものですが、通常はそれに抗する優しい感情がバランスをとるかたちで存在している。じじつ、この少年も自分がしでかしたことを気に病み、犬がどうなったかを案じながら、自分を責めつづけます。それでこそ、読者も救われた気分になるのですが、こうした心のバランスが大きく崩れ、嗜虐性のみが肥大化するとどうなるか。そう考えると、怖ろしさを感じずにはいられません。

これらの小説にさまざまなかたちで描写される嗜虐性の原型というべきものを、ドストエフスキーはおそらくシベリア流刑中、囚人の姿から観察したのかもしれません。『死の家の記録』のなかには、「獰猛な妖怪じみた」さる徒刑囚について、次のような描写があります。

彼は以前、ただの慰みに小さな子供を好んで殺したものである。どこか都合のよさそうな場所へ子供をおびき込んで、まず脅したり苦しめたりしたあげく、不幸な幼い生贄の恐れ震えるさまを思う存分楽しむと、ゆっくり落ちついて効果を味わいながら、なぶり殺しにする。……自分の手に彼らの暖かい血を感じ、刃のもとにおかれた彼らの恐怖や、鳩の羽ばたくような最後の戦慄を享楽するのである。

（河出書房新社『ドストエフスキー全集』第四巻、四九頁以下、米川正夫訳にもとづき一部修正）

なんとも気持ちの悪い光景ですね。ただ、なぜこれを私たちの多くがおぞましいと感じるのか、その理由をもういちど突き詰めて考えると、この人物が自分とはまったく異質の、理解の及ばない怪物のような人間だからではないような気がします。

この文を読むとき、自分は被害者の側に身を置いて、この赤ん坊の視点からこのおぞましい囚人をみているというわけではない。こういうことを実際にする人はほとんどいないと思いますが、ひょっとしたら自分のなかにも同じ行動をとる芽があるのではないかと想像するときに、この「おぞましさ」

がこみ上げてくるわけです。

動物虐待もそうですが、抵抗できない無力な弱者をゆっくりいたぶるというのは、生殺与奪《せいさつよだつ》の権利を一手に握りながら、自分が神にも等しい全能の存在であるという疑似的な快感を味わえるもっとも手近な手段に違いありません。ドメスティック・ヴァイオレンスはその端的な表れです。最初は憤怒の爆発として始められた行為でも、それが繰り返されるうち、いつしか全能の快感がエスカレートして、病みつきになるという症例はいくらでも挙げられるでしょう。そして、このような悪の芽はどんなに微少であっても、おそらく私たち自身のうちにも潜んでいる。ですから、これを自分たちとは無縁のものとして切り捨て、世界の外に遠ざけておけばよいということにはならないのです。

もちろん作中のハーゲンが幼児虐待や動物虐待をおこなうわけではありません。しかし、世を憎み、人々のあいだにも憎悪という負の感情をかきたてる彼の行為には、やはりこうした全能感への渇《かつ》えが感じとれます。指環が約束する至上の権力は、アルベリヒの息子において、世界全体への憎悪にもとづく嗜虐性の表象にまで行き着いたというべきでしょう。第一幕で、ジークフリートとグンターがブリュンヒルデの岩山めざして旅立ったあと、留守を預かったハーゲンは皆の前で隠していた本音をこう語ります。


ギービヒの総領は／追い風に帆かけて／花嫁探しにまっしぐら。／舵を取るのは／豪勇のつわもの、／グンターのために身を挺《てい》するつもりだ。／おのれの花嫁を、グンターのため／ラインのほとりに連れてくるが、／この私には、指環が手土産！／おめでたい御曹司、／屈託のないご連中、／せいぜい楽しく船旅を続けるがいい。／私を見下しているおまえたちだが、／ニーベルングの息子、ハーゲンさまの／術中にあるとはご存知あるまい！

〈ハーゲンの見張り歌〉として知られるこのモノローグにおいて、音楽の基調をなすのは、例の弦楽器のシンコペーションを特徴とした〈怨念の動機〉と木管による〈苦痛（詠嘆）〉の動機〉冒頭の半音下行であり、加えて、重々しい金管（トロンボーン＋チューバ）による減５度の下行音型［譜例31］です。減五度ないし増四度はいうまでもなく四度と五度の中間にある音程ですが、四度や五度が横の旋律としてもなめらかにつながり、縦の和音としても美しく重なるのにたいし、きわめてすわりが悪く不協和な、さらにいえば気持ちの悪い響きがします。そのため禁則として、とくに教会音楽などからは遠ざけられてきたのですが、逆に「音楽の悪魔」と呼ばれ、神的なものや美にたいして、悪魔や

［譜例31］〈ハーゲンの見張り歌〉

死など否定的な意味を添える場合に利用されることがありました（以上、増四度音程の記述にかんしては、三宅幸夫「リヒャルト・ヴァーグナーと『音楽の悪魔』」を参照。日本ワーグナー協会編『年刊ワーグナー1981』所収、福武書店）。ワーグナーはこの音程を和音としてもモチーフとしても徹底してハーゲンにまつわる音楽に割り振ったのです。

台詞はハーゲンの思惑どおりに事が着々と進んでいる事実を告げるものです。ジークフリートが代理求婚に出かけるのはグンターのためであるし、グンター自身もそう思っている。しかし、彼らは二人とも指環を手に入れるというハーゲンの目的に仕えているにすぎないわけです。このあとの第一幕第三場で、ジークフリートがブリュンヒルデにあれほどの暴力をふるう結果になったのも、その意味で、ハーゲンの目論見から出ていることであって、いわばあの場面は（ジークフリートはグンターの姿に化けているわけですが、それとは別に）ハーゲンの嗜虐性が別の人間に乗り移っているとも考えられるでしょう。

そういえば、他人を嗾けて悪事を働かせるというのも、嗜虐性と並んで、全能感を味わうひとつの方法です。これは裏に隠れたボス（黒幕）が手下に耳打ちや目くばせをしておこなう集団によるいじめなどによくみられるパターンでもあります。亀山郁夫氏は『悪霊』のスタヴローギンや『カラマーゾフの兄弟』のイワンの罪を読み解くキーワードとして「使嗾《しそう》」という言葉を使いました（亀山郁夫『ドストエフスキー　父殺しの文学』、ＮＨＫブックス参照）。ハーゲン自身は別の人間に殺しを示唆して実行させるわけではなく、自ら殺人に手を染めるのですが、第一幕の幕切れや第二幕第三場から第四場にかけての隠れた人心操作などをみると、やはり同じ言葉をあてはめたくなります。

蒼《あお》ざめた馬を見よ……

〈ハーゲンの見張り歌〉で、ト書にはない動物虐待を描いている演出が二つありますが、これも演出家たちがここの台詞と音楽から、この人物の嗜虐性をみてとり、それを舞台上に表現しようとしたことの表れでしょう。ひとつはトーキョー・リングのウォーナー演出。もうひとつはＤＶＤになっているヴァイマール歌劇場のミヒャエル・シュルツ演出です。

どちらも暴力の対象に選ばれたのはグラーネ。ブリュンヒルデの愛馬として、《ヴァルキューレ》から彼女と行動をともにし、ヴォータンが与えた罰として岩山の眠りに呪縛されるという運命を分かち合い、炎の海を乗り越えた勇者の接吻によって女主人とともに目覚めた、まさにブリュンヒルデと一心同体の動物です。二つの演出のインパクトを伝えるうえでも重要だと思われますので、ここで、《神々の黄昏》においてこの馬が担う役割をざっとみてゆきましょう。

まず序幕で、グラーネは指環と交換に、ブリュンヒルデからジークフリートの手に委ねられます。

（有頂天になって指環をはめ）かけがえのない宝、手放すものですか！／お返しに、私の愛馬を受けて。／かつては私とともに／勇ましく天翔《か》けたこの馬ですが――／私と同じように／神性を失ってしまいました。／雷光ひらめく／雷雲さながらに／大空を駆けることは／もうないでしょうが、／

あなたがどこへ連れてゆこうと、／たとえ火のなかでも／グラーネは怯《ひる》むことなく従います。／これからは、勇士よ、／あなたが主人なのですから、／どうかこの馬をたいせつにして。／あなたの言葉も聞き分けますから、／どうかブリュンヒルデの挨拶を／たびたびグラーネに伝えてくださいね。

ジークフリートがひとりで旅立つこと、これはどうやら二人のあいだでは自明のことであり、ブリュンヒルデは彼を見送るだけで、いっしょについてゆくことはかないません。この場面のはじめで、彼女は「あなたの幸せを願うばかりで、／あげるものはもう何もない。／この哀れな女を／どうか蔑まないで」と言うのですが、この台詞には、ジークフリートが世界に旅立って、自分のことなど忘れてしまうのではないかという一抹の不安さえ感じられます。そこで彼女はグラーネを旅立つ夫に贈るのです。自分と同様に「神性を失った」この馬は、女主人の喪失感をも共有しており、ひとりで岩山にとり残される彼女の心細さを象徴する存在でもあるでしょう。また、夫の身の安全を願う彼女の愛のしるしでもあります。

ところが、そのグラーネをジークフリートはギービヒの館に着くや否や、ハーゲンの手に預けてしまうのです。このくだりを引用しましょう。

グラーネをくれぐれもよろしく。／あんたが手綱を引いた／馬のなかで／これほどの駿馬《しゅんめ》はいないだろう。
（ハーゲンは馬を曳《ひ》いて広間の右手裏に去り、しばらくして戻ってくる。ジークフリートが感慨深げに見送っているあいだに、ハーゲンの合図を受けたグートルーネは、ジークフリートに悟られずに、左手の扉から自分の部屋にひきとる）

どうということもない場面ですが、グラーネに託された象徴性を考えると、その直前の「（馬は）私がお世話しよう」というハーゲンの台詞を含め、意味深いものがあります。いわば、男女の愛のしるしにして、離れた夫婦をつなぐよすがともいえる宝を、ハーゲンはさりげなく取り上げ、手の届かぬところへ持っていってしまうわけで、それを「ジークフリートが感慨深げに見送る」とき、オーケストラは序幕で二人が愛を誓ったときのモチーフ〈ブリュンヒルデの愛の動機〉（＝妻から夫への愛）と〈英雄的な愛の動機〉（＝夫から妻への愛）を不吉な翳《かげ》りを帯びた音色で切れ切れに奏で、かけがえのない何かが主人公の手から失われてゆく瞬間を決定づけるのです。

グラーネはこのあと、ジークフリートが忘却の薬を飲むときも、さらにはブリュンヒルデがギービヒの館に連れてこられ、二人が再会するときも、おそらくは厩《うまや》につながれたまま何もできず、忘れられた存在となって、すべての幕切れ、ブリュンヒルデとともに亡き主人の遺体を焼きつくす炎のなかに飛び込んでゆくときまで、私たち観客の意識にさえのぼることがありません。

ただ、目立たないのですが、第三幕第二場で一度だけグラーネの存在がほのめかされるくだりがあります。狩りの一行とともに出かけたジークフリートの帰宅を待つグートルーネが不吉な予感にかられ、真夜中の館を徘徊《はいかい》する場面です。

あの方の角笛かしら？／（聞き耳を立てる）違うわ。／まだお帰りになる時刻ではない。――／不吉な夢に／眠りを妨げられた。／あの方の馬が狂ったように嘶（いなな）き、／ブリュンヒルデの高笑いで／目を覚まされた。

おそらくブリュンヒルデの高笑いもグラーネの嘶きもけっして夢ではなく、実際に外からグートルーネの耳に届いて、彼女の眠りを覚ますきっかけになったのでしょう。さらにいえば、グラーネの嘶きはジークフリートの死を感知したがゆえではなかったでしょうか。それは彼がハーゲンの槍《やり》で背中を刺された瞬間、あるいは息を引き取った瞬間にシンクロしているとさえ考えたくなりますが、こちらは少なくともト書上の時間指定とは整合しません（引用した場面には「深夜」という指定があるのに対して、ハーゲンの槍に背中を刺されたあとは「忍びよる黄昏のなか」、そして息絶えたあとは「宵闇が迫る」となっています）。

以上、台詞も与えられていないこの馬が、ドラマの展開において隠れた重要な役割を担っていることをご理解いただけたと思います。そのグラーネが二つの演出では〈ハーゲンの見張り歌〉で嗜虐の餌食にされるのです。

トーキョー・リングは木馬グラーネが次々とサイズを変えるのがポイントで、《ヴァルキューレ》第二幕では写真のようにブリュンヒルデが子供部屋にあるような木馬にまたがって登場したのが、同第三幕の〈ヴォータンの告別〉では父親の娘への思いを反映するように、巨大なものに変わっています。そして《神々の黄昏》になると、神性の喪失を意味してでしょうか、ジークフリートの旅行用アタッシュケースにおさまるほどの小さなサイズになっている。この玩具と化した馬をハーゲンは〈見張り歌〉の冒頭で、金管の減五度音程下行（「音楽の悪魔」！）に合わせてポキリと真っ二つに折ってしまうのです。グラーネに体現された希望や愛がどんどん縮小し、最後はこれほど呆気《あっけ》なく壊されてしまう——そのことが哀しくもあり、また、ものいわぬただの物体に向けられた暴力にハーゲンの憎悪の強さを感じ、背筋が寒くもなりました。このあと第三幕の大詰めで、ブリュンヒルデはこの折れた木馬に必死に語りかけることになるでしょう。

いっぽう、ヴァイマールの《指環》では、グラーネは《ヴァルキューレ》からずっと通して、人間の老婆の姿で登場します。ブリュンヒルデの身を気遣い、世話をする召使の婆やという感じでしょうか。〈見張り歌〉

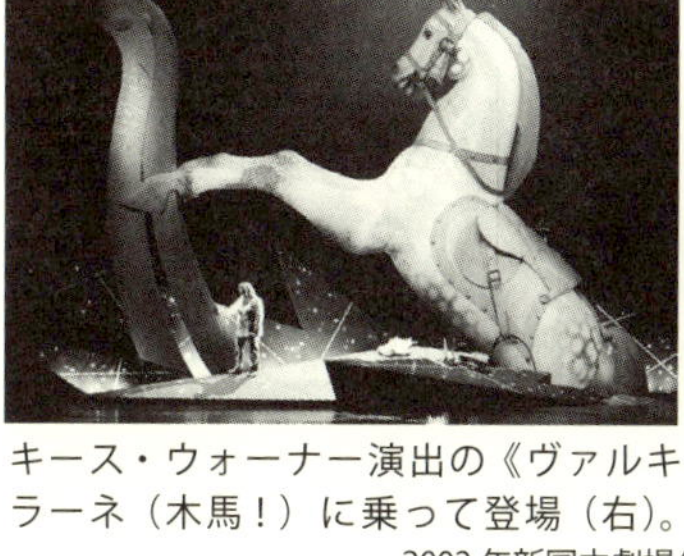

キース・ウォーナー演出の《ヴァルキューレ》第2幕／ブリュンヒルデ、グラーネ（木馬！）に乗って登場（右）。同第3幕で巨大化したグラーネ（左）
2002年新国立劇場公演より　撮影：三枝近志　提供：新国立劇場

で、ハーゲンはこの老婆を子どもっぽい格好をした数人の黙役（配下のニーベルング族？　あるいはギービヒ家の馬たちが新参のグラーネをいびっているようにも思えます）に拘束させ、後ろから抱える格好で獣姦《じゅうかん》したあと、大きなハサミで長く白い髪の毛を切り刻んでしまうのです。トーキョー・リングの玩具破壊がハーゲンの憤怒と憎悪の表現であったとすれば、こちらは倒錯の表現であるというべきでしょう。まさにハーゲンという人物は病んでいるのです。

憎悪が世界を汚染する……

このような病がいかに強い感染力を有しているか――〈見張り歌〉に続く第一幕第二場から第三場への間奏曲はたんに舞台転換のために便宜的にさし挿《はさ》まれたものではなく、ハーゲンのうちにわだかまる憎悪が周囲に広がってゆくさまを描写しているのではないかと思います。けっして有名なくだりではありませんし、単独のオーケストラ・ピースとして演奏される例も皆無ですが、《神々の黄昏》のなかでも、変装したジークフリートが岩山に現れる場面と並んで、とりわけ黒々とした響きをもち、精密なライトモチーフの使用法がみられるところです。

まずはなんといっても、バス・トランペットによる〈ジークフリートの動

［譜例32］《神々の黄昏》第１幕間奏曲

機〉がトロンボーン四本の下行音型［譜例32］に押しつぶされてしまう瞬間が怖ろしい。これは《ラインの黄金》から主として、ヴォータンの槍《やり》ないしはその槍に刻まれた契約の呪文を表すために使われてきたモチーフで、〈槍の動機〉ないしは〈契約の動機〉と呼ばれます。《ジークフリート》第三幕で、ジークフリートの剣はヴォータンの槍を両断しました。それによって彼は世界を縛る契約の掟をも断ち切ったのだと考えられますが、《神々の黄昏》になると、自分ではそうと気づかず偽の誓いをすることで、「契約」に足もとをすくわれ、命を落とすことになります。しかも、彼の命を奪うのはハーゲンの槍なのです。そう考えるならば、この音楽はジークフリートを待つ運命をも予告していることになります。

　このあと例の半音下降の音型が木管で三度繰り返され苦痛の度を高めてゆくと、それを鎮めるかのように「弱音器◉を付けて、表情豊かに」と指示された弦楽器のフレーズが出てきます。これはこのくだりで二回繰り返されるのみであり、ゆえに動機名さえ付けられてはいないのですが、なかなか印象的な旋律です。というのも、来るべき作品でワーグナーの最終決算ともいえる《パルジファル》の主要モチーフ〈愛餐の動機〉の断片的萌芽がここにはみられるからです。もちろん作曲家自身がそのことを意識してこのくだりにこのフレーズを挿しこんだわけではないでしょうが、優しい諦観に満ちた曲想からは早くも――《パルジファル》という作品の出発点をなす――末法的世

【one point trivia】

◉弱音器

いわゆるミュート。音量を抑えるための器具で、弦楽器なら駒の部分、金管楽器なら吹き口と逆側の、音が出てくる部分（ベル、朝顔）に取りつけられます。

相に向けられた神（絶対的審級）の嘆きと哀しみが聴きとれるような気がします。

この直後、クラリネットが〈ブリュンヒルデの愛の動機〉を吹くのですが、ホルンの〈呪いの動機〉がかぶさることによって、ほんらいの明るく伸びやかなモチーフには陰りが混入し、形も崩れてゆきます（ホルンのパートに付された gestopft という指示は、音楽上は「弱音器を付けて」という意味ですが、ここではあえて「栓を詰まらせて」という元の意味を読みとりたくなります）。とくにその五回目、突如甲高く嬰ハ音に駆けるパッセージには悲鳴を聴きとることさえできそうです。籠のなかの小鳥が坑道にわだかまる毒ガスを感知して、羽をばたつかせながら、もがいているとでも申しましょうか。悪意や憎悪という文明世界の毒を孕《はら》んだ大気がいよいよ境界を超えて広がり、この神話世界をも脅かしつつあるのです。

このあと、二本のクラリネットが三度間隔で奏でるのは《ジークフリート》第三幕のブリュンヒルデの目覚めを回想するモチーフですが、これもひた寄せる弦楽器のシンコペーションに何度も脅かされます。そして、最後はふたたび〈ブリュンヒルデの愛の動機〉が繰り返され大きく膨らんで、すべての不吉な予感を振り払おうとしたすえに、〈忘却の動機〉に浸されて消えてしまうのです。やはり世界は病んでいるというべきでしょう。

呪われた出生

「なぜこんなことになったのか、おわかりですか？」——すでに何度か引用した、第三幕の大詰めのブリュンヒルデの台詞です。ハーゲンという人物の成り立ちを考えるうえでも、この問いかけは有効でしょう。憤怒《ふんぬ》、憎悪、悪意、嗜虐性……。これらはすべて私たちのだれもがもちうる感情です。しかし、通常の人間にあっては別のさまざまな要素とバランスをとりながら、飼いならされ、表には現れにくくなっている。だとしたら、いったいどのような状況のもとで、どのような経緯を経て、これらの否定的感情のみが肥大化し、ハーゲンのような悪魔的人物に結実するのでしょうか。

《ヴァルキューレ》第二幕の長大なモノローグにおいて、ヴォータンはハーゲン誕生の経緯について、こう語ります。

いまになって思い当たるのは／とらえどころのないエルダの不気味な言葉。「闇に棲《す》んで愛を憎む男が／怨念をこめて／男子をつくるときに／神々の没落も間近にせまる」と。／アルベリヒについて／最近、こんな噂を耳にした。／あの小人がひとりの女を手篭《てご》めにした、／黄金にものをいわせてな。その女の胎（はら）には／憎悪の種が宿り／いまや妬（ねた）みの塊が／陽の目を見ようと、あがいている。／こともあろうに、愛を捨てたものに／奇蹟が起きたのだ。

ここに語られる内容は想像するだにおぞましいものです。アルベリヒは黄金を餌に人間女性をものにして、「愛を憎み、怨念を込めて」自分の精子を相手の子宮に注ぎ込んだ。その結果、母の胎内で「陽の目を見ようと、あがく」赤ん坊は、生まれる前から「憎悪の種」「妬みの塊」と形容され、いわばそうであることを宿命づけられるのです。

これがけっしてヴォータンの側の（都合のよい）勝手な思い込みでないことは、《神々の黄昏》第二幕第一場でアルベリヒ自身が息子に向かい、「わしはしたたかな憎悪の念を／おまえに仕込んできた」と言うことからも、裏づけられるでしょう。そして世を統《す》べる神々の長としてのヴォータンはこの生まれてくる赤子にこう念じて、呼びかけるのです。

されば、ニーベルングの息子よ、／わが祝福を受けるがよい！／神々の栄光などむなしいもの、／心底いや気がさしたから、／それをおまえにくれてやろう――！／骨までしゃぶって、妬み心を満たすがよい！

このとき、ヴォータンは自らの「遠大な構想」が破綻して、「わが世の終わり」を願うほどの捨て鉢な心境にありました。いわば彼のうちに巣食う虚無的世界観が、誕生の祝福としてハーゲンに授けられ、受け継がれることになるのです。象徴的な次元では、ヴォータンはハーゲンにとって名付け親のような存在といえるかもしれません。

いずれにせよ、ここでヴォータンが授ける祝福とは一種の「呪い」にほかなりません。その後の人生でどんな恵まれぬ境遇に陥っても、どんな悪事を犯すことになっても、だれしも最初は父と母の愛を通し、祝福されて生まれてきたのだという言い方があります。やや建前論的でおめでたいと申しますか、やたら無邪気に繰り返すのには抵抗がありますが、少なくとも、子どもへの精神的影響を考えたとき、これと反対のことを言ってはならないのは自明の理でしょう。その前提がハーゲンにたいしては、最初からない。彼は「呪われて」この世に生まれてきたのです。

蔑視と差別

こうして誕生したハーゲンがその後、どのような人生を歩んだか。これは作品のなかではほとんど語られていません。どこで、どうやって育てられ、大きくなったのか——私たちはわずかな間接証拠から、想像をはたらかせてゆくしかないのです。そこでまずは最初の手がかりとして、第一幕第一場の冒頭で、ギービヒ家の兄弟が交わす言葉をみてみましょう。

ハーゲン：嫡男《ちゃくなん》たるあなたを敬い、／かつ羨んでいます。／われら兄弟を産み落とした／母グリームヒルトも、分をわきまえよと教えました。

グンター：羨ましいのは私のほう、／私を羨んでもらっては困る。／総領の座は私が継いだが、／才知を授かったのはおまえばかり。／だからこそ父の違う兄弟の間でも／これまで諍《いさか》いなしにやってこられた。

ハーゲンはギービヒ家で産み落とされ、その後もそのまま王家で育てられたのか、あるいはアルベリヒに育てられたあと、何かのきっかけで王家の兄妹のもとに入り込んだのか。大きく分けて、可能性は二つあります。私自身は前者の考えに傾いていますが、いずれにせよ今このとき、彼は母を同じくするグンター、グートルーネらとともにギービヒ家で暮らし、しかも総領グンターの参謀役として、絶大な信任を得ている事実に変わりはありません。

ちなみに「嫡男」という訳語に対応するドイツ語は ächt genannt、年齢差を表す言葉でなく、まさに「真正の、正統の子として（親および周囲が）認めた」という意味です。それに対し、ハーゲンは正統ではなく、庶子《しょし》ということですね。

さらに次の「母グリームヒルトも、分を弁《わきま》えよと教えました Frau Grimhild' ließ mich's begreifen.」という一行も意味深いものがあります。というのも、ハーゲンは母の名に英語の Lady に当たる尊称 Frau をかぶせている。このあとグンターが母親の名を出すところもあるのですが、そちらは Frau を付けていません。ひょっとして、グリームヒルトはハーゲンにだけ自分をそう呼ばせることで、彼を子どもではなく臣下の扱いにしていたのではないか。

そう考えると、続く ließ mich's begreifen にも、引用した訳とは別の解釈の可能性が出てきます。直訳すれば、「私にそのことを理解させた」、すなわち、口でそうと教え諭したということには必ずしもならないのです。自分への呼ばせ方もそうですが、彼女は家中におけるさまざまな扱いをとおして、ハーゲンにおのずと身分の違いというものを思い知らせたのではないでしょうか。大人になる前であれば、そのような扱いはなおさら本人の心が傷つくことも多かったと想像できます（そもそも、ハーゲンはグリームヒルトにとっては不義の子なのです。たとえ仮に夫ギービヒにたいしてそのことを隠しおおせたとしても、アルベリヒと交わった屈辱的体験を思い出させる息子に、母としての愛情を注ぐ気にはなれないでしょう）。

そんな彼と同じ家のなかに育ったグンター、グートルーネはハーゲンにどのような態度をとってきたのでしょう。大人になったいまこそ、才知にまさる彼を重宝し、ギービヒ家の重臣として立てているが、以前は私生児への蔑視がそのまま言葉や態度に表れることもあったのではないか。第三幕第三場でジークフリートの亡骸を前に、指環をめぐって兄弟の争いがおきたとき、グンターは「妖魔の落とし子のくせに、恥を知るがいい」と、思わず本音を口走ります。言ってよいことと悪いことの分別がつかない幼少のころであれば、このような発言は頻繁になされたと考えて間違いないでしょう。間接証拠として、《指環》の草稿『ニーベルンゲン神話』の一節を挙げておきましょう。

ハーゲンはグンターとグードルーンに対しては打ちとけなかった。彼らはハーゲンを恐れたが、その賢さと経験は評価していた。グンターはハーゲンのふしぎな出生の秘密と、自分とは種ちがいであることは知っていた。あるとき彼を小人の息子と罵ったことがある。（高辻知義訳）

父帰る……

『ニーベルンゲン神話』にはまた、こうも書かれています。

アルベリヒはハーゲンが子供のときから秘密の知恵と父の運命を教え、指環を求めるようにそそのかしていた。
（同右）

はたしてハーゲンはアルベリヒに育てられた時期があったのか。そうではなく、最初からギービヒの館で育ったというのが、先ほど述べましたように、私自身の現在抱くイメージですが、ただ、そうだとしたらこんどは、いつどこでハーゲンはアルベリヒに遭い、彼が自分の父親であると知ったのか、という問いが浮上するわけです。

これについても、テクストになんらの証拠がみつかるわけではありませんが、第二幕冒頭でアルベリヒがハーゲンの前に現れる場面そのものが、この問いを考えるひとつの手がかりにはなるのではないかと思います。すなわち、彼はおりあるごとに、他人には気づかれぬよう、夜陰《やいん》にまぎれてハーゲンだけの前に姿を現し、彼の耳に出生の秘密や指環にまつわる情報ともども、世間への憎悪と指環奪還への欲望を吹きこんできたのではないかということです。

ハーゲン、わが子よ、／おめでたい奴らを憎むがいい！／わしも、喜びを知らず、／苦悩を背負わされた男、／おまえにしても親子の絆《きずな》は逃れられぬ。／おまえがたくましく、肝力があり、／才知にたけているため、／わしらが闇討ちを仕掛けた／当の仇敵《きゅうてき》は、こちらの怨念に押されて、／すでに苦境に陥っている。／……何はさておき、指環を狙うのだ！／物怖じしない／おまえをつくったのは、／あくまでヴァルハル勢の／向こうを張るため。／おまえは大蛇を屠《ほふ》るほど／強くはないが／――それはあのヴェルズングだけにできること――／わしはしたたかな憎悪の念を／おまえに仕込んできた。／おまえこそ、わしの恥をそそぎ、／指環を手に入れ、／ヴェルズングとヴォータンの鼻を明かす男だ！

アルベリヒがハーゲンの前にはじめて現れたのはいつか？　これもテクスト中に答えはみつからず、想像をめぐらすことしかできませんが、そうして積み重ねられた推測はけっして虚しいものではなく、ドラマの内実にかかわる思考実験として、ひとりの人間のうちに憎悪が芽生え、繁茂《はんも》してゆく過程をより明確に跡付けてくれるでしょう。

引用した台詞からもわかるように、アルベリヒは何度も息子の前に現れては、同じ内容の話を繰り返し、「したたかな憎悪の念を／おまえに仕込んできた」、すなわち自らの目的に役立つよう、彼を洗脳していったのだと考えられます。このような教育は、まだ相手の人格や思想が固まりきらない幼児の段階で始めるにしくはありません。したがって、彼が最初に姿を現したのは少なくともハーゲンが大人になったあとではない、かなり幼い時期ではなかったか。しかも、少年ハーゲンが周囲の心ない仕打ちに傷つき、自分自身の素性や自分を取り巻く環境に疑問や不満を感じるようなときであれば、なおさら効果的に違いありません。そんなときを狙って、アルベリヒは姿を表し、少しずつ少年に接近し、正体を彼に明かして、親子の絆を確認する。そして少年の疑問や不満を世界全体への憎悪にまで高め、ニーベルングの血を引く者としての使命を刷り込んでゆくわけです。

自己憎悪

とはいえ、この親子は互いへの愛情によって結ばれているわけではありません。「喜びを知らず、／苦悩を背負わされた」二人は「おめでたい奴らを憎む」こと、すなわち世への恨みという負の心情で通じあうのみであり、しかも父は息子に「おまえをつくったのは……わしの恥をそそぎ、／指環を手に入れ」るためだと明言しているのです。子どもが自分自身の幸せのために生きるのではなく、ひたすら親の意図を実現するために生きなければならないということですね（この対話のなかに、そうした父親の本音がはしなくももれてしまうくだりがあります。ハーゲンが「神々の権力は／だれが継ぐ?」と問いを投げると、思わずアルベリヒは「それはわし」と口走り、その直後、とっさに取り繕《つくろ》うように「それに、おまえだ！」と付け加えるのです。楽譜では、アルベリヒが自分の失言に気づく一瞬の間を、「俺だ〔ich〕」と「それにお前〔und du!〕」のあいだに挿まれた八分休符が表現しています〔譜例33〕。

このようなわけですから、実の親との出会いも少年にとって、けっして慰めにはなりえませんでした。「彼の顔は若いころから表情を失い、年よりも老けていた」（『ニーベルンゲン神話』）のも、アルベリヒに遭うことで、心にさらなる重荷を背負ったがためでしょう。そんなハーゲンですから、とうぜんアルベリヒのことも憎むようになる。第二幕第一場で、彼はアルベリヒにはっきり言います。

たしかに母は肝力を授けてくれたが、／だからといって、あんたが母をたぶら

［譜例33］俺だ。それにおまえだ！

> かしたことを／ありがたいとは思っていないよ。／おかげで俺は早く老け込み、顔色まで土気《つちけ》色《いろ》だ。／鬱《ふさ》ぎの虫にとりつかれた俺には、／陽気な連中が憎らしい。

父が母と交わったことをありがたく思わないとは、言い換えるならば、自分は生まれてこないほうがよかったのだということにほかなりません。自分が生きているという単純な事実を心から喜ぶことができないのです。

母親の愛を知らずに育ち、父親も息子を愛するのではなく、自分の目的のために道具として利用するだけ、しかもそのため、息子のうちに憎しみという負の感情のみをかきたててゆく、さらに周囲からは蔑視と差別の視線がある。その結果、自分自身のことも好きになれない。そういう人間が大きくなったとき、どうなるのか。

昨今の幼児教育研究において、これはもはや常識となった感がありますが、他者への愛の起点には自己愛の感情があります。そしてそれは通常、親の愛を受けることによって育まれるのです。逆に親に愛情を注がれず、自分が親にとって必要のない存在だと感じるとき、自分自身の存在への疑問が芽生えます。

> 自分が必要な存在で大切な存在だと感じさせてくれるのは、親以外にないのです。……そこで不公平を感じている子は、心に大きな傷を負うことになります。

周囲の愛の欠如によって、自己愛が育たず、その結果、他人をも愛せなくなるとき、傷ついた心のうちに憎悪の感情が肥大化するわけで、これはやはりすぐれて身近で現代的な問題であるといわねばならないでしょう。

（親野智可等『「プロ親」になる！』（宝島社）より）

例えば、物理学には次のような原理があります。物質の姿や形が変わることはあっても、物質自体は決してなくならないという原理です。つまり、物質自体がこの宇宙から消えてなくなることは決してないのです。

心のなかにあるものも、これと似ています。姿や形が変わっても、必ず心のなかに残っているのです。そしてそれは、なんとかして自らを表現しようと待ちかまえているのです。一種の爆弾であり、心の不良債権です。

それらは、何らかの形で表現されることによってはじめて心の外に出ていくことができるのです。その何らかの形というのが問題です。暴力、いじめ、窃盗、万引き、不登校、引きこもり、被害妄想、情緒不安定、リストカット、鬱の発症、自己否定……などなどになることもあります。

（同右）

《神々の黄昏》もいわば、親と環境によって心が歪められた子どもの物語とみることができるでしょう。ハーゲンだけではありません。ジークフリートやブリュンヒルデも含めて、先立つ親たちの世代の罪を背負い、負の遺産に苦しみ、精神に異常をきたしてしまう、《ニーベルングの指環》第四部はそういう子どもたちの世代の物語なのです。*

＊これはまさに『カラマーゾフの兄弟』にも通じるようなテーマだと思いますし、ついでに私自身のいささか突飛な考えをいえば、ハーゲンに対応する具体的な人物をこの小説のなかに探し当てることさえできそうです。だれかといえば、カラマーゾフ家の使用人でフョードル殺しの下手人でもある私生児スメルジャコフのことで、ほかのカラマーゾフの兄弟たちと父親を共有する彼は、母親をグンターらと共有するハーゲンとちょうど対称形をなしているとも考えられます。もちろん、ワーグナーもドストエフスキーも互いの作品を知っていた形跡はありませんので、直接の影響関係を云々することはまったくのナンセンスですし、荒々しく獰猛《どうもう》な偉丈夫《いじょうふ》として舞台上に描かれることの多いハーゲンのイメージとスメルジャコフとはとても結びつかないと考える人も多いでしょう。しかし、両者を比較してみると、境遇のほかにも、いくつかの共通点が浮かび上がるのです。

第一幕の独白で、「早く老け込み、顔色まで土気色」で「鬱《ふさ》ぎの虫にとりつかれた」ハーゲンは「陽気な連中が憎らしい」と呟《つぶや》くのですが、それと同様、「二十四、五歳といった若さながら、恐ろしく人づきあいの悪い無口な男」スメルジャコフも、モスクワで料理人としての三年間の修業を終え、帰郷したときには「なぜか異様なくらい老けこみ、年齢とまったく不相応なほど皺がふえ、顔も黄ばんで、去勢派宗徒みたいな感じになっていた」と書かれます。さらに、その彼の心のうちに、すでに幼年時代から世界への憎悪が救っていた事実は、動物への嗜虐性からも明らかでしょう。「子どもの頃、彼は子猫を縛り首にし、そのあとお葬式のまね事をしたものだ。そのために彼は僧衣がわりにシーツをまとい、子猫の亡骸を見おろしながら歌ったり、香炉の代わりになにかを振りまわすのだった。すべては極秘裡にこっそり行われた」(ドストエフスキー『カラマーゾフの兄弟』第一巻、光文社古典新訳文庫、三三二頁以下、亀山郁夫訳)。そしてなんと、イリューシャという少年が犬にピンの入ったパンを食わせたという例のエピソード、じつはそうするよう少年に入れ知恵し、唆《けしか》けた（＝使嗾《しそう》！）のもスメルジャコフだったのです。

父親殺し？

もちろんハーゲンはアルベリヒを殺すわけではありません。しかし、ワーグナー自身が「夢魔の対話」と呼んだ第二幕第一場には、心理的な意味での父親殺しが象徴されていると解釈する余地はありそうです。というのも、そもそも先の引用箇所からもわかるように、アルベリヒが息子を愛しているわけではないのと同様に、ハーゲンも父親を愛しているわけではない。むしろ、母と交わって自分を生んだことを恨みに思っているわけです。

じっさい、この場面では、舞台上でハーゲンが父親を殺してしまう演出が複数あるのです。ひとつはコペンハーゲンのホルテンによる演出。従来、この役はバスの圧倒的声量を要求されることもあって、偉丈夫の大男が演じることが多いのですが、この演出のハーゲンは背こそ高いものの、どこかナヨナヨしていて顔も病的に青白い。ちょっと声楽的にはいただけないのですが、ハーゲンの生い立ちと性格を考えると、ただ強いだけの男よりも、臆病な顔をのぞかせるこのようなキャラクターがその一面をよりよくとらえているようにも思います。

さて、ホルテン演出ではアルベリヒが黒板に系図やら人間相関図を書き込みながら、息子にしつこく指環奪還について講釈を垂れるのですが、「誓ってくれ、ハーゲン！」という台詞を繰り返すと、ハーゲンはついに痺《しび》れをきらし、隠し持ったナイフで父親を刺してしまいます。そして床に転がったアルベリヒは「裏切るな、ハーゲン、わが子よ！」と何度も呟《つぶや》きながら、息絶えるのです。

いっぽう、トーキョー・リングの舞台は病院のなか。車椅子に座り、点滴用のカテーテルを体中に刺し込んだ瀕死《ひんし》のアルベリヒから、ハーゲンはチューブを抜き、枕を顔に押しつけて、窒息死させてしまうのです。こちらのウォーナーによる演出のほうがホルテン演出と較べてもさらに解釈として踏みこんでいると思わせるのは、暗い照明とスクリーンに写されるどこかぼやけた映像の効果で、この病院の風景が非現実的な色合いを帯びているからでしょう。つまり、この親子の対話が今現在、現実におこなわれているものなのか、それとも全体がたとえば過去の記憶として、ハーゲンの夢に再現されているのかがきわめて曖昧で、決めがたいのです。

カスパール・ホルテン演出《神々の黄昏》のアルベリヒ
© Martin Mydtskov Rønne

たしかにワーグナーの台本、とりわけト書を注意深く読むと、第二幕冒頭でアルベリヒが現実にハーゲンの前に現れたのかどうか、疑わしく思えてきます。ひょっとして、彼はすでに死んでいるのではないか？　シェイクスピア作『ハムレット』の父王のように、息子の目の前に亡霊として現れ、復讐をうながしたという見方もできるでしょう。あるいは、たんにこれをハーゲンの夢と解釈することもできそうです。
冒頭のト書はこうなっています。
(槍《やり》をかかえ、楯《たて》を脇においたハーゲンが館の柱にもたれて眠っている。突如、月が雲間を割ってハーゲンとその周囲をどぎつい光で照らし出すと、アルベリヒがハーゲンの前にうずくまり、両腕をハーゲンの膝にもたせかけているのがみえる)

ハーゲンが眠っているところに、アルベリヒが現れたということになりますが、声をかけられたあともハーゲンは「身じろぎもせず、目は開いているが眠っているようにみえる」。しかも、この場面を通し、ハーゲンの台詞には「同じ姿勢のままで」というト書が繰り返し差し挿《はさ》まれ、最後にもういちどダメ押しのように、「ずっと同じ姿勢でいたハーゲンは、身じろぎもせずライン河を凝視したまま」と、不動の姿勢が強調されます。次の場に入り、「朝焼けの色がしだいに濃くラインを染め」、ジークフリートの声が聞こえてきたとき、彼ははじめて「びくっと身をふるわす」のです。

いっぽうのアルベリヒですが、どこから登場するかが書かれておらず、月光に照らされるとすでにそこにいることに注意しましょう。そして、こちらの台詞にはそのたびに「声をひそめて」「あいかわらず声をひそめて」というト書が付されているのです。さらに退場の指定もなく、声といっしょに姿が消えてしまうのも意味ありげです。順次ト書を引用してみましょう。

（このあとアルベリヒを蔽《おお》う影がしだいに濃くなり、それと同時に朝が白みはじめる）
（このあとアルベリヒの姿が薄れるにつれ、彼の声も聞き取りにくくなる）
（アルベリヒの姿が完全に消える）

やはり、父親は現実ではなくハーゲンの夢に現れるのであり、息子の受け答えに比して圧倒的に多弁なアルベリヒの台詞の内実は、ハーゲンの記憶に刷り込まれた父親の言葉なのであって、いわば眠れる彼の（無）意識のなかに強迫観念として響いているのだと考えられるでしょう。であるとすれば、ハーゲンの最後の台詞が「自分の心に誓ったことだ、／心配は無用だ！」であり、それとともにアルベリヒの姿が消えるのも、大いに意味があります。すなわち、この決断によってハーゲンは父親の欲望から自分の欲望を切り離し、精神的な自立をとげるわけで、この瞬間は象徴的な父親殺しとみなしうるからです。

第十講　《神々の黄昏》（二）——救済のパラドクス

〈第三幕　あらすじ〉

第一場　ジークフリートの前にラインの娘たちが現れ、死の呪いがかかった指環を手放すよう警告するが、彼は取り合わない。

第二場　狩の一行と合流したジークフリート。ハーゲンが混入した新たな薬の作用で、脳裏に以前の記憶が鮮明に蘇った彼はブリュンヒルデとの出会いの経緯を物語る。偽誓を罰するという名目を手に入れたハーゲンが彼の背中に槍《やり》を突き刺すと、ジークフリートは息絶える。葬送行進曲が奏されるなか、舞台はギービヒ家の館に転換。

第三場　ジークフリートの亡骸《なきがら》を前に、グンターとハーゲンが指環をめぐって争う。グンターを殺したハーゲンは死体から指環を抜き取ろうとするが、ジークフリートの手がそれを拒むように上がる。ブリュンヒルデの登場。自分こそが彼と永遠の契りを結んだ妻であることを告げ、英雄を弔《とむら》う火葬の用意を一同に命じたあと、復讐の連鎖を生んだ神々の罪を告発、指環をライン河に戻すと宣言し、夫への愛を歌いあげて、火のなかに飛び込んでゆく。はるか空の彼方に垣間見える神々の城も炎に包まれ、ライン河から溢《あふ》れる水がすべてを浄化する。

汚れっちまった悲しみに……

第二幕までの流れを追ってきました。惨憺《さんたん》たるといいましょうか、なんとも救いようのない状況のなかで、おぞましい光景が繰り広げられます。そして、すべての帰結として、第三幕でジークフリートが殺される。しかし、彼の死をきっかけとして、状況が打開され、一種の逆転がおきます。オセロゲームでほとんど黒一色に染まりつつあった盤面が数手ですべて白にひっくり返されてゆくような感じといえばよいでしょうか。

音楽的なクライマックスを築くのは、演奏会でも独立して取り上げられることの多い〈ジークフリートの葬送行進曲〉と〈ブリュンヒルデの自己犠牲〉です。ここで展開される輝かしい音楽によって、聴き手には絶大なカタルシス（＝浄化された気分）がもたらされるのですが、ただこの結末を単純に救済が実現したと考えてよいかというと、少し疑問があります。

そこでまずは〈葬送行進曲〉に関連して、ジークフリートの死の意味を考えるところから始めましょう。情景はギービヒ家の家臣たちとグンターが哀悼を捧げて、宵闇が迫るなか、ジークフリートの遺体を担ぎ上げ、厳かな葬列を組み、しずしずと遠ざかる場面です。まさに葬送の行進で、音楽も厳粛な歩みをなぞるうちに、ヴェルズングの兄妹にまつわる諸動機が次々に流れ、死者の両親の悲恋を回顧します。しかし、哀しみの気分が高まったその果てに、とつぜんそれを打ち破るように〈剣の動機〉

がハ長調で鳴り渡り、オーケストラが雄々しくも輝かしい響きを全開させるのです。

この調べが放つ圧倒的な光を耳に浴びると、これは英雄ジークフリートの功績を改めて称揚し、礼賛しているのだと考えたくもなるでしょう。じじつ、ナチス時代のニュース映画の例を出すまでもなく、そのような受け取られ方はつとにありますが、よくよく考えると腑《ふ》に落ちません。そもそも、彼の英雄としての功績とはいったい何なのか？

百歩譲って、父の名剣を鍛《きた》えあげ、大蛇を退治して、至上の宝を手に入れ、眠れる美女の目を覚ました……《ジークフリート》のなかで彼が為したこれらの勲《いさお》を勘定に入れたとしても、メルヘンの枠のなかでおきている、つまりはそれ自体がお伽噺のようなこれらの出来事はせいぜいのところ、彼の個人的サクセス・ストーリーにすぎないのであって、全世界の救済とはほとんどかかわりがない。少なくとも、これほどの圧倒的音楽で顕彰されるべきものとは思えません。

さらに《神々の黄昏》になると、ジークフリートは何ひとつ英雄的な行為をなしてはいない。妻と誓った永遠の愛を裏切り、ほかの女をものにするため、妻を他人に売ってしまう。そのうえ自分のなした罪についての自覚がない。しかも、「女の怒りは長続きしない」（第二幕第四場）「水の中でも、陸の上でも、／女の性《さが》は似たようなもの」（第三幕第一場）などの発言や第三幕第一場でラインの娘たちを口説こうとする場面など、あまりに陳腐で軽佻浮薄《けいちょうふはく》な言動が、例の残虐さと背中合わせにみられるのです。もちろん、ここには忘却の薬を飲まされたという事情がからんでいますが、彼の態度にはたんに妻を忘れたというよりも、「人格の変容」ともいうべきおぞましさがあることは、これまでみてきたとおりです。まさに英雄は英雄でも、汚れた英雄＝ダーティー・ヒーローといったところでしょう。
その彼が死によって聖性を獲得するという解釈はたしかにあります。彼の死をキリストのそれに重ねてイメージすることも、これまで多くの研究者が指摘してきたとおり、できなくはありません（たとえば、礒山雅「陰画としての《神々のたそがれ》」、『救済の音楽』所収、音楽之友社、二〇〇九、二八三頁）。ひとつ例を挙げるならば、第二幕第五場で、ブリュンヒルデはハーゲンとグンターにこう言います。

あなたたちみんなで私を裏切った！／どうです、図星でしょう。／もしそうなら、あなたがたの罪は／世界中の血をもってしても償われない。／だが、あの男がひとり血を流せば、／みんなの罪ほろぼしになる。／ジークフリートを仆《たお》そう、／本人と皆の罪を償うために！

彼らの罪をも背負って死ぬジークフリートは、全人類の罪を背負って十字架にかかるキリストに比せられるというわけです。また、彼が殺される前の台詞「喉が渇いた」も十字架上で息を引き取る前にキリストが言ったとされる言葉と同じです。
ワーグナーが聖書との関係を意識し、こうした伏線を作品に張りめぐらした可能性は大いにあるでしょう。しかし、ジークフリートの死をまのあたりに見て、〈葬送行進曲〉に耳を傾ける私たち観客の感情として、人類のために死んでいったキリストの贖罪《しょくざい》と、ブリュンヒルデとの愛の記憶を取り戻した法悦の瞬間に背中を刺される男の死をイメージとして重ね合わせるのは少々無理があるのではないでしょうか。

ならば、あの圧倒的に輝かしい音楽は私たちに何を伝え、いかなる感情を私たちのうちに呼び起そうとしているのか。

自己犠牲？

今さらこんなことをいうと叱られそうですが、じつはこの問いをもてあましているというのが、私の正直な気持ちです。

このあとの結末でどのような救済がもたらされるのか、これについてもじつはよくわかりません。最後のオーケストラのみによる音楽を含んで、全体で二十分かかるブリュンヒルデのモノローグは一般に〈自己犠牲〉というタイトルで知られています。彼女が自己犠牲的な死をとおして世界を救うというような意味合いがこめられているのだと思いますが、これも〈葬送行進曲〉同様、よくよく考えると、腑《ふ》に落ちないところがあります。ワーグナー自身はこのくだりを演奏会で取り上げるさい、シンプルに「ブリュンヒルデの結びの歌」というタイトルを用いていました。

ブリュンヒルデは別に世界を救おうとして、やむなく自分の身を犠牲に捧げたわけではありませんし、彼女の死が世界を救うとも論理的には考えられません。そもそも救いなど、ここに果たして描かれているのか？　彼女は愛馬に乗り、夫との合一を果たすため、彼の亡骸《なきがら》を焼く炎の中へ嬉々として陶酔の表情とともに飛び込んでゆくのです。高く上がった炎が「館の前の一面に広がり、館そのものに燃え移ろうとする勢い」で、「人々をパニックに陥れる」というト書を読むと、むしろ「自爆テロ」という言葉を使いたくなります。

何も言うまい——答なき結末

けっきょく、《ニーベルングの指環》というこの大作が最後の慌ただしい展開において、いったい何を最終的に私たちに伝えようとしているのか、その究極にある問いは私の手には負えないのです。でも、ひょっとして、作者自身もこの問いをもてあましていたのではないか？　少なくとも、長大な物語をどのようなエンディングに導くか、その点についてワーグナーに迷いがあったのはたしかなようです。その証拠に、ブリュンヒルデの結びの歌とそれに続く結末部分にかんし、最終的なかたちが決定するまで、さまざまな試行錯誤を繰り返しており、その結果が数種類の異稿として残されているのです。

いちばん初めに書かれた『ジークフリートの死』（一八四八年）の幕切れでは、ジークフリートがその死によって神々の罪を贖《あがな》い（イエスが人類の罪を贖うのと逆向きの関係ですね）、ブリュンヒルデともども天上の神々のもとへ迎えられるというかなり楽観的な結末になっています。ヴォータンに呼びかける合唱の台詞は君主礼賛のようにも響きますが、同時にブリュンヒルデは虐げられた下層の民ニーベルング族の解放をも宣言しています。『ジークフリートの死』を書いたドレスデン革命前のこの時点では、ワーグナーは君主が民衆の先頭に立って、これまでの貴族や大ブルジョワ中心だった社会を改革するという構図を思い描いていましたが、その思想がストレートに出ている感もあります。

これが次の一八五二年の改稿（ルートヴィヒ・フォイエルバッハの哲学の影響を受けているのでフォイエルバッハ版とも呼ばれます）になると、あらゆる形態の支配や私有財産の否定という、アナーキズムの思想が色濃いものになってゆきます。ところが、一八五四年に哲学者ショーペンハウアーの著作と出会うにいたって、ワーグナーの思想には単純に社会の進歩を信じるわけにゆかないという、よりペシミスティックな側面が強く出てくるようになるのです。一八五六年の改稿（いわゆるショーペンハウアー版）はその結果です。しかし、けっきょくワーグナーはどちらの結末もとらず、最後を音楽のみによって終わらせるように変えました。

ただし、音楽はそれ自体、多義的でひとつの論理的な意味づけを拒むものでもあります。したがって、これをもって明確に救いの内実が明かされたと考えることはやはりできないのではないか。ワーグナーは《神々の黄昏》を完成したとき、総譜浄書の最終頁に「もう何も言うまい」という言葉を書き添えています。これも「（この音楽で）すべて言いつくしたので、もうこれ以上、何も言うことはない」という満足感の表明ではないでしょう。だからといって、はたして「言うことはまだあるが、あえて言わないでおく」という意味にとれるのかというと、そうでもないような気がします。ああでもない、こうでもないと、頭のなかにいろいろな思いが渦巻いて、ひとつの言葉にどうにもまとめられないような想念がある。そんなときに無理やり終止符を打つというのか、ただ「……」とだけ書いて、その先を言わずに放りだしてしまう。そのようなニュアンスがここに感じとれるのです。つまり、言えるけど言わないのではなく、言えないから言わない。そうなると、やはり最後の救いをどう解釈するかということは、私たち聴き手のひとりひとりに委ねられているということになるでしょう。

終結部については異稿の紹介も含め、のちほど改めて考えてゆくことにしますが、〈葬送行進曲〉についても、同じことがあてはまるのではないかと思います。いずれにせよ、ここにおける音楽の衝迫力は圧倒的で、聴く者の心を呪縛し、魂を引きさらってゆくような力があるのはたしかです。そもそも《指環》創作の出発点は『ジークフリートの死』でした。このタイトルがおのずと示すように、ワーグナーはまさに、この場面が書きたいからこそ、作品そのものを構想したわけです。

ジークフリートはなぜ殺されねばならなかったのか。その死は何を意味し、世界にどのように働きかけているのか。創作の過程でも、さまざまな考えが積み重なり、変化をこうむった。その結果、言いたいことがあまりにもたくさん出てきてしまった。いろいろな思いが渦巻くがゆえに、なおさらひとつの言葉に収斂《しゅうれん》できない。その渦巻く思いをこの音楽のうちに叩きつけるように注ぎ入れたのではないでしょうか。

そのようなわけで、私もここの意味はこうだという明確な結論を差し出すことはできません。そのことを認めたうえで、ジークフリートの死と〈葬送行進曲〉について、私が思いめぐらす考えやイメージをいくつか述べておきましょう。

希望（?）の原理

まず改めて〈葬送行進曲〉の前半、この曲が輝かしき頂点を迎える前に流れる悲哀に満ちた音楽の意味するところを考えてみましょう。先ほどはとりあえず、ジークフリートの両親の悲恋を回顧する部分であると説明しました。しかし、これは過去の出来事のたんなる回想なのか？ 目の前に厳然とあるのはジークフリートの死骸です。その光景と、この音楽が合わさって、聴き手のうちに呼び起される悲しみの内実は何なのか。

今この時点から過去を振り返るのではなく、過去に視点をいちど戻しながら、未来に位置する今この時を見直したときに、その意味はまた違ってみえてくるような気がいたします。ジークムントとジークリンデが悲惨な境遇のなかから命を賭けた恋によって、産み出したのがジークフリートです。それは二人の愛の形見であると同時に、死にゆく者たちが未来に託した希望そのものでもあった。「ただ希望なき人々のためにのみ、希望はわたしたちに与えられている」というベンヤミンの言葉をここでいまいちど思い出しておきましょう。

ジークフリートの魂と肉体を借りて、未来に託された希望が今、道半ばにして、無惨なかたちで潰えようとしている……。いわば過去のあのときのジークムントとジークリンデが未来に眼差しを向け、そのことを嘆き、悼んでいるとは考えられないでしょうか。いや、この哀悼の思いは両親だけでなく、母のうちに宿る命を救った過去の時点のブリュンヒルデ、さらにはヴォータンにも共通するものでしょう。さらにいえば、これまでの場面をすべて見聞きしてきた、いわば象徴的目撃者としての私たち聴衆の思いをそこに含めて考えてもよいかもしれません。いうなれば、世界全体が潰えた希望への悼みを表明しているのです。その意味で、〈葬送行進曲〉を「潰《つい》えたユートピアのためのレクイエム」とさえ名付けたくなります。

それでは、このあとになぜ、あれほど輝かしい音楽が展開するのでしょう。これは悲惨な現実のなかに作者が投げ込んだ「異議申し立て」であると、私は考えます。目の前の光景とは違う、ありえたやもしれぬヴィジョンを開示することで、希望をもういちど未来へと救い出そうとするのです。

ワーグナーのドラマと音楽に内在する圧倒的な力とは、土壇場におけるこのギリギリの訴えに起因するのではないかと思うことがしばしばあります。そのさい、私が思い浮かべるのはドイツ語のtrotzdemという言葉です。日本語でいえば「にもかかわらず」にあたる副詞ないしは接続詞なのですが、あえて具体的な解決を示すあとの文を続かせないことで、儚《はかな》いが完全に消えたわけではない希望の余韻を響かせる、つまりは「にもかかわらず……」というイメージです。

ワーグナーはルートヴィヒ二世のために書いた《パルジファル》前奏曲への標題的注釈に「愛―信仰―:希望?」というキーワードを掲げたことがあります。『新約聖書』には「信仰と希望と愛、この三つはいつまでも残る。そのなかでもっとも大いなるものは、愛である」(コリント人への手紙)という一節がありますが、ワーグナーはここで三つの順序を引っくり返し、「希望」こそ、人が抱きうる感情のなかで究極の宝であると示唆しているわけです。とはいえ、末尾の疑問符が示すように、ワーグナーは自作において、おめでたい結末や無条件に授かる救いを提示しようとしたのではありません。

そうではなく、「願いはほんとうに成就するのか?」という、希望への絶えざる問いかけのうちにこそ、救いは宿っているということでしょう。

《指環》のなかにも、こうした希望への希求が現れる箇所がところどころにあります。たとえば、前にも紹介しました《ヴァルキューレ》第二幕第五場で、ジークムントがまどろむジークリンデを見下ろすところで、同一幕「冬の嵐を追い払い」のフレーズがうっすらと回帰するくだりがそうでした。死を目前にひかえたジークムントの独白のなかでかろうじてつなぎとめられた希望を、ワーグナーはその息子の死にさいして、もういちど大きく未来へ救出し、最終的決着を先に延ばそうとするのです。

蘇る記憶

この一縷《いちる》の希望はしかしながら、ジークフリート自身がその死によって未来へと救い出しているのだという見方もできるでしょう。彼はけっして人類や世界を救済するわけではありませんが、ブリュンヒルデとの愛の記憶をギリギリのところで蘇《よみがえ》らせたこと、そしてその瞬間に致命傷を受けることによって、彼自身を救い、そしておそらくはブリュンヒルデをも救っているのです。

少しだけ筋を遡《さかのぼ》って、死の場面を再現してみましょう。ジークフリートは状況のうながすままに身の上を語るうちに、ついに森の小鳥から岩山に眠れる美女について教えられるくだりにいたって、記憶の袋小路にたどりつきます。もちろん、ハーゲンがそこで記憶を蘇《よみがえ》らす薬を飲ませることで、中断された語りはさらに先へと進み、ブリュンヒルデを目覚ませたとジークフリートが告白するにいたって、偽誓《ぎせい》を罰する口実を手に入れたハーゲンが彼の背に槍《やり》を突き立てるわけです。

差し出された盃《さかずき》を「物思いに耽りながら盃に目を落とし、ゆっくりと飲む」というところも、深層心理を見通すワーグナーの目の確かさを証明するト書です。第一幕第二場でグートルーネから忘却の魔酒が入った盃を受けとったときも、彼は「盃を捧げもって物思いに耽り」、ブリュンヒルデへの「愛の誠を誓って」「盃に口をつけ、ゆっくりと飲み干」した、すなわち盃から飲むという動作が何かしら、ジークフリートの(無)意識をかつて忘却の魔酒を飲んだときの感覚へと引っ張り、過去に何か大事なことを忘れてしまったのではないかという疑念と思いださなければという焦燥を、彼のうちにかきたててゆく引き金となるのです。

以降、音楽の高まりがそんな彼の焦りや、まさに告白とともに死の瞬間が近づいていることを知っている私たちの、手に汗握る感覚、「驚きの色を濃くしながら聞き入る」グンターらの反応を相乗してゆきます。森から岩山の頂上へと登りつめてゆく主体の歩みは、美女を求める気分の高揚や岩山のまわりに燃え盛る炎のイメージともども、加速する響きのクレッシェンドとなって表現され、しだいに出来事の表層を蔽《おお》うヴェールがはがれて、その向こうに事の脈絡が全貌をあらわすのです。

その炎の輪をくぐりぬけると、/すばらしいご褒美が待っていた――(有頂天のあまり、我を忘れて)それは眠れる美女、/光輝く甲冑《かっちゅう》に身を包まれていた。/世に類ない乙女、/その頭から兜《かぶと》をはずした。/思いきって唇を重ね、女の眠りを覚ます。/ああ、そのとき、美しいブリュンヒルデの腕《かいな》が／なんと熱烈に俺を抱きしめたことか！

この直後、ジークフリートはハーゲンの槍《やり》に刺されるわけですが、ここでひとつ疑問が湧いてきます。このとき果たしてジークフリートは自分が犯したとんでもない過ちを悟ったのでしょうか。話すうちにブリュンヒルデにまつわる記憶が蘇るなかで、自分が彼女のことを忘れ、グートルーネと結婚式を挙げ、さらにはグンターのために本来の妻を拉致してきたこと、にもかかわらず自分の正しさを槍にかけて誓ったこと、それはやはり偽の誓いであり、自分は最初から妻も友も裏切ってしまっていたことを、ハーゲンの槍に刺される時点でジークフリートはしっかり意識したのか？——そういう問いです。

法悦の死

これまで私は、ジークフリートは事の全貌を把握した瞬間に命を落とすという説に与《くみ》していました。それはもう十年以上も前になりますが、シュトゥットガルト歌劇場でペーター・コンヴィチュニーの鮮やかな演出を観たためでもあります（こちらも《ラインの黄金》のヨアヒム・シュレーマー演出同様、ＤＶＤで観ることができます）。この演出ではジークフリートは話の途中、岩山に向かうというあたりから、自分の口から出る事実に自分で驚き、俺は何をやらかしたんだという戸惑いを顔に浮かべ、最後の台詞を言うときは自白に追い込まれた容疑者が浮かべる絶望の表情で、ほとんど泣きそうになりながら、自分が裏切った当の相手、目の前のグンターに抱きついたのです。

たしかに、自分の墓穴を掘るこの思い出を、本人が嬉々として手柄話のように語るのは不自然ですし、何よりも、このように演出することで、語りから死の瞬間への流れはさらに劇的なものになります。所作の面でもグンターや周囲の驚きと語り手の反応が呼応しあい、本人の意識のなかでも、かけがえのない美しい記憶と取り返しのつかぬ罪の意識がめまぐるしく駆けめぐり、せめぎ合うわけですから。

ただ、この語りにさし挿《はさ》まれた「有頂天のあまり、我を忘れて」というト書をそのままに受けとるなら、ジークフリートは自分の罪をまったく意識していないという解釈に与したくなります。すなわち、彼の意識は語りの途中から、鮮明になった記憶がみせる過去の光景そのものに没入し、岩山に現れ、美女に口づけしたそのときの自分になりきってしまっているのではないか。たしかに台詞そのものこそいまだ過去時制で語られているものの、《ジークフリート》第三幕をそのまま再現する音楽はすでに、語りの内容を現在進行形で「今ここ」に呼び起こしているかのようです。

もし仮にそうだとして、過去のその時に視点を置くならば、以降《神々の黄昏》のなかで今にいたるまでの自分のおこないそのものも、いまだ来らざる出来事として、記憶のうちには入ってくる余地がありません。こうして愛する人の腕に抱きしめられる恍惚の幻想のなかで、自分の背中を鋭利な刃物が刺し貫くのです。

このことを考えるひとつのヒントとして、《ジークフリート》第三幕の接吻の瞬間を引用しましょう。

たとえこの身がここで息絶えようと／その愛らしい唇から／命の息吹きを吸いとろう！（絶え入るような表情で眠っているひとの上に身を沈め、目を閉じたまま唇を重ねる）

あのときジークフリートは死をも覚悟しながら、眠れる美女に口づけをしたのです。このくだりについては、ワーグナー自身がこう述べています。

愛の口づけははじめての死の最初の感触であり、個体が廃棄される瞬間だ。だからこそ、あのときジークフリートはあれほどまでに驚くのだ。（『コジマの日記』一八六九年八月一五日、池上純一訳）

いわば口づけが原因で死ぬというよりも、口づけそのもの、もう少し広げるなら他者である異性とのエロスをともなう交わりそのものが疑似的な死にほかならないということです。であるとすれば、ジークフリートは今、抱擁の幻想のうちに、あのとき疑似的に体験した死を本物として成就しつつあるということになるのではないでしょうか。そしてブリュンヒルデの目覚めに意識が飛んだ彼の記憶からはすでに以降の出来事は抹消され、自らの犯した罪は意識のうちであとかたもなく消えているわけです。

再度の眠り

もうひとつの裏づけとして、槍《やり》で背を刺されたあと、息絶えるまでの独白を引用しましょう。ここでジークフリートは幻想のうちの眠れるブリュンヒルデに語りかけるのですが、その台詞からも、《神々の黄昏》で自分が犯した過ちへの悔いや反省はまったく感じられません。ただし、ここで不思議なことがおきています。ジークフリートは罪を犯す前の無垢《むく》の地点にそのまま戻ったわけではなく、同じ地点ではあるが三六〇度の螺旋《らせん》を描くように、どうやら一段高い地平に到達しているらしいのです。

ブリュンヒルデ！／聖なる花嫁よ！／目覚めよ！　眼を開け！／おまえをもとの眠りに、／封じ込めたのはだれか？／眠りの枷《かせ》をはめ、不安に陥れたのはだれか？／その眠りを覚ます男が現れ、／口づけして、おまえの目を開く——／そして——男が花嫁を／枷から解き放つときこそ、／ブリュンヒルデは喜色に溢《あふ》れて微笑みかけてくる！——／ああ、その眼、／いまや永遠に見開かれた！／ああ、かぐわしい／その吐息！／この身の消えゆく／至福のおののき！／ブリュンヒルデの祝福を——一身に受けて！（仰向けに倒れ、息絶える）

注意深く読むと、このくだりが先ほど語られた眠れる美女の目覚めの挿話と、いささか様相を異にしていることに気づかれるでしょう。先ほどの語りのなかで起きたはずのブリュンヒルデがまた眠っている、これは意識のなかの時間を数分前に戻したということではありません。「もとの眠り」という言葉がはっきり示すように、いちど目覚めたはずのブリュンヒルデが「ふたたび」何者かによって眠りに封じ込められてしまったのです。

だとすると、やはりこれは謎めいた台詞です。死の訪れを目前にジークフリートの意識が混濁しているのか。たしかに、周囲を囲む男たちやその背景の木立など、目の前の光景はもはや彼の眼には映っていない。しかし、であるからこそ、心の内なる眼は研ぎ澄まされた直観をともなって、鮮烈な幻想〈ヴィジョン〉のうちに、事の全貌を大きくとらえるのではないでしょうか。というのも、彼の問いかけはたんなる幻覚を超えて、自分たちを取り巻くわけのわからぬ現実への痛烈なる批判を含んでいるからです。尋常ならざる復讐心に執りつかれたブリュンヒルデは現在、右も左もわからぬ迷妄の闇にまどろんでいる——「もとの眠り」という言葉はこのような象徴的な意味にとるべきでしょう。そして、「だれか？」という問いをジークフリートは二回重ねます。いったいだれが彼女をそのような状態に呪縛したのか？

もちろん直接には、巧みな陰謀で二人の仲を引き裂き、ジークフリートを殺害するため彼女の嫉妬を利用したハーゲンということになるでしょう。ただ、ブリュンヒルデを最初の眠りに呪縛したのがヴォータンであったことを考えると、もうひとつの解釈が浮上します。かつて彼女は、自らの体制維持に腐心する父親の身勝手な思惑のつけを払うかたちで、眠りについたのでした。今現在の象徴的な二度目の眠りにも、はたして神の手は携わっているのか？　事の連関をはっきりと知るよしもないジークフリートは開かれた問いを残して息絶えますが、夫の漠然とした予感を妻は引き継いで、大詰めの長大なモノローグのなかで、この問いに答を与えているのです。

私の告発を聞きなさい、神々の長ヴォータンよ！／彼に望みをかけた／余人の為しあたわぬ勲《いさお》だったのに、それを果たした勇士は／あなたに降りかかった呪いを／われとわが身にかぶってしまった。あの純粋無垢《むく》な人は／私を裏切るはめになり、それによってこの女も悟りを開いたのです。

ジークフリートの裏切りの結果としてもたらされた死がブリュンヒルデを妄執から解き放ち、彼女にふたたび叡智を授けたということになるでしょうか。アルベリヒが指環に死の呪いをかけたのは、ヴォータンが指環を彼から奪ったからにほかなりません。その怨恨を引きかぶるかたちで、指環の所有者となったジークフリートはハーゲンの標的にされ、命を落としたわけです。ブリュンヒルデは罪と憎悪の連鎖ともいうべき出来事の大きな連関を感得するにいたったのです。

もちろん、このような境地に彼女が到達するためには、夫に裏切られ、夫を死に追いやった自分の経験の総体が必要だったはずです。彼女をふたたび眠りから覚ますというジークフリートのヴィジョンはそのことを象徴的に集約していると考えられるでしょう。原文では「その眠りを覚ます男が現れ」までが過去形で語られるのに対し、「口づけして、おまえの目を開く」から突如現在形に切り替わります。ドイツ語では未来の予想にかんしても現在時制が多く用いられますので、このくだりは、今まさに眠れる女性を目覚ましつつあるというジークフリートの幻覚を表すと同時に、彼が自らの死によって、このさき彼女を妄執から目覚ますという未来の予告ともとれるでしょう。こうして目覚めたブリュンヒルデは「憩え、安らげ、神よ！」と言って、自分を眠りに呪縛したヴォータンをこんどは自分が眠りにつかせるのです。

論理的に考えれば、ジークフリートの言葉は遠くにいる彼女に伝わるはずもありませんし、そもそも事の脈絡を他人が汲みとるには彼の言葉はあまりにも抽象的です。ブリュンヒルデは実際には、このあと夜の河畔に赴《おもむ》き、ラインの娘たちと遭うことで、より具体的な情報を得ることができたのです（狩りに出かけた男たちを待つグートルーネは「さっき河のほうへ女が歩いていった」のを目撃していますし、ブリュンヒルデも大詰めのモノローグのなかで「水底の賢い乙女たち」に呼びかけて、その「親切な忠告」に感謝しています）。にもかかわらず、彼女とジークフリートのあいだにはテレパシーともいうべき魂の交感が成り立っているのではないか。夫の亡骸《なきがら》を燃やし尽くす炎のなかに飛び込んでゆくとき、彼女が放つ最後の台詞「あなたの妻の祝福を受けて！」は明らかに、ジークフリートの最後の一言「ブリュンヒルデの祝福を——一身に受けて！（直訳すると、ブリュンヒルデが俺に祝福を送る）」に呼応しており、このとき二人の思いは時空の隔たりを越えて、ひとつに結ばれているからです。

遠き日の罪

ホルテンの演出ではジークフリートが槍《やり》で背中を刺された直後、ブリュンヒルデが彼の前に現れます。緞帳《どんちょう》が降りて、後方に立ちすくむ男たちの姿は舞台ごと消え、ジークフリートの臨終《いまわ》の独白が視覚的にも、妻に直接向けられたメッセージとなるのです。彼が息絶え、〈葬送〉の調べが始まると、ブリュンヒルデはふたたび開いた緞帳の奥の舞台、大きな本が積み上げてある書斎のようなところへ赴き、

カスパール・ホルンテン演出《神々の黄昏》。書斎のブリュンヒルデ
© Martin Mydtskov Rønne

ヴェルズング族にまつわる諸動機が流れるあいだ、そこにホルマリンに漬けられた人間の手を発見します。これはもちろん、同じ演出の《ラインの黄金》第四場で、ヴォータンが切り落としたアルベリヒの手ですが、彼女はそのことを知りません。これはいったい何を意味するのか、いぶかしげな表情を浮かべたブリュンヒルデは大きな本を手に取り、必死にページをめくって、そこに書かれてあることを理解しようと努めます。そしてついに、あるページに行き当たったとき、〈剣の動機〉が高まり、オーケストラの総奏に行き着く瞬間、呻《うめ》き声をあげて号泣するのです。

書斎に積み重ねられた本は、この世界でこれまでに起きた出来事をくまなく記録した年代記でしょう。「だれが？」という夫の問いを受けとった彼女はそのうちの一冊に答えを探し当て、災いのすべてが父親である神の残酷な行為に端を発していること

とに――動かぬ証拠であるホルマリン漬けの手を前に、もはや否定しようもなく――思いいたるというわけです。しかし、時すでに遅し。動き出した災いの連鎖はもはや止めようがなく、背景のホリゾントには最終戦争のために飛び立ってゆく数機のジェット・ミサイルが映し出されるのです。

ブリュンヒルデが答えを見つけるまでにかかる時間は、舞台上では〈葬送行進曲〉前半の音楽が流れる数分間のことにすぎませんが、その裏には、はるかに長く深い探究の道のりがあったと想定してよいでしょう。というのも、この演出は早くも《ラインの黄金》の序奏、彼女が蝋燭《ろうそく》を持って書斎を徘徊《はいかい》する情景で始まり、その後も〈ハーゲンの見張り歌〉の後のオーケストラ間奏をはじめ、要所要所で、緞帳のスクリーンや背景のホリゾントに、かじるように書物のページに目を凝らす彼女の表情を映してゆくのですから。

いわば、ジークフリートの死の究極の原因を突きとめようと決心

「ブリュンヒルデのモノローグから幕切れまでの構成」（七部）

1. 火葬要請（運命の動機）
2. 哀悼の歌（愛の挨拶の動機）
3. 神々への裁き（ヴェルズングの愛の動機＋死の告知の動機）
4. 指環返還宣言（ラインの娘にまつわる動機群）
5. 点火（ローゲの動機、神々の黄昏の動機、自然の生成の動機）
6. 愛の恍惚と投身（ジークフリートの動機＋愛による救済の動機）
7. 洪水とヴァルハル炎上
生への歓呼（ラインの娘）の動機（木管6／8拍子＝原初の自然）
ヴァルハルの動機（金管、3／2拍子＝神々の治世）
愛による救済の動機（高弦、2／2拍子＝人間の尊厳）

した彼女は、堆積した記録をことごとく掘り起こし、すべての始まりから今にいたる出来事を読みながら、それを意識のなかで追体験してゆく――そのめまぐるしくも膨大な作業が〈葬送行進曲〉の情景に凝縮されているのであり、さらにいうならば、《ラインの黄金》幕開き以降、舞台上に展開してきた長大なドラマそのものが、彼女が記録文書を読むことで掘り起こした長い歴史の再現という意味合いをもつのです。

神々への裁き

ホルテンの演出は《指環》最終場面でブリュンヒルデが担う役割を、ストレートに理解させてくれるものだと思います。彼女は大詰めの長大なモノローグで災いの大もととなった神々の罪を告発し、彼らに引導を渡して、すべての幕引きをするわけですから。

ワーグナー自身も《神々の黄昏》という題名を「神々の裁き」に換えようと考えたことがありました(『コジマの日記』一八七二年八月三日の記述)。それは何よりもブリュンヒルデが神々に対して裁きを執りおこなう大詰めのイメージが念頭にあったからです。ブリュンヒルデのモノローグから幕切れまで、全体の構成を七つの部分に分けて前頁の表に示しておきましたが、とりわけ、そのなかの第三部で彼女は神々の罪を告発し、彼らの没落を宣告するのです。

あの人ほどに純真に/誓いを立てた人はなく、/あの人ほどまめやかに/契りを守った人はいない。／あの人のように一本気に／愛した人もいなかった。／だが、すべての誓い、／すべての契り、／至純の愛の誠まで／あの人ほど平然と裏切った人もいない。／なぜこんなことになったのか、おわかりですか？／（天空を見上げて）ああ、すべての契約の保護者たる／天上の神々よ、／この塗炭の苦しみに／眼差しを注ぎ、／あなたたちの永劫の科《とが》をみて取るがいい！

これまで何度か引用してきた「なぜこんなことになったのか、おわかりですか？」という問いかけもまさにこのとき、彼女の口から発せられるわけです。そして、これに続くのが、すでに先ほど引用した「私の告発を聞きなさい」以下、「この女も悟りを開いた」にいたるくだりであり、さらにそのあと「憩え、安らげ、神よ！」と父なる神の死を宣告すると、彼女は指環のライン河への返還を宣言し、薪《たきぎ》の山に火を投じます。

世界はどうなるのか？

ライン河の水が氾濫《はんらん》し、炎が天上にまで飛び火して、神々の城が炎に包まれる。ブリュンヒルデの手にはめられた指環は炎の熱で浄化され、やがて押し寄せる水の流れにさらわれて、ラインの娘たちの手に戻る——このあと、きわめて壮大な終焉《しゅうえん》の光景が展開されるわけですが、破局を経たあとの世界がどうなるのか、ワーグナーがはっきり示しているわけではありません。ブリュンヒルデのモノローグは「あの人を抱きしめ、／あの人に抱かれる／至上の愛のうちに、／あの人とひとつになるのよ！」

という陶酔の言葉で締めくくられ、世界救済の成否についてはひとつもいわれぬまま、彼女は夫の後を追い、炎のなかに飛び込んでゆくのです。

先ほど述べた一八五二年（フォイエルバッハ版）と一八五六年（ショーペンハウアー版）の異稿はどちらも、この最後の台詞の直前、彼女が薪の山に火を投じたあとにワーグナーがさし挿《はさ》もうと考えたものです。それぞれのメッセージが色濃く表れた部分をここに引用しておきましょう。

霞《かすみ》のごとく、神々の一族が／消え去ったのちには／支配者なき状態に／世界を戻しましょう。／……財産でも黄金でも／神々の絢爛《けんらん》たるきらめきでもない。／家でも屋敷でも／はたまた支配者の虚飾に満ちた華やぎでもない。／喜びのなかでも、悲しみのなかでも、救いがあるのはただ愛ゆえにこそ！

（一八五二年版異稿）

止むことのない生成の開き戸を／私は後ろ手に閉ざす。／欲も迷いも縁のない／選ばれた至高の地。／世を経巡《へめぐ》る者たちが行き着く最果ての地に／再生の輪から解き放たれ／悟りを得た女は赴《おもむ》くのです。／なべての永遠なるものの／祝福に満ちた終焉《しゅうえん》を／いかにして私が導き出したか、おわかりですか？／亡き人を悼む愛の／底知れぬ苦悩が／私の蒙《もう》を啓《ひら》いたのです。／世界が滅んでゆくさまが、私には視えました。

（一八五六年版異稿）

かたや愛を至上の価値とする支配者なき世界の到来、かたや世界滅亡を前にすべての欲を否定する輪廻《りんね》からの解脱。きわめて対照的な二つの解答ですが、ワーグナーはけっきょくそのどちらも採らず、音楽にすべてを委ねました。ここで最後に鳴り響くヴァイオリンの旋律がいわゆる〈愛による救済の動機〉です。ただ、前々から申し上げているとおり、モチーフの名前はあくまでも便宜的なものであり、ここでこの動機が出てきたから愛による救済が成就したのだと説明するのは、あまりにも安易な感じがします。そこで話の最後に、このモチーフの意味するところについてあらためて考えることにしましょう。

こよなく貴い奇蹟

このモチーフが最初に出てきたのは《ヴァルキューレ》第三幕、自分がジークムントの子を身ごもっていることを告げられたジークリンデが絶望から一転、喜びを漲らせ、感きわまって叫ぶ「天にも昇るような心地です！／なんとすばらしい方でしょう」という台詞に付された旋律でした。この文脈に合わせ、ワーグナーがこれを「ブリュンヒルデ礼賛の主題」と名付けた話もしましたね。まさにジークリンデはここで、受胎を告げることで自分の心に生きる希望を呼び起し、生まれてくる息子の命を身を挺《てい》して救おうとする戦乙女への感謝と称賛を歌いあげるわけですが、彼女が抱く「天にも昇るような心地」の内実を考えたとき、このモチーフに別の意味を付与することもできるのではないかと思います。

「天にも昇るような心地です」は直訳すると、「こよなく貴い奇蹟」となります。このときのジークリンデは最愛の人の死をまのあたりにし、自分自身もいっしょに死にたかったという心境にありました。いわば、周囲のすべてが死の臭いに満たされ、生きる気力も湧かない絶望的な状況のなかにあったわけです。そんな自分の身体のなかに、愛する人の遺伝子を受け継いだ新たな生命が宿っているという事実、これこそが彼女の感じる「奇蹟」ということになるでしょう。

このモチーフはその後、いっさい使われず、《指環》全編の幕切れになってはじめてふたたび姿を表すわけです。それがいったい何を意味するのか?《神々の黄昏》結末の状況を考えてみましょう。

ギービヒの館に集約される人間の社会もヴァルハルが象徴する神々の神話的世界も炎上し、ノアの洪水のごとくライン河が氾濫《はんらん》した。いわば破局を経て、世界は無に帰するわけです。ト書にはヴァルハル炎上の少し前に、「天を焦がさんばかりの炎に固唾《かたず》を飲んで見入っている」人々の姿が書かれていますから、彼らの何人かは生き残ったのかもしれませんが、それもはっきりしているわけではない。まあ、ほとんど何もない大地だけが残った、そのような光景を思い浮かべたほうがよいでしょう。しかも、先ほどみましたように、このあとの世界がどうなるかも、なんら確約はされていないわけです。

しかし、このモチーフが響くとき、私たちは感じることができるでしょう。あのとき絶望的な状況のなかでジークリンデの胎内に生命が宿ったのと同じように、すべてが滅び、いちど死に絶えた世界にも、どこかに必ず新たな生命が芽吹くのではないかと。「生きる」ということ、そして生命が受け継がれてゆくということこそが「奇蹟」なのです。そのあとの世界がよくなるのか悪くなるのかはわからない。でも、少なくとも希望だけは残されるということです。その意味で、私はこれを「命の動機」と名付けてみたいという誘惑にもかられるのです。

最後になりますが、このモチーフにワーグナーがほどこした仕掛けに注目しましょう。《ヴァルキューレ》ではこのモチーフの調性はホ短調（♯ひとつ）（＊ト長調とする解釈が一般的だが、ここでは日本ワーグナー協会監修『ヴァルキューレ』音楽註の三宅幸夫氏による解釈に従う）でしたが、《神々の黄昏》ではブリュンヒルデのモノローグの大詰めに現れて、転調を重ねると、彼女が炎の中に身を投じたあとはオーケストラに引き継がれて、最後は変ニ長調（♭五つ）にたどりつきます［譜例34］。ちょっと音楽の専門的な話になりますが、調性には転調しやすい近い調性と、遠い調性があって、そうした調性どうしの関係が五度圏という円を描いた図で明示されます。この五度圏でみると、ホ短調と変ニ長調は対極にあるもっとも遠い調性どうしなのです。

ホ短調のモチーフと変ニ長調のモチーフを並べて演奏すれば、その違いはすぐに感じられるわけですが、もちろん、現れる間隔がこれほどにも離れていれば、私たちの耳はそんな違いを聞き分けられるはずもあり

［譜例 34］愛による救済の動機②

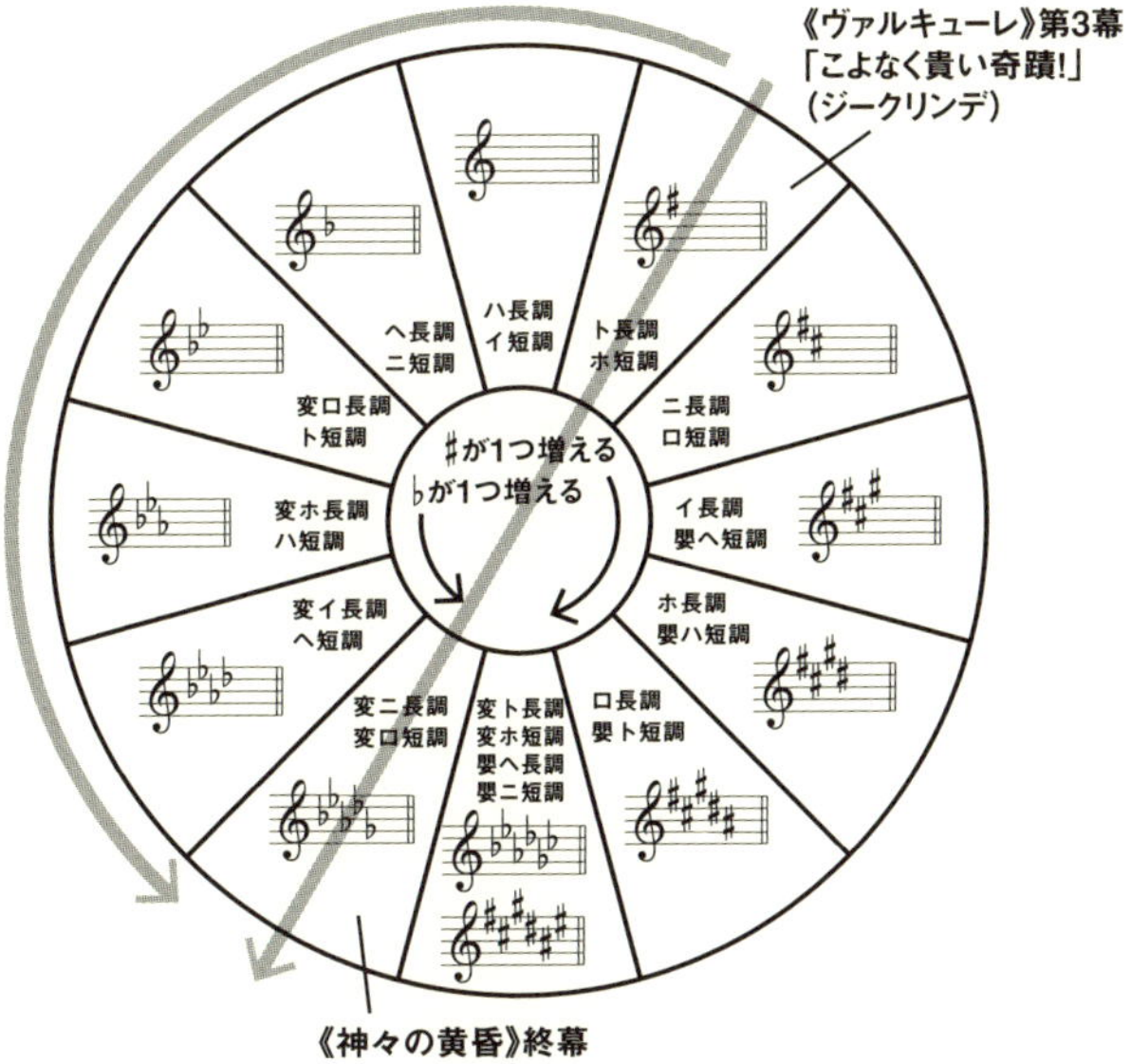

ません。ただ、それでもおそらくワーグナーは意図的に、もとのものからいちばん遠い調性で、最後にこのモチーフを提示したかったのだと思います。

なぜか？　希望のメッセージが届く射程を、かぎりなく長大なものに伸ばそうとしたかったのではないでしょうか。イメージとしては上の図のように、地球を大きくグルッと回って、一八〇度向こうの対極に突きぬけてゆくような感じです。

《ヴァルキューレ》第三幕のジークリンデの台詞「私の感謝がいつの日か／あなたに救いをもたらしますように！」を思い出してみましょう。ブリュンヒルデに向けられたこの言葉は《ジークフリート》第三幕で、主人公が彼女を眠りの呪縛から解いたときにいちおうは成就するわけですが、音楽のモチーフそのものは、そのようなドラマの中間地点を越えて、はるかに長い射程を有しています。「救い」に向けられたジークリンデの願いは、あのとき胎内に宿った息子がすでに亡くなり、彼を追ってブリュンヒルデもはや灰と化したあとになって、ようやく届けられるのです。破局のあとの新たな世界へ、そして《ニーベルングの指環》の音楽とドラマが描く長大な時間を登場人物とともに味わいつくした私たちのもとへ。

最後の和音が消え入るように絶えたあと、まったき静寂のなかで味わう余韻のように、あのベンヤミンの言葉を滅びていった一つの世界への墓碑銘として掲げ、私の拙い話を結ぶことをお許しいただきましょう。

ただ希望なき人々のためにのみ、希望はわたしたちに与えられている……

あとがき

本書は、二〇一一年の五月から七月にかけて、私が城西大学でおこなった四回の講演が出発点となっています（城西大学エクステンション講座『ワーグナーと《ニーベルングの指環》四部作』）。以来、多くの月日が過ぎ、多くの方にお世話になりながら、ようやく刊行にこぎつけることができました。私にこの講演の話を持ってきてくださった城西大学エクステンション講座事務局の篠崎佳代さん、講演が決まった当初からぜひこれを本にまとめるよう強く勧めてくださったアルテスパブリッシングの木村元さん、講演の録音をテープ起こししてくださったオペラ演出家で研究者でもある舘亜里沙さん（当時は東京藝術大学博士課程に在学）に、まずはこの場を借りて、御礼申し上げます。

もちろん、九〇分×四回の話がそのまま著書になるわけはありませんので、実際には講演の内容をさらに深め、広げてゆくための時間が必要でした。幸い二〇一三年の後期に勤務先で半年間のサバティカル休暇をいただきましたので、その後半、二〇一四年の元旦に、いよいよこれを本にまとめようと思い立ち、二カ月間集中して取り組み、主として後半の《ジークフリート》と《神々の黄昏》を講じた部分を書き下ろすかたちで、現在の体裁がほぼできあがりました。

しかし、サバティカルが終了した新年度から私が勤務先の大学で管理職についたことに加え、出版をめぐる事情も重なり、以来再び二年以上の歳月が過ぎてしまったしだいです。最終的には、編集出版すべきほかの書籍も多く抱え、会社の運営にも多忙をきわめる木村さんに代わり、長年、音楽書の編集に携わってこられた編集工房アモルフォの江森一夫さんに、書式の統一、譜例の作成や図版の整理を含めた諸々の煩雑な作業を請け負っていただきました。「ワンポイント・トリヴィア」のコーナーも氏の発案であり、この部分は私と江森さんとの共作ということになります。

＊

以上のような事情から出版が延び延びになったとはいえ、このタイミングでこの本が出せることは、個人的にはかえってよかったのではないかと感じています。というのも、おりしも私の勤める東京工業大学では昨年の四月からカリキュラムと組織の抜本的な改革が始まり、外国語を含めた人文・社会科学の諸分野の研究や教育を行なう組織としてリベラルアーツ研究教育院が設立されて、教養教育の重要性が見直されたからです。

理工系の専門知識に加え、人文社会系の幅広い教養と外国語を含むコミュニケーション能力の涵養を、教育における一方の柱として打ち出した大学の見識に敬意を表し、感謝すると同時に、私たち文系の教員にも新たな教育の形を追求し、研究成果を社会に広くアピールするよう、より一層の努力が求められる状況となったわけですが、オペラの研究者や愛好家のみならず、世の事象や人の営みに広く関心を持つ多くの人々に読まれてほしいと願いつつ書いた本書は、リベラルアーツとは何か？　という問いに対する私なりの答えでもありました。そしてありがたいことに、本の題名をどうしようか決めかねているおり、木村元さんがこの問いにピタリの『《ニーベルングの指環》教養講座』というタイトルを提案してくださったのです。

さらに昨年の十月と十一月、東工大で、本書の出版に合わせてその内容をもとに、「リベラルアーツ教養講座：

《ニーベルングの指環》のコスモロジー」という公開講座を五回にわたって開きましたが、大学内外から毎回一〇〇人もの聴衆が集まり、一回三時間の話に熱心に耳を傾けてくださったのも、大きな励みになりました。

＊

今までワーグナーを中心としたオペラについて、少なからぬ数の原稿を書いてきましたが（気のせいだろうか……）、よくよく考えると、純粋な単著を世に出すのは今回が初めてになります。しかも、本書はけっして、私のワーグナー研究の集大成というわけでもなく、あくまでもささやかな一区切りにすぎません。齢五十も半ばになってと思うと、感慨よりも気恥ずかしさのほうが先に立ちますし、入門書という内容からしても、新進気鋭の研究者が初めて世に問う立派な博士論文のあとがきのような書き方はまったくそぐわないのですが、それでもこの機に、これまでお世話になった恩師の方々の名前を感謝の思いとともに記しておきたいと思います（ご当人たちは何を今ごろになってと苦笑なさるかもしれませんが）。

まず私が東京大学文学部でドイツ文学を学んだおり、ドイツ語を精読することの大切さとひとつの対象に取り組むことの楽しさを教えてくださった柴田翔先生、池内紀先生、浅井健二郎先生、松浦純先生。さらには日本ワーグナー協会で、駆け出しのワーグナー研究者である私を導いてくださった三光長治先生、高辻知義先生、三宅幸夫先生。とりわけ、ワーグナー作品の註釈付き翻訳のプロジェクトに《ラインの黄金》《ヴァルキューレ》の二作で共同翻訳者として加えていただいたことは何よりの貴重な体験であり、共訳の作業は一人の学生が三人の先生に同時に指導を受けるゼミのような、じつに贅沢な時間でした。今回も、《ニーベルングの指環》からの引用は、この訳業の成果をお借りするかたちになりました。

＊

最後に、あまりに個人的なことで恐縮ですが、二〇一五年二月にこの世を去った畏友、平野隆文君（立教大学教授・フランス文学）に本書を捧げることをお許しいただければと思います。年齢も同じ、学生時代からの呑み仲間であった彼は、ラブレーをはじめとするフランス・ルネッサンス文学の研究者として、本格的な研究書や多くの翻訳書を次々と世に出し、私はどんどん遥か先へと離れてゆくその背中をまぶしく見ているようなところがありました。数年前でしたか、小さな仕事を次々と引き受ける私を見て、苦笑しながら、「お互い五十になるんだから、そろそろまとまった大きな仕事をしようや」と漏らした彼の言葉は以来、ずっと心に残っています。大きな仕事ではありませんが、一応ひとまとまりになったものとして、本書はあのとき彼が出した宿題の答にもなっているでしょうか。すぐれた文章の書き手であり、人一倍綿密で厳しく鋭い読み手でもあった彼に、本書を読んでもらい、忌憚のない批判や感想をじかに聞きたかった。そのことだけが、ちょっぴり残念でもあります。

二〇一七年　年明けに

山崎太郎

【引用文献について】

＊文中の《ニーベルングの指環》四部作からの台詞やト書の引用はすべて、下記の翻訳に基づくものです。元のドイツ語は韻文によるもので、同翻訳もそれに従って細かく行分けがなされていますが、本書ではそれに対応する行ごとの区切りを／印で示しておきました。

ト書はすべて（　）に括り、文字を小さくしてあります。引用右脇の傍点はすべて、山崎による強調部分で、主として本文の主張に関係・対応する部分を視覚的に示すためのものです。

①ワーグナー『ラインの黄金』（『ニーベルンゲン神話』および『ジークフリートの死』も所収）（日本ワーグナー協会監修、三光長治・高辻知義・三宅幸夫・山崎太郎編訳、白水社、一九九二年）

②ワーグナー『ヴァルキューレ』（日本ワーグナー協会監修、三光長治・高辻知義・三宅幸夫・山崎太郎編訳、白水社、一九九三年）

③ワーグナー『ジークフリート』（日本ワーグナー協会監修、三光長治・高辻知義・三宅幸夫編訳、白水社、一九九四年）

④ワーグナー『神々の黄昏』（日本ワーグナー協会監修、三光長治・高辻知義・三宅幸夫編訳、白水社、一九九六年）

＊《ニーベルングの指環》台本以外からの引用については、私以外の方の訳によるものはすべて、引用箇所に訳者の名前と出典を挙げておきましたが、私自身の訳を付けたものでも、ワーグナー関係の著作および日記のなかで、すでに邦訳が出ているものもありますので、ここにもういちど整理するかたちで、書き出しておきます。

①ワーグナー『オペラとドラマ』(三光長治監修、杉谷恭一／谷本慎介訳、『ワーグナー著作集第三巻』、第三文明社)
②ワーグナー『友人たちへの伝言』(『未来の芸術作品』も所収)(三光長治監訳、杉谷恭一／藤野一夫／高辻知義訳、法政大学出版)
③ワーグナー『音楽におけるユダヤ性』(池上純一訳、三光長治監修『ワーグナー著作集第一巻』所収、第三文明社)
④ワーグナー『わが生涯』(山田ゆり訳、勁草書房、一九八六年)
⑤『コジマの日記』第一巻、第二巻(三光長治・池上純一・池上弘子訳、東海大学出版会、二〇〇六、二〇〇九年)
⑥バーナード・ショー『完全なるワーグナー主義者』(高橋宣也訳、新書館、二〇〇三年)
⑦カール・ダールハウス『リヒャルト・ワーグナーの楽劇』(好村富士彦・小田智敏訳、音楽之友社、一九九五年)
⑧テオドール・W・アドルノ『ヴァーグナー試論』(高橋順一訳、作品社、二〇一二年)

【台本・CD・DVDの入手について】

「前口上」にも述べたことですが、本書は読者の皆様をワーグナーの《ニーベルングの指環》そのものに導くための案内として書かれています。すでに本文を読む前にまずはこのページを開いた方も多いと思いますし、そうでなくてもある程度のところまで本文を読み進めると、これはやはり作品そのものにじかに接してみなければ話にならないという欲求がつのることでしょう。とはいえ《ニーベルングの指環》の公演は日本では機会が限られていますし、チケットを手に入れて公演に出かけるにしても、ある程度の予習は必要です。そこでまずアプローチとしては、台本・CD・DVD（ブルーレイも含む）を手に入れることをお薦めします。

台本の日本語訳については二〇一七年現在においても、本書で引用した日本ワーグナー協会監修・白水社のシリーズがもっとも信頼できるものである状況に変わりはありません。音楽と台本にかんする詳しい註釈と解題がついていて、作品の理解を深めてくれます。難点といえば、少々値が張ること、そして何より一部が絶版になっており、入手しにくいことでしょうか。これ以外ですと、音楽之友社刊のオペラ対訳ライブラリーというシリーズ（《ニーベルングの指環》は高辻知義訳で上下二巻に分かれています）をはじめ、いくつかの訳が入手可能ですし、CDにも対訳がついていたり、あるいは最近ではインターネットのサイトで閲覧できるものもあります。

もちろん、この作品は台本だけで完結するわけではありませんから、同時にCDないしはDVDを手に入れることが必要になるでしょう（逆に言えば、対訳付きのCDや日本語字幕のあるDVDを持っていたりする場合は、さしあたって台本を別箇に入手する必要もなくなるわけです）。

そこで、まず手元に用意すべきはCDなのかDVDなのかという問いが浮上するのですが、私はCDを優先的に購入することをお勧めします。視覚的な要素が加わるという意味ではDVDのほうがわかりやすいということはあるのですが、逆にDVDは演出によってイメージが限定されすぎてしまう点、音源のみの場合に比べ、同一の映像を繰り返し鑑賞する気になりにくいという点に難があります（もちろん、映像を消して音のみで聴くという裏ワザもありますが）。まずは台本を読んで、それがどのような場面なのかをイメージしつつ、CDを繰り返し聴くことで、音楽に耳をなじませてゆくことから始めてはいかがでしょう。そうすると、最初は難解でとっつきにくいと思っていたパッセージにある日とつぜん、思わぬ美を見出し、そのくだりが自分にとってかけがえのないものに変わるという瞬間が訪れたりもします。

では世に数多出ているCD、DVDのなかで、どれを購入すればよいのか？　個人的な好みを述べてゆけばキリがありませんし、いわゆる名盤ガイド的な文章は世にあふれています。インターネットのサイトで、音楽ファンの口コミを参照したり、身近なクラシック音楽の愛好家に尋ねてみたりしても、いくらでもこの手の情報は入手できますし、それぞれの盤の価格や入手をめぐる状況もめまぐるしく変わりますので、ここにあまり詳しいことを述べても意味はないでしょう。

とりあえずの目安として、ステレオ録音で一定以上のレベルの演奏という条件で、有名なCDの全曲盤をいくつか挙げておきます。

①ヨーゼフ・カイルベルト／バイロイト祝祭管弦楽団（一九五五年）

②ゲオルク・ショルティ／ウィーン・フィルハーモニー管弦楽団（一九五八〜六五年）
③カール・ベーム／バイロイト祝祭管弦楽団（一九六六〜六七年）
④ヘルベルト・フォン・カラヤン／ベルリン・フィルハーモニー管弦楽団（一九六六〜七〇年）

記載は「指揮者／オーケストラ／（録音年）」の順

ＤＶＤにかんしては何種類か本文の中で取り上げて論じたものもありますが、これらはすべてかなり斬新な演出であり、好き嫌いは激しく分かれるところだと思いますので、まったく初めて鑑賞するという方には不向きかもしれません。現在十種類以上が出ているＤＶＤのなかで、唯一、原作の神話的設定を再現した①、設定をワーグナーの生きた十九世紀〜二十世紀に移し替えてはいるものの、演奏のレベルも高く、ある程度の普遍性を獲得している②と③を、あくまでも目安としてそれぞれ挙げておきます。

①ジェイムズ・レヴァイン／オットー・シェンク／メトロポリタン歌劇場（一九九〇年）
②ピエール・ブーレーズ／パトリス・シェロー／バイロイト祝祭劇場（一九八〇年）
③ダニエル・バレンボイム／ハリー・クプファー／バイロイト祝祭劇場（一九九二年）

記載は「指揮者／演出家／歌劇場／（収録年）」の順

山崎太郎（やまざき・たろう）
一九六一年生まれ。東京工業大学リベラルアーツ研究教育院教授。専門はドイツ・オペラ（とりわけリヒャルト・ワーグナーの楽劇研究）。著書に『スタンダード・オペラ鑑賞ブック［4］ドイツ・オペラ（下）』（共著、音楽之友社）、『ワーグナー事典』（分担執筆、東京書籍）、訳書にワーグナー『ラインの黄金』『ヴァルキューレ』（ともに共訳、白水社）、『ヴァーグナー大事典』（監修・共訳、平凡社）などがある。日本ワーグナー協会理事。

ARTES
artespublishing.com

いりぐちアルテス007
《ニーベルングの指環《ゆびわ》》教養講座《きょうようこうざ》
読《よ》む・聴《き》く・観《み》る！リング・ワールドへの扉《とびら》

二〇一七年三月三一日　初版第一刷発行
二〇二〇年四月一〇日　初版第三刷発行

著者……山崎太郎

発行者……鈴木 茂・木村 元
発行所……株式会社アルテスパブリッシング
〒一五五-〇〇三二
東京都世田谷区代沢五-一六-二三-三〇三
TEL　〇三-六八〇五-二八八六
FAX　〇三-三四一一-七九二七
info@artespublishing.com

印刷・製本…太陽印刷工業株式会社
編集協力……編集工房アモルフォ
楽譜浄書……株式会社スタイルノート
カバー装画…田渕正敏
ブックデザイン…折田 烈（餅屋デザイン）
シリーズデザイン…白畠かおり
ISBN978-4-86559-153-8 C1073 Printed in Japan